PENSÉES, ESSAIS

MAXIMES ET CORRESPONDANCE

DE J. JOUBERT

PARIS. — IMPRIMERIE LE NORMANT
RUE DE SEINE, 10

PENSÉES, ESSAIS

MAXIMES ET CORRESPONDANCE

DE J. JOUBERT

RECUEILLIS ET MIS EN ORDRE
PAR M. Paul RAYNAL,

ET PRÉCÉDÉS D'UNE NOTICE

SUR SA VIE, SON CARACTÈRE ET SES TRAVAUX

SECONDE ÉDITION
REVUE ET AUGMENTÉE

TOME PREMIER

PARIS
LIBRAIRIE Vᵉ LE NORMANT
RUE DE SEINE, 10

1850

AVANT-PROPOS.

Lorsque je me décidai à faire paraître cet ouvrage avec tout le soin qu'il méritait par lui-même, et que je devais d'ailleurs à la mémoire du meilleur et du plus aimé des frères, ma santé, profondément altérée par la perte encore récente de deux de mes enfants que la mort m'avait enlevés presque coup sur coup, m'obligea de confier cette mission à celui que j'avais deux fois choisi pour faire successivement le bonheur de mes deux filles; j'étais loin de m'attendre que quelques années après, et parvenu à l'âge de plus de quatre-vingts ans, je me trouverais obligé de le remplacer lui-même pour faire paraître la seconde édition, rendue nécessaire par le succès de la première.

Telle est cependant la triste position dans laquelle m'a placé le sort qui n'a cessé de me poursuivre depuis quelques années. La mort m'a encore ravi M. Paul Raynal, qui m'avait si doucement accoutumé à le regarder comme un de mes enfants, et le meilleur soutien, le plus sûr consolateur de ma vieillesse.

Je n'ai plus personne autour de moi qui puisse tenir sa place, et sur qui je puisse me reposer de l'accomplissement d'un devoir qui m'est si cher; je me trouve donc obligé de renverser les rôles et de continuer M. Raynal dans la tâche qu'il avait si laborieusement et si heureusement accomplie une première fois.

Je dois ajouter que cette tâche m'a été rendue bien facile par les soins que M. Raynal s'était déjà donnés pour réunir et pour mettre en ordre les matériaux qui doivent rendre cette seconde édition plus complète. C'est à ces mêmes soins et à ceux qu'il a été indispensable d'y ajouter que le public devra la découverte de quelques nouvelles pensées, et quelques lettres qui nous ont été communiquées et qu'on trouvera dignes en tout de celles qui ont déjà paru.

Cette seconde édition, avec les additions et les améliorations qui y ont été faites, peut donc être considérée comme définitive.

A. JOUBERT,

NOTICE

SUR

LA VIE, LE CARACTÈRE ET LES TRAVAUX

DE M. J. JOUBERT.

On trouve dans la correspondance de M. de Chateaubriand, pendant son voyage en Italie, trois lettres adressées à M. Joubert, son ami, « homme d'un esprit rare », ajoute en note l'illustre écrivain ; « d'une âme supérieure
« et bienveillante, d'un commerce sûr et charmant, d'un
« talent qui lui aurait donné une réputation méritée, s'il
« n'avait voulu cacher sa vie ; homme ravi trop tôt à sa
« famille, à la société choisie dont il était le lien ; homme
« de qui la mort a laissé dans mon existence un de ces
« vides que font les années, et qu'elles ne réparent
« point. »

Longtemps avant que ces lignes fussent écrites, M. de Fontanes, demandant à ses dieux pénates d'écarter de son manoir les visiteurs importuns et les insipides rimeurs, s'était écrié :

> « Mais si Joubert, ami fidèle
> « Que depuis trente ans je chéris,
> « Des cœurs vrais le plus vrai modèle,
> « Vers mes champs accourt de Paris,
> « Qu'on ouvre ! j'aime sa présence ;
> « De la paix et de l'espérance
> « Il a toujours les yeux sereins.....
> « Que de fois sa douce éloquence
> « Apaisa mes plus noirs chagrins ! »

Là ne se bornaient pas les amitiés illustres que M. Joubert comptait dans la vie. Autour de lui se pressaient une foule d'écrivains ou d'hommes de goût qui venaient puiser dans sa parole féconde des inspirations ou des conseils. Les femmes les plus distinguées de son temps entretenaient avec lui un commerce que n'interrompaient ni ses longs séjours en province, ni les langueurs d'une santé défaillante. On ne rencontre pas un esprit de cette portée sans lui supposer la force de produire un beau livre, ce témoignage suprême de l'humaine puissance. Ceux qui connaissaient M. Joubert prévoyaient donc et voulaient pour lui l'avenir littéraire auquel, pour sa part, il ne paraissait pas songer. M. de Fontanes lui écrivait en 1803 :

« Vous êtes dans la solitude, mon bon ami ; rien ne
« vous distrait. Je vous exhorte à écrire tous les soirs, en
« rentrant, les méditations de votre journée. Vous choi-
« sirez, au bout de quelque temps, dans ces fantaisies
« de votre pensée, et vous serez surpris d'avoir fait,
« presque à votre insu, un fort bel ouvrage. Profitez de
« mon conseil ; ce travail ne sera pas pénible et sera

« glorieux. Il faut laisser quelque trace de son passage
« et remplir sa mission. »

Presque dans le même temps, M. Molé soupçonnait que cette tâche était plus avancée que M. de Fontanes ne le pensait.

« Il y a dans votre tête, et peut-être dans vos pa-
« piers, » mandait-il à M. Joubert, « un volume com-
« posé d'un bout à l'autre des pensées les plus rares, des
« vues les plus ingénieuses et les plus étendues, expri-
« mées dans les tours les plus heureux. J'ai juré de l'en
« faire sortir : ce sera le meilleur de mes ouvrages, et il
« aura pour moi le mérite de satisfaire à la fois mon
« cœur et mon esprit. C'est dans le sens le plus littéral
« que je le dis : je répondrais de tirer *des papiers de la*
« *malle* le plus excellent et le plus goûté des volumes. »

Quel était donc cet homme que les plus beaux esprits de son siècle entouraient d'une affection si vive, d'une admiration si désintéressée? N'avait-il, en effet, laissé sur la terre que les vestiges inaperçus d'un talent ignoré? Confident inactif des travaux de ses amis, était-il destiné à ne vivre, dans la mémoire du monde, que par les souvenirs échappés à leur plume? Ou bien la malle mystérieuse dont parlait M. Molé devait-elle laisser échapper un jour les trésors devinés par cette jeune et noble intelligence?

Le livre que je publie répond à ces questions.

Cependant, quand une œuvre pareille est jetée dans le domaine littéraire, le public a le besoin et le droit d'en savoir l'histoire, d'en connaître l'auteur. C'est donc un devoir de dire ici la vie et les travaux de M. Joubert. Malheureusement ce récit, qui demanderait une plume habile, échoit à un homme livré dès sa jeunesse aux travaux sévères de l'administration des armées, et qui n'aborde qu'en tremblant la tâche inaccoutumée que le sort lui confie. N'importe : il cherchera sa force dans son dévouement; les souvenirs du foyer lui viendront en aide, et, s'il s'égare sur la route ou la parcourt d'un pas mal assuré, il puisera son excuse dans le culte domestique dont la mémoire de M. Joubert est entourée, et qui commande à sa famille ce pieux et dernier hommage.

Joseph Joubert naquit, le 6 mai 1754, à Montignac, petite ville du Périgord, où son père exerçait la profession de médecin. C'était le premier fruit d'une union qui allait être féconde. Sa naissance fut suivie, en effet, de celle de sept autres enfants, et son éducation dut se ressentir de la gêne qu'apportait, dans une fortune étroite, la survenance de tant de puînés. Nous n'avons, au surplus, d'autres détails sur les premières années de sa vie que ceux qu'il a donnés lui-même dans sa correspondance. Il rend grâces au ciel « d'avoir été un enfant « doux », et raconte, avec une naïveté sous laquelle on sent des larmes, l'amour passionné qu'il avait pour sa mère, femme d'un mérite éminent, qui, à défaut d'autres richesses, avait du moins donné à ses enfants celles du bon conseil et du bon exemple.

A quatorze ans, il avait appris tout ce qu'on pouvait apprendre alors dans une petite ville du Périgord. Il partit bientôt pour Toulouse, dans le dessein d'y étudier le droit et de se consacrer ensuite au barreau. Mais il ne tarda guère à reconnaître que son instruction classique était fort incomplète, et que l'étude austère des lois répondait mal aux besoins de sa vive imagination. Son goût pour les travaux littéraires l'avait rapproché de quelques pères de la Doctrine chrétienne chargés de la direction du collége de Toulouse. Habiles comme les jésuites, leurs prédécesseurs, à démêler dans la foule les jeunes gens propres à honorer la congrégation, les bons pères savaient, comme les jésuites, les attirer à eux par de riantes espérances. M. Joubert ne résista pas à celles qui s'offraient à lui. La certitude d'échapper à l'isolement et au besoin, la sécurité de l'avenir, une existence commode mêlée de loisirs et d'étude, tout le séduisit. Il entra donc dans la Doctrine, et, sans prononcer de vœux, sans aliéner par conséquent sa liberté, il y resta jusqu'à l'âge de vingt-deux ans, disciple chéri de ses maîtres et maître chéri de ses disciples. Les jeunes doctrinaires, en effet, chargés, à leur début, du professorat des basses classes de latinité, suivaient simultanément les leçons des vieux pères qui, blanchis dans l'étude, avaient pénétré avant eux les secrets de l'antiquité grecque et latine. Professeurs le matin, ils redevenaient le soir écoliers, double rôle à la fois profitable aux élèves et aux maîtres, et qui pourrait expliquer, en partie du moins, le long succès des congrégations enseignantes.

Cependant M. Joubert n'avait pu supporter, sans en souffrir, les fatigues de l'enseignement. Sa constitution délicate répondait mal à l'ardeur de son zèle, et, après quelques hésitations, il reconnut qu'il y avait pour lui nécessité de songer au repos. Ce fut à Montignac, près de sa famille, qu'il alla le chercher. Les années 1776 et 1777 qu'il y passa ne furent pas perdues pour la culture de son esprit; il les employa, non seulement à approfondir ce qu'il avait appris chez les doctrinaires, mais à acquérir une connaissance plus étendue de l'antiquité, en pratiquant ceux des auteurs anciens qui restent habituellement en dehors des études classiques. Déjà d'ailleurs s'était manifesté en lui, non pas précisément le besoin d'écrire, mais celui de résumer en sentences brèves et limpides le résultat de ses réflexions ou de ses lectures. C'est, en effet, à partir de 1774 que commence l'espèce de journal où sont consignées ses pensées. La persistance avec laquelle il l'a poursuivi, durant cinquante ans, au travers des agitations du temps et des phases de la bonne ou de la mauvaise fortune, démontre qu'en l'écrivant il obéissait à un besoin, je dirais presque à la loi de son intelligence. Je reviendrai bientôt, au surplus, sur cette partie de ses travaux, l'un des plus étranges monuments peut-être de notre littérature. Suivons d'abord les événements de sa vie, événements modestes, il est vrai, peu propres à causer de vives émotions, mais où se rencontre l'intérêt calme et doux qui, pour les âmes littéraires, s'attache à l'intimité d'un écrivain éminent.

M. Joubert était trop jeune et trop curieux de savoir pour qu'une retraite silencieuse, au fond de la province, pût longtemps lui suffire. Pendant son séjour à Toulouse, ville studieuse et lettrée, il avait goûté le charme de la vie intellectuelle vers laquelle ses instincts l'entraînaient. Dans les heures de loisir que les travaux de l'enseignement lui laissaient, il avait coutume de fréquenter les bibliothèques; il recherchait avidement le commerce des hommes instruits; enfin, quelques maisons honorables, celle, entre autres, de M. le baron de Falguière, dont je l'ai vu depuis protéger le petit-fils, M. le baron d'André, aujourd'hui premier secrétaire d'ambassade à Turin, s'étaient empressées d'accueillir un jeune homme qui alliait à la candeur de l'âge un esprit déjà plein de culture et d'urbanité. Montignac, il faut bien l'avouer, ne lui offrait pas les mêmes ressources. Sans doute son cœur éprouvait de douces joies près d'une mère qu'il chérissait; mais il fallait à son esprit des aliments qui devenaient de jour en jour plus rares. Il n'avait pas tardé à s'apercevoir que les interlocuteurs manquaient aux entretiens littéraires; les petites bibliothèques du lieu s'étaient promptement épuisées sous ses mains; et, aux regrets de la vie qu'il venait de quitter, se mêlait une ambition dont nous avons tous été agités, nous qui avons passé notre jeunesse dans la province, l'ambition de connaître Paris. Là, en effet, le domaine des lettres s'était fort agrandi. Ce n'était plus la terre écartée où quelques hommes timides venaient laborieusement tracer leur sillon, se croyant assez honorés quand un regard tombant d'en haut daignait encourager leur effort, et ne songeant guère à confondre les choses de l'esprit avec celles du pouvoir. La littérature avait fait irruption dans le sanctuaire et dans les conseils; elle régnait dans les salons, et la société tout entière s'abandonnait avec sécurité à un progrès qui semblait n'être que l'avénement de l'intelligence, tant il était empreint encore d'atticisme et de sérénité. M. Joubert aspirait impatiemment, non pas sans doute à prendre sa part du triomphe, il y avait en lui trop de modestie et de retenue, mais à connaître les écrivains qui exerçaient tant d'influence sur son pays, à écouter de près ces bruits, ces conversations des salons dont il n'avait entendu jusque-là que le retentissement lointain.

Comme toutes les provinces où s'était maintenue l'inégalité des partages, le Périgord avait l'antique coutume d'envoyer une partie de ses fils chercher fortune au dehors. Les emplois dans l'armée, les bénéfices ecclésiastiques, les charges de judicature ou de finances ouvraient leurs largesses à une foule de familles bourgeoises ou titrées. Une émigration incessante peuplait Paris et la province de ces enfants du Midi qui, pleins de vivacité et d'adresse, se pressaient aux avenues du pouvoir, y pénétraient en s'entr'aidant l'un l'autre, et souvent, dans leurs vieux jours, rapportaient au foyer natal quelque fortune amassée, un blason conquis, l'élégance du monde ou de la cour. M. Joubert n'en demandait pas tant ; il ne voulait que voir, apprendre, connaître, et, certain de trouver partout des compatriotes qui lui serviraient, sinon d'appuis, au moins d'introducteurs, il vint à Paris vers le commencement de 1778.

Son premier soin fut d'y rechercher la société des gens de lettres ; tentative heureuse, car, au bout de peu de mois, il connaissait Marmontel, Laharpe, d'Alembert. Bientôt même il était admis dans la familiarité de Diderot, qui tenait encore à Paris le sceptre de la conversation. C'était débuter par les grandes entrées. Ses relations avec les chefs des encyclopédistes ne nous sont connues que par les récits qu'il en faisait quelquefois et par des notes retrouvées dans ses cahiers. Il n'avait pu entendre, sans en être profondément remué, la parole de Diderot, cet homme étrange chez qui la conviction semblait s'allier au sophisme, la folie à l'éloquence, le cynisme à la bonhomie. Il étudiait les arts pour être digne de lui parler de ses *Salons;* il s'occupait des questions sociales, afin de s'élever à lui par un autre côté ; peu à peu, enfin, pour le suivre, il se laissait aller, du moins il s'en accuse, à l'entraînement du flot philosophique. Il était difficile, on le comprend, qu'un jeune homme récemment arrivé de la province et tombé, par une bonne fortune inattendue, dans cette enivrante atmosphère, se garantît complétement des séductions qui subjuguaient une société déjà blasée. N'était-il pas à cet âge où, pour peu qu'on relâche les rênes, l'esprit s'échappe en courses folles sans se détourner des obstacles, sans respecter les barrières ? Diderot, d'ailleurs, l'accueillait avec bonté ; il lui ouvrait de toutes parts des vues nouvelles, l'encourageait dans ses travaux, et ne dédaignait pas de proposer à son ardeur impatiente certains sujets d'ouvrages dont je retrouve, dans le journal du néophyte, les traces abandonnées. C'étaient de ces aperçus fugitifs que la magie du grand causeur avait su revêtir de formes précises et douer d'une réalité saisissante. Plein de confiance en la parole du maître, le disciple ébloui se mettait à l'œuvre ; mais les lignes délicates d'un dessin improvisé ne tardaient guère à s'effacer sous le travail, et les éclairs du premier jet à s'éteindre dans la réflexion. Dupe de son illusion, cependant, M. Joubert imputait à sa propre impuissance des mécomptes dont il eût pu rejeter la faute sur la stérilité des sujets. Ce n'est que plus tard, au souvenir des efforts tentés par sa jeunesse pour donner l'être à je ne sais quels traités *sur les perspectives de l'esprit, sur la bienveillance universelle*, ou sur quelques autres thèmes tout aussi vagues, que, découvrant son erreur, il put à la fin s'écrier : « C'est la matière qui manquait, et je ne sus pas le

« voir ! » Combien d'hommes de lettres, avant de rencontrer l'idée que devait féconder leur génie, se sont égarés comme lui à la poursuite de feux follets décevants et insaisissables !

Ainsi trompé sur la valeur des données littéraires de Diderot, ne se méprenait-il pas également en attribuant à ses doctrines philosophiques plus d'influence qu'elles n'en exerçaient réellement sur son esprit? Il est au moins permis de le croire. On comprend très-bien, en effet, qu'il s'abandonnât un moment aux séductions d'une société dont l'intelligence hardie, renversant les matériaux du vieux monde, se mettait bravement à reconstruire un monde nouveau. Il y avait, dans cette lutte de l'esprit d'une époque contre l'esprit des siècles passés, quelque chose d'audacieux et de puissant qui ne pouvait manquer d'échauffer, au moins à la surface, une imagination curieuse de mouvement et de nouveauté. Mais d'où vient que le journal de M. Joubert, confident habituel de ses pensées les plus intimes, laisse à peine découvrir le vestige des opinions qu'il s'est reproché plus tard d'avoir partagées? D'où vient qu'au milieu des aperçus de toute nature qui s'y trouvent jetés pêle-mêle et à la hâte, on rencontre d'innombrables sentences dignes de l'école du Portique ou de l'école des Pères, et presque aucune de celles qui composaient le symbole de la pléïade philosophique? Ce recueil où, sous des formes diverses, sont fidèlement consignées les impressions reçues pendant une longue vie, aurait-il été épuré dans les derniers temps? L'auteur aurait-il fait disparaître les passages où dominaient des principes qui n'étaient plus les siens? En présence des manuscrits qu'il a laissés, une telle supposition ne saurait être admise. Il y a là tant de précipitation et de désordre, tant de négligences et de contradictions, qu'il est impossible, en y jetant les yeux, de s'arrêter à la pensée d'une révision ultérieure.

Quoi qu'il en soit, M. Joubert s'accuse, et peut-être n'est-ce point à moi de lui donner un démenti. Admettons donc que, dans un jour d'abandon, il a touché du bout des lèvres la coupe où s'abreuvaient ses amis. Mais si sa sérénité n'en a point été troublée, si les germes renfermés en son âme ne se sont point desséchés à ce contact, si sa pensée est demeurée chaste et pieuse, et qu'en passant au milieu des erreurs du temps il ait appris à mieux aimer les vérités éternelles, qu'importe qu'il se soit assis un moment au banquet de la philosophie? Nous tous qui n'avons vécu que des restes tombés de la table, en serions-nous sortis, comme lui, avec la parole libre, l'esprit ferme et le cœur droit?

Il trouvait, au surplus, dans l'étude un puissant préservatif contre tous les entraînements. Au milieu du tumulte de Paris, il ne mettait pas en oubli les écrivains de l'antiquité, délices de sa jeunesse, et son bonheur était grand lorsque, dans le monde littéraire, il rencontrait des hommes qui les aimaient et savaient les comprendre comme lui. C'est ainsi qu'il s'était rapproché d'un jeune écrivain dont le début récent et plein d'éclat semblait promettre à la France un grand poëte de plus. Recherché par lui, M. de Fontanes n'avait pas tardé à reconnaître le prix de son commerce. Aussi bientôt s'était formée entre eux une de ces amitiés vivaces et fécondes qu'alimentent et resserrent chaque jour, à défaut des souvenirs de l'enfance, l'échange d'abondantes idées et les sympathies de l'intelligence. Etaient-ce pourtant leurs ressemblances ou leurs contrastes qui les réunissaient? Grande question qu'on retrouve au seuil de toutes les amitiés, et qui semble plus facile à poser qu'à résoudre. N'est-il pas permis de penser, néanmoins, qu'un sérieux attachement n'est possible, entre des hommes éminents, qu'à la condition d'une certaine égalité de talents, établie par des compensations plutôt que par des rivalités, et d'une certaine différence dans les goûts, adoucie par une complaisance réciproque et une mutuelle admiration? Tels étaient, du moins, les caractères de cette intimité.

Nourris de l'antiquité l'un et l'autre, ils la regardaient comme la plus noble expression de l'intelligence humaine, et cherchaient ensemble à en retrouver les secrets, à en reproduire les merveilles. Mais, dans ce commun effort, ils s'animaient de sentiments divers. M. de Fontanes songeait à l'illustration que procurent les lettres, pendant que M. Joubert s'inquiétait de perfection bien plus que de gloire. Le premier étudiait les poëtes, le second se sentait entraîné vers les philosophes, ou du moins il cherchait de la philosophie où son ami cherchait des vers. L'un, prenant l'antiquité par son côté le plus grave, en interrogeait l'expérience, en écoutait les leçons afin d'y conformer sa vie; l'autre en étudiait surtout les habitudes poétiques, les procédés et les délicatesses littéraires pour les approprier à ses œuvres. Tous deux, enfin, couraient dans la même lice, pleins d'émulation et de curiosité; mais ils pouvaient s'encourager de la voix et du regard, car ils tendaient vers un but différent et ne risquaient point de se heurter dans la carrière.

Ils n'étaient pas d'ailleurs toujours d'accord sur le

mérite des livres et sur les règles de la composition littéraire. Héritier des doctrines du siècle de Louis XIV, M. de Fontanes ne comprenait pas de plus belle gloire que celle d'imiter et de faire revivre ses grands écrivains, en demandant comme eux à la muse française de revêtir les couleurs des muses grecque et latine. Pendant qu'il s'abandonnait avec confiance, avec paresse peut-être, à cette sorte d'inspiration d'emprunt, reflet un peu terne de l'éclat antique, M. Joubert se plaignait de ce que les écrivains montraient moins de spontanéité que de déférence aux modèles. Il voulait que toute œuvre de l'art offrît, comme les traits du visage humain, ce caractère distinct et personnel qui sépare chaque individu des individus qui l'entourent. Dans le livre, enfin, il cherchait l'homme et se détournait quand il ne le trouvait pas.

Avec de telles réserves on devient un juge difficile; aussi M. de Fontanes s'irritait-il souvent des froideurs qu'opposait son ami à des admirations moins exigeantes. Je n'ai le droit d'en blâmer M. Joubert ni de l'en défendre; mais je me demande si tant de sévérité ne s'expliquerait pas par cette simple parole dite par lui quelques années plus tard, « qu'il faut éviter dans toutes les opé-
« rations littéraires ce qui sépare l'esprit de l'âme. »
L'esprit, il me semble, c'est quelque chose de palpable et qui se trouve presque à la surface. On le voit, on le touche, il se communique aisément. C'est lui qui nous défraye dans les relations du monde, dans la conversation, dans les affaires; il suffit pour placer un homme très-haut dans l'estime de son temps; il fait la fortune de beaucoup de livres, et j'en sais, même parmi les fameux, qui ne vivent que par lui. Mais l'âme, c'est la substance

divine un moment prêtée à la terre, éternel élément qui se laisse difficilement incorporer aux ouvrages des hommes, et qui leur communique, lorsqu'il s'y attache, une part de son immortalité. N'était-ce point là ce que M. Joubert cherchait dans les livres, non par exigence calculée et de propos prémédité, mais parce que ses sympathies se refusaient malgré lui aux écrivains que n'animait pas ce souffle céleste, ou qui n'avaient pas su du moins le faire passer dans leur œuvre? M. de Fontanes peut-être se contentait à moins. Plus indulgent pour les autres et pour lui-même, il n'exigeait pas qu'au travers des jeux de l'esprit, de ses grâces ou de ses caprices, on entendît résonner sans cesse la voix profonde de l'âme, mêlant à chaque parole ses vibrations pénétrantes. Le marbre lui suffisait, quand l'élégance et la forme avaient été données; son approbation n'attendait pas que la statue s'animât et frémît sous le ciseau du Pygmalion.

Quoi qu'il en soit des dissidences qui séparaient les deux amis, leur mutuelle estime se chargeait de les adoucir, et les fondait, si je puis dire, en nuances insensibles. M. Joubert aimait les vers de M. de Fontanes plus que M. de Fontanes ne les aimait lui-même, et celui-ci, charmé, tout en le combattant, de la franchise et de l'originalité de ses doctrines, y puisait des idées nouvelles qui devaient, même à son insu, modifier plus tard les règles de sa critique. Ainsi, lorsqu'au début du siècle suivant, quelques esprits chagrins de l'aréopage académique attaquèrent si vivement l'auteur d'*Atala* et des *Martyrs*, il en embrassa la défense avec une ardeur qu'alimentaient moins encore peut-être ses sentiments pour la personne du grand écrivain que les perspectives plus larges, les convictions plus libres que M. Joubert avait dès longtemps ouvertes ou préparées à son esprit. Bien plus, le temps n'était point éloigné où, par un de ces retours qui n'appartiennent qu'aux esprits sincères, M. de Fontanes devenait un des plus vifs admirateurs de Shakspeare, de Richardson, de lord Byron lui-même... Et qui pourrait affirmer que, vers les dernières années de sa vie, quand ses amis lui reprochaient de négliger sa gloire, il n'y avait pas, dans cet abandon de la muse, un excès de sévérité pour lui-même, le découragement secret du génie et comme un de ces scrupules virgiliens qui vouent les épopées aux flammes?

Il n'avait pas toutefois cédé sans combattre aux influences qui devaient ainsi le modifier. Je retrouve, dans quelques lettres adressées par lui de Londres à son contradicteur, la trace de leurs débats. Conduit en Angleterre, vers la fin de 1785, par le projet, bientôt abandonné, d'une Revue littéraire qu'ils avaient espéré de fonder en commun, il gourmandait assez vivement M. Joubert sur son goût pour les écrivains d'outre-Manche :

« Les idées changent étrangement quand on habite
« Londres », lui écrivait-il. « Vous avez entendu dire
« quelquefois que Richardson était moins admiré des
« Anglais que de nous; mais on est loin de vous avoir
« tout appris. Le fait est que Richardson est à peine lu
« aujourd'hui. On le trouve hors de nature, sans éloquence
« et surchargé de longueurs. *Paméla* est dans le mépris;
« Clémentine seule fait lire *Grandisson*, et *Clarisse* est
« mise fort au-dessous de tous les romans de Fielding,
« sans exception. Voilà la vérité; le contraire n'est que
« mensonge. A Paris je n'oserais parler de ce que j'en-

« tends à Londres : on me prendrait infailliblement pour
« un homme de mauvaise foi. Shakspeare seul conserve
« ses honneurs. Cependant les Écossais n'ont pas pour
« cet auteur la même vénération que les Anglais ; ils se
« rapprochent fort du goût français à cet égard. Les
« descendants d'Ossian regardent un peu leurs vain-
« queurs comme des barbares. Plusieurs gens d'esprit
« d'Edimbourg m'ont parlé en blasphémateurs de Shak-
« speare ; mais ils ont tous ajouté qu'aucun d'eux ne
« voudrait écrire publiquement ce qu'il pensait. Je n'ai
« nul intérêt à vous tromper. Je me mets en garde contre
« les fausses observations, et jusqu'à présent je pense
« n'en avoir laissé entrer aucune dans ma tête. Cepen-
« dant, comme je ne veux pas vous donner plus de vé-
« rités que n'en peut porter votre foi chancelante, je ne
« vous dirai pas que toutes les tragédies de Voltaire sont
« traduites et jouées souvent ; que *Mahomet*, *Alzire* et
« *Tancrède* ont été représentés depuis mon séjour en
« cette ville ; que Voltaire, comme poëte tragique et
« comme historien, jouit de la plus grande célébrité.
« J'attends que vous soyez plus fort pour vous mettre à
« de si cruelles épreuves. »

Il n'attendait pas longtemps ; car, quelques jours après, il lui écrivait encore :

« La France a souvent averti les Anglais du mérite de
« leurs grands hommes. Ce n'est qu'en 1742 que Shak-
« speare a eu un monument à Westminster. Voltaire, qui
« passe maintenant, chez quelques enthousiastes, pour
« son détracteur, l'a véritablement plus loué dans ses
« premières Lettres sur l'Angleterre, que milord Boling-
« broke, que lord Shaftesbury, que Dryden, Walter,

« Buckingham, Rochester et tous les autres écrivains
« du siècle de Charles II et de la reine Anne. Pope lui-
« même, dans sa préface de l'édition de Shakspeare, met
« de grandes restrictions à ses éloges. Les critiques n'ont
« point été traduites dans la *Préface des Préfaces* de
« Letourneur. Je ne crois pas, au surplus, qu'il y ait
« rien de plus réjouissant par l'absurdité que cette *Pré-*
« *face des Préfaces*. Je ne connais que l'ouvrage du che-
« valier de Cubières qui soit digne de lui être comparé.
« Je m'amuse le soir avec un ministre écossais, homme
« d'esprit et même de génie, qui entend fort bien notre
« langue, à lire cette étrange traduction. Il en rit comme
« un fou, et ne conçoit pas l'enthousiasme forcené de
« Letourneur, qui admire obstinément tout ce qui est
« honni, même en Angleterre. J'ai été obligé, pour sauver
« l'honneur du traducteur d'Ossian, de mettre ces éloges
« ridicules sur le compte de Catuelan. Cet estimable mi-
« nistre, dont je vous porterai des vers, me dit souvent :
« Nous ne vaudrons rien en littérature tant que l'Angle-
« terre ne sera pas, sous ce rapport, une province de
« la France. » Il croit, avec tout ce qui a quelque instruc-
« tion, que la renommée de Shakspeare ne tardera pas
« à décliner dans sa patrie. Il m'a donné de bonnes rai-
« sons pour m'expliquer sa grande réputation, et je
« m'applaudis d'en avoir deviné plusieurs.....

« Voilà des vérités dures. Qu'y puis-je faire? Je sais
« admirer ce qui le mérite dans la littérature anglaise ;
« mais je vous avoue que votre Shakspeare me fait rare-
« ment plaisir. Dans l'effervescence de la première jeu-
« nesse, j'ai eu la plus grande admiration pour les *Soi-*
« *rées helvétiennes* et l'*An* 2440 ; aujourd'hui que mes

« idées sont mûres, je vous dirai en conscience qu'il ne
« faudrait, pour me punir, que me condamner à relire
« ces ouvrages.

« Il y a mille choses que je vous écrirais, si je ne crai-
« gnais de vous bouleverser totalement. Ma conclusion
« est que le peuple anglais vaut moins de près que de
« loin. La patrie de l'imagination est celle où vous êtes
« né. Pour Dieu! ne calomniez point la France, à qui
« vous pouvez faire tant d'honneur! Lisez dorénavant
« quelques pages de Shakspeare, et tout Athalie, toute
« Zaïre, toute Mérope; félicitons-nous d'être nés sous
« ce beau ciel, sur cette belle terre, parmi ces aimables
« habitants du premier royaume de l'Europe. »

Ces vives attaques contre la littérature anglaise *bouleversaient-elles*, en effet, les idées de M. Joubert? Peut-être son admiration pour Shakspeare en était-elle intimidée, car il ne pouvait le lire que dans une traduction qu'on lui disait mauvaise; mais assurément elles ne modifiaient pas son opinion sur les productions de notre langue. Il est, en effet, deux manières de juger les livres. L'une consiste à connaître les règles posées par les maîtres, et à appliquer à chaque œuvre une mesure convenue, en dehors de laquelle toute approbation est refusée. L'autre s'occupe moins de la règle observée que du sentiment produit, ou plutôt elle cherche la règle dans le sentiment lui-même. Cette dernière, pleine de périls et pour les esprits vulgaires et pour ceux qu'ont faussés ou de mauvaises passions ou de mauvaises doctrines, est le privilège réservé aux intelligences d'élite qu'aucune préoccupation n'égare. C'était celle de M. Joubert. Si les philosophes, ses maîtres, n'avaient pu l'amener au dédain de l'autorité religieuse ou politique, leurs enseignements du moins lui avaient laissé, du côté de l'art, une singulière indépendance. Il préférait de beaucoup, à cette sorte de critique officielle qui s'appuie aveuglément sur la tradition et l'autorité, la voix bien écoutée de ses impressions personnelles. La fibre littéraire était d'ailleurs chez lui si facilement émue, et son habileté était telle à en distinguer les plus légers frémissements, que M. de Fontanes, après ces premières luttes, ne tarda guère à l'accepter comme le juge le plus consciencieux et le plus sûr des travaux de l'intelligence.

L'amitié cependant ne se nourrit pas seulement de l'échange des idées. Il faut que les intérêts de la vie y trouvent leur compte aussi bien que ceux de l'esprit. Sans doute il n'est pas rare de rencontrer, dans la région des lettres, des hommes habiles à peindre toutes les passions, toutes les tendresses, et pourtant assez robustes, à l'endroit du cœur, pour n'en éprouver sérieusement aucune : sortes d'histrions qui ne quittent guère l'habit de parade pour le déshabillé de l'intimité, et qui, du théâtre où la foule les contemple, daignent rarement descendre aux faiblesses pratiques des affections privées et des secrets dévouements. Peut-être, au surplus, littérairement parlant, ne faut-il pas s'en plaindre. Il est des mouvements de l'âme qui ne peuvent être bien vus et bien décrits qu'à distance, des émotions qui ne seraient fertiles qu'en lieux communs, si l'analyse n'avait plus de part à leur expression que le sentiment ; et il me semble qu'en ce cas l'écrivain a la main plus sûre en copiant ce qu'il voit qu'en montrant ce qu'il éprouve, comme le peintre réussit mieux à faire le portrait des autres que le sien. Mais l'âme de

M. Joubert n'était pas à ce point dégagée. L'intérêt de ses amis était pour lui l'objet d'une préoccupation constante. Ce n'était pas assez, à son gré, que M. de Fontanes fît bien les vers et jugeât bien des livres ; il s'inquiétait du bonheur de l'homme autant que de la gloire de l'écrivain. Ainsi que le rappelle cette strophe amicale que je citais en commençant, la sérénité de son âme tempérait ce qu'avait d'un peu brusque et mobile l'humeur du poëte. Il savait des mots qui rendaient ses douleurs plus courtes, ses joies plus durables, et bientôt l'occasion allait lui être donnée d'exercer sur son avenir une influence décisive.

Pendant l'été de 1788, un de ses parents, officier de cavalerie retiré du service, l'avait invité à venir passer quelque temps à Villeneuve-le-Roi, petite ville de la Bourgogne assise sur les bords de l'Yonne, et traversée par la route de Paris à Lyon. Ce voyage, accepté avec empressement, décida du sort des deux amis. C'était à Villeneuve, en effet, que M. Joubert devait se marier quelques années plus tard ; ce fut là qu'avant de songer à lui-même, son amitié ingénieuse sut ménager à M. de Fontanes les avantages d'une alliance honorable.

Deux dames de Lyon, madame de C*** et sa fille, voyageant à petites journées avec M. le baron de J***, vieux parent qui les accompagnait à Paris, avaient été forcées de s'arrêter quelques jours à Villeneuve. Le hasard fournit à M. Joubert l'occasion de les y voir. On abrége volontiers les préliminaires, dans ces rencontres sur un terrain neutre, et la confiance, si quelque sympathie la provoque, s'établit d'autant plus vite qu'on a moins de temps à perdre. Avec M. Joubert, la confiance, c'é-

tait presque l'intimité. Charmé de la bonté de la mère et des grâces de la fille, instruit d'ailleurs de leur état dans le monde, il juge qu'il y a là pour M. de Fontanes un excellent parti, et prend la résolution de pousser hardiment dans cette voie. L'absence de toutes relations entre son ami et la famille au sein de laquelle il prétend l'introduire, la disproportion des fortunes, l'esprit très-positif du baron de J***, dont le sort de la jeune personne dépend : rien ne l'arrête. Après avoir, à la faveur d'une correspondance adroitement préparée, ouvert à M. de Fontanes l'entrée de la maison, il fait habilement valoir la distinction de sa naissance, l'éclat de son talent, les précieuses qualités de son caractère. Si, dans le cours des négociations, la courtoisie du prétendant vient à languir, il l'excite et la réveille ; si l'on se plaint de sa froideur, il l'excuse jusqu'à la faire aimer ; et quand il ne reste plus à combattre que les calculs du vieux parent, qui, de Lyon où il avait ramené ses compagnes de voyage, faisait tête à toutes les tentatives, les lettres du négociateur deviennent si pressantes que la résistance chancelle et perd chaque jour du terrain. « Pla-
« ton », disait plus tard M. de Fontanes, lorsque cette correspondance lui fut connue, « Platon, écrivant pour
« marier son disciple, n'aurait pu tenir un langage plus
« persuasif et plus beau. » Tant d'efforts ne pouvaient demeurer stériles. M. de Fontanes leur dut bientôt l'heureuse indépendance qui, en assurant le repos et la dignité de sa vie, devait permettre à son talent de se développer sans s'aigrir, et préserver sa grandeur à venir des éblouissements que la fortune apporte trop souvent avec elle.

Ce petit roman par lettres, car tout s'était passé sans que M. Joubert revînt à Paris, n'avait pas absorbé son attention jusqu'à l'empêcher de former à Villeneuve quelques relations étroites. Il quitta la Bourgogne, emportant des regrets qui devaient l'y ramener plus tard. Peu s'en fallut cependant qu'à cette époque son existence ne prît un autre cours. On était en 1790. L'Assemblée constituante venait de modifier l'organisation judiciaire et d'y introduire les justices de paix, magistrature élective qui avait été accueillie en France avec un grand enthousiasme. Le choix de ces juges du foyer, abandonné aux justiciables eux-mêmes, semblait dans chaque canton d'une haute importance. Plus d'une ambition de localité briguait le suffrage d'électeurs dont la ferveur encore vierge cherchait avant tout les plus capables et les plus dignes. A Montignac, leur choix se porta sur un homme qui n'y songeait guère. Malgré son éloignement et son silence, M. Joubert fut élu. Ce témoignage spontané de la confiance de ses compatriotes vint le trouver à Paris. Il y avait reçu, peu de temps auparavant, la nouvelle de la mort de son père. Ses frères, poussés par le besoin de choisir un état, avaient successivement après lui quitté la maison paternelle, et, demeurée seule avec ses filles, sa mère avait besoin d'un appui. Il avait donc à remplir à la fois les devoirs du fils et ceux du citoyen. C'était plus qu'il n'en fallait pour mettre fin à toute hésitation, et, laissant ses occupations littéraires pour des travaux plus graves, après douze années d'absence, il retourna en Périgord.

Il rapportait dans son pays natal un esprit agrandi par la réflexion et le commerce du monde. Aussi combien, pour se mettre au niveau des fonctions nouvelles qui lui étaient échues, n'avait-il pas à descendre des hauteurs où s'était plu jusque là sa pensée ! Les affaires ont leur importance sans doute ; elles tiennent une grande place dans la vie, et pèsent d'un poids considérable dans la balance des biens et des maux réservés aux sociétés et aux familles. Peut-être même les esprits qui savent s'y appliquer et les comprendre sont-ils plus précieux et plus rares qu'on ne l'imagine. Mais, quand elles ne touchent pas à de vastes intérêts, comme ceux des gouvernements ou des peuples, et que la politique ne les revêt pas de son manteau de pourpre et d'or, elles offrent peu d'attraits aux hommes qui ont plus vécu dans le domaine des idées que dans celui des faits. Habitués aux grandes évolutions de la pensée, aux splendides contemplations de la vérité et du beau, les philosophes et les poëtes, ces enfants du ciel, se trouvent à l'étroit dans la région où s'ébattent les passions subalternes de la terre : d'invincibles élans les portent et plus haut et plus loin. M. Joubert y résistait de son mieux. Il étudiait avec un soin poussé jusqu'au scrupule les causes déférées à son tribunal, les règlements ou les lois remis à sa défense. L'amour du devoir lui tenait lieu de vocation, et il était rare que les calculs de la cupidité, les ruses de la mauvaise foi ou l'obstination des plaideurs missent en défaut la perspicacité du juge ou l'habileté du conciliateur. Le souvenir de sa sollicitude et de ses succès vit encore à Montignac dans la mémoire des vieillards ; mais cette mission de paix, quelque habile qu'il fût à la remplir, n'en était pas moins une mission de contrainte et d'efforts. Aussi, quand, vers l'expiration des deux années que devait durer sa magistrature, ses concitoyens vinrent une seconde fois lui offrir leurs suffrages, il crut avoir acquis le droit de s'y soustraire et déclina formellement l'honneur d'un nouveau mandat.

Pendant ces deux années, d'ailleurs, l'horizon politique s'était couvert de nuages chaque jour plus sombres ; le tonnerre grondait de toutes parts, et les rugissements de la tourmente à l'entour de l'édifice social annonçaient à M. Joubert que les fonctions publiques, même les plus modestes et les plus calmes, ne tarderaient guère à devenir actives jusqu'à la violence. C'était pour lui le signal impérieux de la retraite. Il ne voulait plus qu'un abri d'où l'on pût contempler l'orage, quand, par une conjoncture imprévue, Villeneuve lui offrit l'asile qu'appelaient ses vœux.

Là vivait une de ces nobles filles qui, par une abnégation d'autant plus méritoire qu'elle est moins admirée du monde, consacrent à quelques devoirs de famille, mesurés en silence, et les belles années de leur jeunesse et le doux espoir de la maternité. Celle-ci s'était dévouée à l'éducation d'une nièce, privée de mère dès le berceau, et au soin d'une maison considérable où plusieurs de ses frères vivaient avec elle près de leur vieille mère infirme. Peut-être, au surplus, le sacrifice d'un avenir de femme lui avait-il peu coûté. La distinction de son esprit la mettait fort au-dessus des prétendants de petite ville qui pouvaient aspirer à sa main, et un célibat utile, au milieu d'êtres qu'elle chérissait, avait pu lui sembler préférable aux chaînes de quelque établissement médiocre. Quoi qu'il en soit, sa famille était une de celles où M. Joubert avait reçu le plus cordial accueil. Non-seulement ses frères, qui étaient gens d'esprit, avaient su apprécier tout ce que valait un tel hôte ; mais il s'était formé, entre elle et lui, une de ces liaisons pleines de charme qu'épure déjà la maturité de l'âge, et que colorent pourtant les derniers reflets de la jeunesse.

Personne ne connaissait mieux que M. Joubert les secrets de ce commerce à la fois tendre et pur. Il y portait la courtoisie élégante qui était un des priviléges de la société de son temps ; mais ses empressements s'alliaient à des habitudes de respect où se discernaient aisément les chastes influences de l'éducation maternelle. Son culte pour les femmes était désintéressé de tout calcul de vanité personnelle ou de secrets triomphes. Il les aimait pour elles-mêmes, et ne les croyait pas moins nécessaires aux plaisirs de l'esprit qu'aux félicités du cœur. Habile, dans les relations du monde, à féconder, même au fond des esprits inactifs ou timides, les germes inertes de la pensée, et à les faire fleurir par une attention bienveillante, il aimait que, près de lui, chacun eût toute sa valeur et là sentît ; je ne sais même si son aimable industrie n'ajoutait pas sous ce rapport un peu d'illusion à la réalité. Mais c'était pour les femmes surtout qu'il se montrait prodigue de cette sorte de complaisance inspiratrice. Il se plaisait à interroger leur intelligence, à encourager leurs idées, à ménager même aux plus réservées un rôle dans la conversation, ce concert de la parole où quelque chose manquait, à son gré, quand des sons doux ne s'y mariaient point aux sons graves, des voix naïves aux voix savantes. Aussi, plus confiantes près de lui, les femmes se sentaient-elles plus fortes et devenaient-elles plus aimables. Parmi celles qui l'ont connu et qui lui survivent, il n'en est point qui ne se rappellent avec reconnaissance, j'ai presque dit avec attendrissement, les délices de son intimité. Qu'on juge des regrets qu'il avait dû laisser en Bourgogne, après un séjour dont aucune distraction n'était venue depuis effacer les souvenirs!

L'absence, qui dissout tant de liaisons éphémères, n'avait donc servi qu'à affermir celles qu'il y avait formées. Une correspondance active s'était établie entre Villeneuve et lui. Bientôt même des lettres s'étaient succédé d'autant plus rapidement qu'on avait eu besoin de ses consolations. Deux fois déjà, depuis son départ, des pertes douloureuses avaient porté le deuil au sein de la famille dont je viens de parler, quand le frère aîné, qui en était le chef, fut enlevé par une mort soudaine. Il était entré pour une grande part dans les calculs d'avenir de sa sœur, et celle-ci, en le perdant, se voyait privée de l'objet le plus cher de son dévouement et du soutien sur lequel s'appuyait sa vie. Vainement, pour adoucir la douleur dont elle était accablée, M. Joubert appelait à son aide toutes les puissances de la raison, tous les trésors de la philosophie : il avait affaire à un de ces caractères énergiques qui, s'alliant à une sensibilité profonde, alimentent les peines de l'âme aux sources mêmes de la volonté. Mais durant cette lutte inutile de consolations et de douleurs, de plaintes et de conseils, ils s'étaient, à leur insu, tous les deux engagés dans des voies nouvelles. La tendresse se glisse aisément sous les larmes, et ils ne tardèrent pas à s'apercevoir que, sans y songer, ils étaient devenus nécessaires l'un à l'autre. M. Joubert le comprit le premier ; il jugea que, tôt ou tard, leur sort devait s'unir, et coupant court, comme il convenait entre gens d'un âge mûr, aux lenteurs d'une recherche vulgaire, il offrit sa main, avec un si ferme propos de s'opiniâtrer qu'on n'eut garde de la refuser. Ce fut le 8 juin 1793, terrible époque, où l'incertitude du lendemain donnait hâte à chacun de mener à terme les résolutions du jour, que leur mariage fut célébré à Paris. Ils s'y étaient rendus de part et d'autre, pour éviter l'éclat incommode qui, dans les petites villes, s'attache d'ordinaire aux événements de cette nature ; mais leur séjour y fut de courte durée. Par une exception rare en ces temps désastreux, Villeneuve avait échappé aux passions qui remplissaient nos villes de troubles et de dangers. Il y avait tant de douceur dans les mœurs de ses habitants, tant de calme et de fraîcheur dans son riant paysage, qu'on eût dit une oasis de verdure et de paix, ouverte à la sérénité du philosophe. M. Joubert courut s'y enfermer avec sa compagne.

A peine se vit-il maître d'une situation qui assurait son repos, que, malgré les grands bruits qui grondaient autour de sa retraite, il se remit à la poursuite de la vérité et du beau, passion et rêve de sa vie. Pour les découvrir, ne fût-ce, comme il le dit quelque part, « qu'en parcelles « menues ou en légères étincelles », il ne craignait pas d'entreprendre les plus longues et souvent les plus arides lectures. Elles étaient pour lui un moyen d'arriver plutôt que de jouir, un chemin plutôt qu'un but. C'est ainsi qu'on le retrouve, à diverses époques, s'épuisant en d'immenses travaux pour recueillir un peu d'or dans les nombreux filons ouverts à l'investigation humaine. Il aborde tour à tour les orateurs, les poëtes, les philosophes, impatient, comme il l'écrit un jour, « d'être quitte des opinions « d'autrui, de connaître ce qu'on a su et de pouvoir être « ignorant en toute sûreté de conscience. » A la bonne heure; mais il me semble qu'il cherchait encore autre chose. Il lui fallait plus d'espace qu'il n'en trouvait dans les livres ; son œil sondait de plus lointaines perspectives, et, s'il avait tant de hâte d'atteindre les limites où se sont arrêtées la poésie, la philosophie, la science humaine, c'est qu'il voulait, j'imagine, avoir le loisir et le droit de regarder au delà.

Je l'avouerai, toutefois, il n'était pas entièrement désabusé des droits de l'imagination et du pouvoir de l'hypothèse dans l'ordre des connaissances qui se sont peu à peu détachées du domaine de la philosophie antique pour former l'apanage de nos sciences diverses. A la suite de Platon, d'Aristote ou d'Erasme, son esprit curieux ne se refusait pas les excursions lointaines au travers des merveilles du monde et des mystères de la création. Il aimait à parcourir ces grands espaces, abordant les éléments, le feu, la terre et le ciel et les eaux, sans trop s'embarrasser des outils de la science, sans charger son bagage de cornues ou d'équerres, de télescopes ou de compas. C'était alors surtout que, confiant aux libres élans de la conjecture, il s'animait d'une sorte d'humeur contre les procédés rigoureux de l'analyse moderne, et cherchait querelle aux savants de lui gâter son univers par toutes sortes d'entraves mises aux allures des esprits voyageurs. On eût dit que, semblable à ces Gentils qui, tout en se soumettant à l'empire de la croix, quand le vrai Dieu apparut au monde dans son austérité douce et nue, pleuraient en secret les poésies de l'Olympe vaincu, il voulait, de sa main tendue en arrière, arrêter l'antiquité dans sa fuite, et s'attacher à sa robe pour ne la pas quitter.

Ces regrets cependant, cette haute contemplation ne l'arrachaient pas aux jouissances simples et paisibles du foyer. Il savait allier la vie intérieure à la vie philosophique, le sentiment à la méditation. Son séjour à Villeneuve n'avait rien changé aux habitudes de la famille dans laquelle il venait d'entrer. Elle comptait seulement un frère de plus, frère qu'elle entourait d'une affection chaque jour plus vive, car il n'apportait dans la communauté que désintéressement, égalité d'humeur et bienveillante joie. Nul homme, en effet, n'avait un commerce plus facile ; nul n'était plus doux et plus commode à ses amis. A cette époque surtout où son existence solitaire venait de finir et où l'avenir se montrait à lui sous de riantes couleurs, sa faculté d'aimer et d'être heureux, faculté rare qu'il avait reçue du ciel à un merveilleux degré, débordait, si je puis dire, sur tout ce qui l'approchait, en tendres effusions et en caressantes paroles ; ce fut dans ce temps que prit naissance une des affections les plus vives qui aient charmé sa vie.

Dans un château situé entre Villeneuve et Sens, s'étaient réunies deux familles opulentes, celles de M. de Sérilly, trésorier général de l'extraordinaire des guerres et de M. de Montmorin, ancien ministre des affaires étrangères. Elles avaient fui Paris, pour se soustraire aux dangers qui menaçaient alors tous les genres de supériorités. Il semblait qu'à la faveur d'une réclusion volontaire et inoffensive, elles dussent être aisément oubliées ; mais la délation, abjecte et vigilante esclave de la violence, eut bientôt découvert leur retraite. Elles furent dénoncées au Comité de sûreté générale dont les pourvoyeurs ne tardèrent pas à se présenter à Passy. Ils arrêtèrent tous les hôtes du château, n'épargnant que quelques enfants en bas-âge, et une jeune femme qui, malgré ses prières, ne put obtenir de partager le sort de ses proches. C'était madame de Beaumont, fille de M. de Montmorin. Elle était depuis longtemps souffrante ; l'abattement, la pâleur empreinte sur son visage semblaient présager une fin prochaine, et les envoyés du Comité la repoussèrent comme une proie trop chétive pour être offerte à leurs maîtres. Bien que M. Joubert ne la connût point et n'en fût pas connu, profondément touché de son isolement et de ses douleurs, il courut lui offrir quelques consolations. Ce fut devant la porte d'une chaumière, où de pauvres paysans l'avaient recueillie, après le désastre du château, qu'eut lieu leur première entrevue, origine d'une intimité que la mort seule a pu rompre.

Madame de Beaumont, après avoir subi fort jeune une de ces unions qui gâtent toute une vie, avait cherché quelques dédommagements dans les lettres ; non pas qu'elle eût songé à s'y faire un nom ; elle regardait, au contraire, ces deux vers de Lebrun :

« Voulez-vous ressembler aux Muses?
« Inspirez, mais n'écrivez pas »,

comme un beau conseil et une belle leçon donnés à tout son sexe ; mais douée d'un goût exquis et d'une admirable intelligence, elle saisissait sans effort ce qu'il y avait de plus délicat dans les pensées, dans les mots, et y applaudissait avec une franchise pure des retours intéressés qui sont la condition tacite de tant d'éloges. Les esprits d'élite qui savent ainsi discerner les saveurs littéraires, sont le complément nécessaire de ceux qui savent les produire. Non-seulement ils les encouragent, mais ils les fécondent. Leur voix protectrice est comme une voix divine : elle enfante des prodiges. Aussi madame de Beaumont exerçait-elle, sans y prétendre, l'influence créatrice dont parlait le poëte. Chénier avait écrit, dans son cabinet même, les pages dignes de Tacite qu'il nous a léguées; c'était près d'elle que plus tard M. de Chateaubriand devait rencontrer ses plus brillantes inspirations; madame de Staël interrogeait son goût avant celui du public; enfin, s'il est permis de rapprocher de ces noms illustres un nom modeste encore, M. Joubert trouvait d'inépuisables aliments dans son commerce avec elle, et regrettait bientôt pour son jeune ami, M. Molé, les trésors de cette approbation féconde.

Il y avait bien chez madame de Beaumont une sorte de dédain négligent, sans apprêt, mais aussi sans contrainte, pour tout ce qui était vulgaire dans les choses ou parmi les hommes. Soit que le malheur eût désenchanté sa vie, soit qu'elle reçût de ses souffrances l'avertissement silencieux qu'il faudrait de bonne heure quitter la terre, elle se défiait des affections humaines et se laissait aller, avec trop d'indifférence peut-être, au détachement du monde; mais sous cette enveloppe un peu froide, les ardeurs de son âme étaient promptes à s'éveiller pour tout ce qui était noble, juste et bon; peu émue des petites choses, elle se passionnait pour les grandes. « Elle aimait le mérite », au dire de M. Joubert, « comme d'autres aiment la beauté », et dès qu'elle le rencontrait sur ses pas, elle s'y attachait avec une constance sur laquelle ni le temps, ni les événements ne pouvaient prévaloir.

C'était à cette promptitude à admirer, à cette fidélité dans ses affections, qu'un homme d'esprit, M. de Rulhière, faisait allusion, un jour que, renouvelant pour elle la galanterie jadis imaginée par lui pour madame d'Egmont, fille du maréchal de Richelieu, il lui annonçait l'envoi de son portrait et joignait à sa lettre un cachet où il avait fait graver un chêne avec cette devise : « Un rien m'agite, « et rien ne m'ébranle. »

En écrivant ces lignes, j'ai sous les yeux quelques lettres de madame de Beaumont à M. Joubert où se montrent à la fois et son dévouement pour ses amis, et sa lutte mélancolique et gracieuse contre les rigueurs du sort.

« M. Desprez m'a dit hier, » lui écrivait-elle, « que
« vous étiez bien mécontent de votre santé. Personne
« assurément n'est plus en mesure que moi de vous
« plaindre; mais n'est-ce pas un chagrin poignant de
« penser qu'on ne peut ôter à ses amis la plus légère
« douleur, même en consentant à en être accablé, dût-
« on fléchir sous le poids ! Au moins suis-je sûre que
« vous avez du courage, et cette pensée me console.
« Quant à moi, je vous ferais pitié. J'ai retrouvé ma so-
« litude avec humeur; je m'occupe avec dégoût; je me
« promène sans plaisir; je rêve sans charme, et je ne puis
« trouver une idée consolante. Je sais bien que cet état
« ne peut durer longtemps; mais la jeunesse se passe;

« les ressources s'enfuient, et il ne reste que des regrets. »
Un peu plus tard elle lui mandait : « J'ai retrouvé ici
« d'anciennes lettres de vous qui me recommandent l'a-
« mour du repos et de la solitude. Vous aviez raison, je le
« sentais; mais j'étais alors indigne de la solitude et inca-
« pable du repos dont je sens tout le mérite aujourd'hui,
« sans en excepter celui qui est voisin de l'anéantisse-
« ment. Il me semble que je végète assez bien, quoique
« moins agréablement que les plantes qui m'environnent.
« Beauchêne vous dira que je suis engraissée ; j'en suis
« moins sûre que lui, car ma santé ne me donne pas
« toute satisfaction. J'ai pris de vous la mauvaise habi-
« tude de ne digérer qu'en marchant ; mais, en mar-
« chant, la rêverie est funeste ; il me faut donc, dans
« mes promenades, m'accoster de M. Perron, me faire
« ennuyer par le pauvre homme et le lui rendre. Je lui
« adresse chaque soir les mêmes questions, et je reçois
« les mêmes réponses que je n'écoute pas toujours jus-
« qu'à la fin. De son côté, régulièrement, aux mêmes
« passages, il me raconte les mêmes histoires. A quel-
« ques pas près, je me les annonce, sans jamais me
« tromper d'une minute. Ce petit commerce, si propre à
« reposer l'âme, l'esprit et l'imagination, ne me déplaît
« pas toujours et me divertit quelquefois. C'est d'ailleurs
« par régime que je m'y livre ; mais je ne sais si le bon
« M. Perron, qui n'a nullement besoin de régime, s'en
« accommode également. Pour calmer mes remords, je
« tâche de me persuader qu'il n'est pas bien sûr de son
« ennui et n'en est encore qu'au doute. »

Je ne parlerais pas des charmes extérieurs de madame
de Beaumont, car ce n'était pas là ce que M. Joubert cher-

chait auprès d'elle, si, même dans nos relations les plus
pures avec les femmes, ces avantages éphémères semblaient n'être, à notre insu, une des causes des longs
attachements. La grâce de sa physionomie était due, moins
à la beauté de ses traits, qu'à l'expression d'intelligence
et de sentiment qui les animait. Son regard était profond,
vif et tendre; son sourire spirituel et doux, toute sa personne empreinte de délicatesse et d'élégance. M. Joubert
la comparait « à ces figures d'Herculanum qui coulent
« sans bruit dans les airs, à peine enveloppées d'un
« corps. » Autant que j'en puis juger par un portrait
d'elle, dû au pinceau de madame Lebrun, et dont elle fit
plus tard présent à notre famille, la comparaison n'était
pas moins juste qu'ingénieuse.

On n'aime pas faiblement ces êtres fragiles qui semblent n'être retenus dans la vie que par quelques liens
prêts à se rompre. M. Joubert ne tarda pas à l'éprouver.
Sa correspondance renferme trop de témoignages de l'affection profonde qui l'unit à madame de Beaumont, pour
que je ne me dispense pas d'en parler ici; mais je ne saurais
manquer d'insister sur une observation qui se rattache,
si l'on peut dire, à l'histoire de son esprit : c'est que,
pendant tout le temps que dura sa liaison avec elle, c'est-
à-dire de 1794 à 1803, époque de la mort de cette femme
si digne de regrets, les cahiers où il inscrivait ses pensées étaient plus vite remplis, plus fréquemment renouvelés, plus remarquables par le nombre, la fraîcheur,
la finesse des aperçus. Il semble qu'une source intaris-
sable et nouvelle se fût ouverte devant lui, une de ces
sources sacrées que l'antiquité avait placées au pied de
l'Hélicon. Madame de Beaumont était pour lui plus qu'une

amie : c'était sa muse. « Confidente de mes pensées et de
« mes erreurs, » s'écriait-il quand il l'eut perdue, « de
« mes travaux et de mes écarts, de mes témérités an-
« ciennes et de ma sagesse tardive, à qui les dire désor-
« mais? Vous étiez pour moi le public. »

 Autour d'elle, il est vrai, s'était formé, dès son retour
à Paris, un des petits cercles où s'assemblaient, vers la
fin du siècle dernier, les débris échappés à la tourmente
révolutionnaire. Cette réunion, peu nombreuse, se distinguait par une simplicité charmante. On se réunissait
chaque soir dans le salon de madame de Beaumont, sans
autre dessein que celui de se voir, de causer, de se féli-
citer de vivre encore. Chacun y apportait le désir d'é-
couter plus que de se faire entendre, d'approuver plus
que d'être applaudi. On n'avait là, en faveur ou à l'en-
contre de personne, de ces partis pris qui font dégénérer
les intimités en coteries. Il s'y dépensait beaucoup d'esprit, sans doute, car aucun des interlocuteurs n'avait
aux mains la menue monnaie qui fait les frais de tant de
conversations vulgaires; mais on le dépensait sans prétentions, sans exigence, comme les princes répandent de
l'or. « Paisible société, » disait plus tard M. Joubert, « où
« n'avait accès aucune des prétentions qui peuvent désu-
« nir les hommes; où la bonhomie s'unissait à la célé-
« brité; où, sans y penser, on se faisait une occupation
« assidue de louer tout ce qui est louable, où l'on ne
« songeait qu'à ce qui est beau ; paisible société dont
« les débris ne se réuniront jamais que pour s'entretenir
« entre eux de celle qui en était le nœud et qui les avait
« rassemblés. »

 Je voudrais nommer tous les membres de cette réunion

trop tôt dispersée. Les plus fidèles étaient MM. Pasquier, Molé, de Vintimille, Julien, Chênedollé, Guéneau de Mussy, de Fontanes ; mesdames de Krudner, de Vintimille, de Duras, de Lévis. Dans cet élégant cénacle, M. Joubert avait été bientôt distingué, et la bienveillance parfaite dont on l'honorait, les hautes relations qu'il trouvait ainsi l'occasion de former n'étaient pas sans influence sur le progrès et l'élévation de ses idées. C'était, pourquoi le taire? une heureuse circonstance dans sa vie que cette familiarité par hasard établie entre lui et ce que Paris comptait encore de gens distingués par la naissance, la fortune, l'éducation et le bon goût. Les hommes assurément sont enfants de leurs œuvres ; mais, quelque doués qu'ils soient, ils doivent presque toujours à de fortuites rencontres une partie de leur dernière valeur. Ces bons hasards leur deviennent surtout profitables quand, placés au niveau de tous par les qualités de l'esprit, ils doivent à la modestie de leur caractère d'échapper aux jalousies, aux aigreurs, qui, dans de telles situations, altèrent ou corrompent en secret de moins heureuses natures.

M. Joubert, au surplus, payait généreusement l'accueil qu'il recevait chez madame de Beaumont. Il y avait conduit M. de Fontanes, et il y introduisait M. de Chateaubriand, M. de Chateaubriand bientôt devenu le dieu du temple.

C'était par M. de Fontanes qu'il l'avait connu. Ce dernier, comme on sait, réfugié en Angleterre au temps de la déportation, s'y était lié étroitement avec l'illustre écrivain. Frappés par la politique l'un et l'autre, ces hommes de lettres éminents s'occupaient moins encore, sur la terre étrangère, de la politique que des lettres, et

M. Joubert, quoique absent, avait plus d'une fois trouvé place dans leurs entretiens. Malgré l'heureuse compensation que l'exil venait de lui offrir, M. de Fontanes, en effet, n'avait garde d'oublier les entretiens interrompus de son plus ancien ami. « Si je suis la seconde personne, » lui écrivait M. de Chateaubriand, « à laquelle vous ayez « trouvé quelques rapports d'âme avec vous (l'autre per- « sonne était M. Joubert), vous êtes la première qui ayez « rempli toutes les conditions que je cherchais dans un « homme. » Mais dès qu'ils avaient pu se rejoindre en France, les deux compagnons d'exil étaient venus, un matin, chercher M. Joubert dans sa bibliothèque de la rue Saint-Honoré, et M. de Chateaubriand n'avait guère tardé à reconnaître qu'un autre homme se trouvait là qui pouvait répondre aussi aux exigences de l'amitié la plus difficile.

Cette bibliothèque, puisque j'en ai parlé, mérite que je m'y arrête un instant, car une grande partie de la vie de M. Joubert s'y est écoulée. Aussitôt que le retour de l'ordre le lui avait permis, il était venu s'établir à Paris, dans une maison possédée par la famille de sa femme, près du lieu où s'est ouvert depuis le passage Delorme. Là, tout au sommet, le plus haut qu'il avait pu, il avait fait disposer une galerie où, suivant son vœu, « beaucoup de ciel se mêlait à peu de terre. » C'était l'asile préparé à ses rêveries, le temple élevé à ses écrivains chéris. On y trouvait peu d'ouvrages modernes ; mais les siècles de Louis XIV, d'Auguste et de Périclès y tenaient une grande place, à côté de l'Histoire ecclésiastique, de la Métaphysique, des Voyages et, le dirais-je, des Contes de fées, récits merveilleux et naïfs où sa raison aimait à se distraire. Il ne fallait chercher là ni Voltaire, ni J.-J. Rousseau, ni les autres écrivains de l'école philosophique ; on y rencontrait, en revanche, toutes sortes d'éditions de Platon, d'Homère, de Virgile, d'Aristote, de Plutarque, une foule de ces vieux livres où les XVIe et XVIIe siècles ont recueilli les débris épars de l'antiquité grecque ou romaine, et les curiosités bibliographiques que recommandait le double mérite de la rareté et de l'originalité. Sa passion pour les livres n'était pas celle du bibliomane qui, comme l'avare, amoncelle des trésors dont il ne sait point user. Il lisait tout, et la plupart des volumes de sa bibliothèque portent encore les vestiges du passage de sa pensée : ce sont de petits signes dont j'ai vainement étudié le sens, une croix, un triangle, une fleur, un thyrse, une main, un soleil, vrais hiéroglyphes que lui seul savait comprendre et dont il a emporté la clef. Son heureuse mémoire cependant aurait pu se passer d'un tel secours. Il n'oubliait rien en effet des choses qu'il avait lues ; l'aspect seul du volume, un regard jeté sur la couverture, sur le titre, suffisaient pour réveiller tous ses souvenirs et renouveler soudainement ses impressions premières. C'était, de ses livres à lui, un commerce de tous les instants, une sorte de courant intellectuel presque ininterrompu. Ils ne renfermaient pas une bonne parole dont il ne leur tînt compte en passant, un mauvais propos dont il ne leur gardât rancune. Aussi était-il devenu fort scrupuleux dans le choix des volumes qu'il admettait sur ses rayons. Il avait grand soin de ne s'entourer que d'ouvrages amis et proscrivait, comme un voisinage fâcheux, les auteurs qui blessaient sa pensée. Mais les autres, comme il les aimait ! Je me rappelle à ce sujet, et l'on me pardonnera de redire la première visite que j'eus l'honneur de lui faire quelques années avant sa mort.

Mon père, son compatriote et presque son collègue, entretenait avec lui, de Bourges où le retenaient les fonctions du rectorat, une correspondance qui, engagée à l'occasion de détails universitaires, était devenue peu à peu, comme il arrive entre gens de cœur et d'esprit, plus personnelle et plus intime. Souvent, quoique fort jeune alors, j'avais été frappé du style et de la forme des lettres de M. Joubert, lettres qu'au surplus, suivant le vœu trop bien exaucé de leur auteur, mon père éprouve aujourd'hui le regret de n'avoir pas conservées. Elles étaient écrites sur de grossier papier, et leurs caractères surannés me semblaient appartenir à un autre siècle. L'orthographe même d'un grand nombre de mots, comme *auctorité*, *thrésors*, *manuscripts*, sentait son vieil homme; on eût dit d'un ancien attardé, fourvoyé au travers des âges.

Appelé cependant par la haute estime de M. Royer-Collard aux fonctions d'inspecteur-général des études, mon père vint bientôt à Paris. Ses succès universitaires, l'affection de M. de Fontanes et quelques voyages faits dans l'intervalle avaient achevé une liaison préparée par sa correspondance. Son premier soin, en arrivant, fut de nous présenter à M. Joubert.

Quoique souffrant au moment de notre visite, celui-ci voulut nous recevoir, et madame Joubert nous introduisit près de lui. Tout me parut, dans son appartement, d'une remarquable simplicité. Le seul ornement qu'on y distinguât consistait en gravures françaises ou étrangères, dont le choix avait été évidemment dicté par une prédilection décidée pour les scènes de famille, les sentiments

religieux, la délicatesse et l'ingénuité des expressions....
Qui m'eût dit qu'à quinze ans de là, uni à la famille de
M. Joubert par les liens les plus étroits et les plus chers,
j'habiterais à mon tour la modeste demeure où je venais
de pénétrer en étranger ; que le sort m'appellerait à
recueillir, aux lieux où elles étaient écloses, les pensées
de cet excellent homme ; que sa bibliothèque deviendrait
la mienne ; que j'écrirais ces lignes obscures et sans valeur
sur la table même où tant de perles étaient tombées de
sa plume !

M. Joubert était assis dans son lit, à demi vêtu d'un
spencer de soie, et entouré de livres. Il nous reçut avec
cette bienveillance exquise dont on se sent flatté comme
d'une distinction personnelle. Dès l'abord cependant une
singularité m'avait frappé. Je l'avais vu quitter, à notre
approche, un volume dont il était occupé, la main enve-
pée dans un gant ciré, à polir la couverture. J'ai su depuis
que, lorsque sa santé ne lui permettait ni de monter à
sa galerie, ni de se livrer aux travaux de la pensée,
il lui arrivait souvent de faire descendre quelques-uns de
ses écrivains favoris, pour rendre à leur parure de ces
petits soins humbles et naïfs où se laissait aller son amour
pour eux. On concevra du reste le prix qu'il attachait à
ses livres, en songeant que c'était peu à peu, sur des
épargnes dont l'emploi était parfois contesté, et presque
toujours après de longues recherches, qu'il les avait successivement acquis. La librairie d'alors n'offrait pas les
richesses qu'étale aujourd'hui la nôtre. Les auteurs de
quelque prix n'avaient point encore reçu les honneurs
de ces réimpressions fécondes qui, sous des formes mul-
tiples, viennent, presque malgré nous, envahir nos rayons.

Il fallait chercher les occasions et les saisir. Or, pour M. Joubert, les occasions devenaient d'autant plus rares qu'il était curieux de livres peu répandus et délicat dans le choix des éditions. Tel volume avait été par lui vivement disputé à la chaleur des enchères ; tel autre, obstiné à ne se point montrer, s'était laissé chercher durant des mois entiers. Celui-ci provenait de quelque collection célèbre, celui-là avait appartenu à quelque homme fameux. A l'origine de chacun enfin se rattachaient des souvenirs de bonne fortune ou de labeur qui n'étaient pas sans charme. Il les aimait et du plaisir qu'ils lui causaient et de la peine qu'ils lui avaient coûtée.—C'étaient d'ailleurs des serviteurs fidèles dont il n'invoquait jamais en vain l'assistance, de vieux amis qui, après avoir réjoui son âge mûr, étaient prêts à consoler sa vieillesse. Ils méritaient bien l'échange de quelques bons procédés.

Mais reprenons le récit de sa liaison avec M. de Chateaubriand, un moment interrompu par des détails d'intérieur et des souvenirs personnels que je n'ai pu écarter. M. Joubert confondit bientôt, dans une communauté d'affections, les deux écrivains que l'exil avait rapprochés, et que ne devait pas séparer plus tard la différence des opinions et des fortunes. A compter du jour où il connut M. de Chateaubriand, il y eut dans son existence un grand intérêt, une grande amitié de plus. C'était, je le remarque en passant, un singulier jeu du sort que cette rencontre, dans une intimité presque fraternelle de trois hommes qui, par des goûts et un génie divers, semblaient résumer, à la limite des deux siècles, les doctrines littéraires prêtes à se disputer l'empire. Pendant que, sous la main sans défiance de M. de Fontanes, les cordes un peu détendues de la harpe antique jetaient encore de gracieux sons, M. Joubert rêvait je ne sais quels accords plus nouveaux, notes vibrantes, voix intimes qui déjà murmuraient confuses au sein de son jeune ami et devaient bientôt retentir avec tant de puissance. Ces temps, déjà loin du nôtre, étaient pour M. Joubert pleins de promesses et d'enchantements. Non-seulement il voyait, à la suite de tant d'orages, la terre et le ciel reprendre leur sérénité; mais il assistait de très-près au travail de rénovation dans lequel une plume inspirée préparait aux lettres un rôle si considérable; sa bibliothèque de la rue Saint-Honoré, la retraite de Villeneuve où il se plaisait à attirer ses amis, recevaient tour à tour les prémices de ces pages éloquentes, à la fin devenues une des gloires de notre âge. Après les extases de l'inspiration, rien n'est plus ravissant, j'imagine, pour les esprits littéraires, que ces confidences du génie livrant son œuvre vierge aux premières caresses de l'admiration. M. Joubert en jouissait avec d'autant plus de complaisance qu'il y entrevoyait, et le triomphe de ses doctrines, et la grandeur prochaine de l'homme qu'il aimait. Ainsi croissait par la réflexion et par le sentiment cette affection à la fois philosophique et tendre qu'aiguisait peut-être encore un stimulant de plus, l'espèce de sollicitude paternelle qu'autorise envers le génie lui-même la priorité de l'âge et des travaux. Je me hâte de le dire, au surplus, il n'avait point affaire à un ingrat. Si nul homme n'a plus aimé dans le sens sérieux et mâle que ce mot a perdu, nul n'a été plus aimé que lui. Je voudrais ne pas laisser éteindre les souvenirs qu'on en garde autour de moi, car les exemples de ces amitiés désintéressées deviennent plus précieux à recueillir, à proportion qu'ils se montrent plus rares. Mais comment raconter les détails d'une intimité que la mort a brisée? Heureusement aux témoignages répandus dans les œuvres de notre grand écrivain, il m'est permis d'en joindre un autre qui n'est pas, ce me semble, moins digne de survivre.

M. de Chateaubriand, se rendant à Rome, à une époque où il n'avait point encore visité M. Joubert dans sa retraite de Villeneuve, lui écrivait de Lyon une lettre pleine de détails sur la partie de la route déjà parcourue. « J'avais calculé qu'il ferait jour », lui disait-il, « lorsque
« nous arriverions à Villeneuve-sur-Yonne. Mon cher
« Joubert, quelle fatalité! Je m'endors et ne me réveille
« qu'à la porte de la ville. Il fait grand jour; je demande
« où est Villeneuve; je regarde derrière moi, et je vois
« une jolie petite église; je descends et j'y cours. Je
« cherche à découvrir votre rue; madame de Beaumont
« me l'avait décrite : une petite rue en descendant à
« droite. Je crois que je l'ai vue; mais je n'en suis pas
« bien sûr; il n'est que quatre heures : le moyen d'é-
« veiller mademoiselle Piat! Je balance un moment, mais
« enfin je renonce à ce pèlerinage. Qui m'aurait dit que,
« dans cette petite ville, demeurerait un homme que j'ai-
« merais tendrement, un homme rare dont le cœur est de
« l'or, qui a autant d'esprit que les plus spirituels, et
« qui a par-ci par-là du génie? Mon cher ami, je vous le
« dis les larmes aux yeux, parce que je suis loin de vous :
« il n'y a point d'homme d'un commerce plus sûr, plus
« doux et plus piquant que le vôtre, d'homme avec lequel
« j'aimasse mieux passer ma vie. Après cela, rengorgez-

« vous, et convenez que je suis un grand homme. Mais
« mangez du *roast-beef* et buvez du vin de Porto ; vous
« avez besoin de vous fortifier, mon cher enfant ; il faut
« faire vie ou feu qui dure, je ne sais lequel on dit ;
« mais cela veut dire qu'il faut vous conserver longtemps
« et très-longtemps pour madame de Beaumont, pour
« madame de Vintimille, pour M. Julien, pour M. Pas-
« quier, pour Chênedollé, pour ce misérable Fontanes,
« et enfin pour moi ; c'est par politesse pour la société
« que je me nomme le dernier. »

Je ne saurais me décider à en rester-là de cette lettre par hasard retrouvée. Elle contient encore quelques mots qui se rattachent de trop près à mon sujet, pour que je n'abuse pas de ma bonne fortune en les citant.

« Au reste », ajoutait le noble voyageur, « je trouve
« madame de Beaumont trop sévère. Les côteaux de Vil-
« leneuve sont, il est vrai, secs et pelés (1), mais ils
« sont assez hauts et ont un faux air de montagnes qui
« ne leur va pas mal. J'ai vu aussi certain bois dans
« un enfoncement qui pourrait être produit parmi les
« pièces du procès, sans compter les couchers du so-
« leil, qui sont beaux, de l'aveu des deux parties. Je
« n'ai vu qu'un soleil levant qui n'était pas merveilleux
« à la vérité ; mais le matin n'est pas le soir, et je tiens
« qu'à la brune, entre chien et loup, Villeneuve est un
« très-joli pays ; il y a des beautés qui, comme vous sa-
« vez, ne supportent pas le grand jour. Franchement, je
« vous aime encore mieux juché dans votre bibliothèque

---

(1) Ces côteaux n'avaient pas à cette époque la verdure qui les pare aujourd'hui. A. J.

« de la rue Saint-Honoré, que dans la petite rue, en
« descendant à droite, que j'ai vue à quatre heures du
« matin. Je crains que le maire, s'il m'a aperçu, ne
« m'ait pris pour un anglais qui venait examiner les
« lieux et peut-être sonder l'Yonne pour y conduire la
« flotte de Nelson. »

A ce ton de plaisanterie charmante, ne semble-t-il pas qu'on aperçoive dans le lointain les premiers sourires de cette imagination devenue si pathétique et si grave en traversant les événements et les années? Il faut le dire pourtant, M. Joubert avait quelque part à la sérénité de son ami; car si, dans le commerce d'une correspondance intime, les lettres montrent celui qui les écrit, elles montrent aussi celui qui les inspire, l'un prenant toujours, ou par complaisance amie ou par imitation involontaire, quelques-unes des couleurs de l'autre. Or la gaîté, une gaîté spirituelle et modérée, formait un des traits saillants du caractère de M. Joubert. C'est à sa famille surtout qu'il appartient d'en parler. Il n'était pas de ceux qui, réservant toutes leurs grâces pour le dehors, n'apportent dans la vie commune que les caprices de leur humeur ou les langueurs de leur ennui. Personne n'observait plus à la lettre les préceptes qu'il a donnés, et qui, de sa part, étaient plutôt encore des résolutions que des conseils. Aimable avec les siens, autant au moins qu'avec les étrangers, il n'oubliait jamais, au milieu d'eux, qu'il faut, comme il le dit, « porter son velours en de-
« dans et faire plaisir à toute heure. » Je ne crois pas même qu'il eût besoin d'efforts pour atteindre ce but. Les plus vulgaires travaux de la vie commune, les occupations les plus simples, comme les amusements les plus

naïfs, lui inspiraient naturellement la curiosité bienveillante qu'il a si bien décrite en parlant de la bonhomie, « cette enfance conservée, affermie et développée, qui « ne refuse son intérêt à rien de ce qui occupe l'attention, « et son attention à rien de ce qui est innocent. » Il était ingénieux à entretenir autour du foyer une joie douce, intime, sans éclats, ou, pour parler encore son langage, « un « perpétuel enchantement. » Même sa sollicitude à cet égard ne se bornait pas aux membres de sa famille. Il aimait à n'être entouré que de visages contents ; aussi, tout en conservant la dignité du patriarche, n'avait-il pas laissé s'élever chez lui ce mur de glace que des mœurs plus gourmées placent entre le serviteur et le maître. Il entendait la maison à la manière antique, ainsi que son illustre ami semblait l'entendre lui-même, lorsque dans cette lettre, deux fois citée, et que je n'épuiserai pas, il ajoutait :

« Je me suis trouvé engagé dans les monticules du « Morvan, partie de jour et partie de nuit. Les oiseaux « chantaient de tous côtés, et j'ai entendu à la fois les « trois passagers du printemps, le coucou, la caille et le « rossignol. Un petit bout du croissant de la lune était dans « le ciel, tout justement pour m'empêcher de mentir ; car « je sens que si la lune n'avait pas été là, je l'aurais tou- « jours mise dans ma lettre, c'eût été à vous de me con- « vaincre de fausseté l'almanach à la main. Tandis que « je faisais un roman, Auguste dormait sur mon épaule. « Pauvre jeune homme ! Il va commencer la vie sous les « auspices d'un maître dont les premiers jours n'ont été « protégés par personne ; nul ne s'est chargé de me faire « voyager ; mais je ne suis pas Auguste, et tout le monde

« n'est pas le filleul de madame de Beaumont!... Sa-
« vez-vous que j'eusse assez aimé autrefois à être
« l'esclave d'un bon maître? Je suis sûr que cette pro-
« priété de l'homme sur l'homme devait établir parmi les
« anciens des relations d'amour et d'intérêt que nous ne
« connaissons plus. C'est pourquoi le mot *domestique*,
« qui vient de *domus*, indiquait dans le serviteur une
« partie de la maison, presqu'un membre de la famille.
« Tout cela n'est pas bien fier; mais je suis ennuyé de
« courir toujours pour mon compte les chances de la
« vie, et si quelqu'un voulait se charger de me nourrir,
« de me vêtir et de m'aimer, cela me ferait grand
« plaisir. »

Il y avait longtemps que chez lui M. Joubert avait accepté ce rôle d'affectueuse protection. Sans rompre de justes distances et sans donner à personne la fantaisie de les franchir, il se préoccupait volontiers des intérêts, des petits propos de ses gens. Volontiers il jetait au milieu d'eux de bonnes paroles qui les comblaient d'aise et d'encouragement. Parmi les solennités de famille dont il ne laissait guère échapper l'occasion, les bonnes fêtes étaient celles où de son salon, de son lit même, si la souffrance l'y retenait, il pouvait entendre les éclats un peu bruyants, mais reconnaissants et naïfs, de la joie qu'il avait su leur ménager. Les inégalités de sa santé n'apportaient point en effet d'inégalité dans son humeur. S'il ne pouvait écrire une lettre, soutenir une conversation un peu vive, mener à terme quelqu'une de ses hautes méditations, sans que d'insurmontables accablements s'ensuivissent, son corps du moins éprouvait seul, après ces efforts, une douloureuse réaction. Ni l'activité de son esprit, ni la chaleur de son âme n'en étaient atteintes. Soit qu'il acceptât une santé débile, comme la condition nécessaire de l'exquise délicatesse de son organisation intellectuelle ; soit, ainsi que M. de Chateaubriand le lui écrivait un jour, « qu'il voulût voir l'enfer même du « bon côté », il gardait jusque dans ses plus grands abattements sa bienveillance et sa sérénité. J'en rencontre un exemple qu'on me pardonnera de citer. Atteint d'une maladie grave, pendant l'été de 1810, il avait été forcé d'interrompre son journal ; voici comment, lorsqu'il put le reprendre, il remplit la lacune qui séparait les dates :

« Du jeudi 7 juin, au jeudi 12 juillet : ma grande et « bonne maladie ! *Deo gratias !* »

De pareils traits sont plus propres que mes paroles à peindre cette aménité singulière qui ne pouvait se démentir en face même de la souffrance Il y avait là mieux que du stoïcisme, il me semble, plus même que de la résignation chrétienne, car on n'y saurait découvrir la préméditation d'aucun calcul ni l'indice d'aucun effort. On dirait l'épanchement continu d'une âme d'où les pensées heureuses, les joies tendres et naïves rayonnaient comme une auréole de douceur et de paix. C'est par là surtout que son souvenir est demeuré délicieux à sa famille et à ses amis. Combien de fois, dans la crainte que mon jugement ne s'égarât au milieu des influences du foyer, n'ai-je pas interrogé, avant d'écrire cette notice, les étrangers qui ont vécu dans son intimité ! Je n'en ai point rencontré qui ne gardassent une sorte de culte pour sa mémoire et ne s'associassent à nos regrets avec une spontanéité dont la vive et sympathique expression m'a bien souvent touché. Qu'il me soit permis de dire ici quelques mots de l'un des hommes qui m'ont semblé l'avoir le mieux compris et le plus aimé.

Parmi les personnes qui fréquentaient le salon de madame de Beaumont, j'ai nommé M. Molé. M. Molé, fort jeune encore, se distinguait par une maturité précoce. Son éducation venait de s'achever au milieu des grandes scènes de notre révolution, et aux leçons de l'histoire s'étaient joints pour lui les enseignements des faits contemporains. Il avait vu se dérouler le drame d'un œil plus ferme qu'il ne semblait appartenir à son âge et à sa condition. Je m'en étonne peu toutefois. Il me semble en effet que l'aristocratie française devait être, suivant son origine, différemment impressionnée par les modifications survenues dans notre ordre politique. Je comprends à merveille les regrets amers, la longue fidélité, la résistance même désespérée des familles qui devaient à l'affection privée de nos rois leur nom, leurs honneurs, leurs richesses; mais je conçois aussi que celles qui puisaient leur illustration dans les services rendus au pays plutôt qu'à la cour, acceptassent, avec moins de répugnance, des événements qui, d'ailleurs plus forts qu'elles, laissaient encore la France debout. C'est surtout par ces vieilles races patriciennes qui, à la tête des communes ou dans le sein des parlements, s'étaient signalées par une résistance séculaire aux désordres de l'administration et aux envahissements du pouvoir, que devait être jugée avec plus d'indulgence une révolution au travers de laquelle, malgré ses écarts, malgré ses excès, on pouvait entrevoir l'ordre légal comme but suprême du public effort. Dominé plus qu'un autre par ces grands souvenirs de famille, M. Molé ne se croyait donc pas quitte envers le pays. Il s'initiait en silence, par de sérieuses études philosophiques, à la science du gouvernement des peuples, et, dès le commencement de ce siècle, il consignait dans un écrit célèbre le fruit de ses premières méditations. Il ne m'appartient pas d'examiner ici l'ouvrage qu'il fit paraître à cette époque sous le titre d'*Essais de morale et de politique*; je n'en parle que parce que le manuscrit en fut par lui communiqué à M. Joubert. C'était un hommage rendu à la supériorité de cet esprit éminent, hommage dont le retour ne se fit pas attendre. Singulièrement frappé des efforts tentés par un si jeune homme pour rattacher les théories de la liberté aux observations d'une saine psychologie et aux grands principes de religion et de morale que tant de nuages venaient d'obscurcir, M. Joubert paya de conseils utiles la confiance qui lui était donnée; mais comme il ne savait pas se livrer à demi, l'affection vint bientôt à la suite des conseils. Il trouvait d'ailleurs chez M. Molé des qualités qu'il tenait en grande estime : de l'ardeur sans emportement, le culte sincère du devoir, et cette sorte d'austérité qui dénote la pureté de la jeunesse et présage l'incorruptibilité de l'âge mûr; il l'appelait « son Caton de vingt ans. »

A l'époque où cette liaison commençait, une peine profonde vint désoler son âme. Madame de Beaumont, que ses médecins avaient envoyée en Italie, ne tarda pas à y succomber au mal sans remède dont elle était atteinte. Elle mourut à Rome, le 4 novembre 1803 ; et pendant qu'une illustre amitié faisait graver sur sa tombe ce verset de Job souvent répété par elle : « *Quare misero data est lux et « vita his qui in amaritudine animæ sunt?* Pourquoi « la lumière a-t-elle été donnée au misérable et la vie à

« ceux qui ont le cœur dans l'amertume? » pendant que les arts s'unissaient à la religion et à la poésie, pour la représenter couchée sur le marbre, et indiquant du doigt, au-dessous du nom de ses proches, tombés sous la hache révolutionnaire, cette plainte suprême qu'elle avait acquis le droit de répéter après Rachel : *Quia non sunt*, M. Joubert honora de bien des larmes les funérailles lointaines de l'amie qui lui avait été si chère. La nouvelle du triste événement lui était parvenue à Villeneuve, où il avait coutume de passer la belle saison ; il y resta tout l'hiver suivant, silencieux et comme enveloppé dans sa douleur.

Cependant un autre attachement semblait destiné à remplir le vide que cette mort venait de laisser dans son existence. Madame de Vintimille, avec laquelle il avait déjà commencé de se lier, ne pouvait pas sans doute lui faire oublier madame de Beaumont, car il cultivait ses souvenirs autant que ses amitiés ; mais elle réussissait du moins à adoucir ses regrets en y mêlant une affection nouvelle. Une grande bonté de cœur s'unissait chez elle à un esprit très-orné, à un jugement plein de rectitude, et M. Joubert lui trouvait, pour les choses morales, la supériorité qui distinguait madame de Beaumont sous le rapport intellectuel. Il faut bien le rappeler d'ailleurs, quoique assurément madame de Vintimille fût une des femmes qui eussent le moins besoin d'indulgence, personne n'avait plus que lui le droit de dire : « Quand on aime, c'est le cœur qui juge » ; ou de répéter ce mot singulier et charmant : « Quand mes « amis sont borgnes, je les regarde de profil. » Comme il lui fallait des tendresses entières, des admirations que rien ne vînt amoindrir ou contrarier, il prêtait volontiers aux personnes qu'il aimait tout ce qui manquait à leur perfection. Soit par l'effet de la bienveillance qui lui était naturelle, soit, ainsi qu'il le disait encore, qu'il lui semblât nécessaire de savoir bravement « s'aveugler pour « le bonheur de la vie », son imagination complaisante effaçait les aspérités de leur caractère, comblait les petites lacunes de leurs bonnes qualités, et, une fois éprise par un point, se laissait éprendre par tous, ainsi qu'un aimant flexible qui suivrait, en s'y attachant, les sinuosités d'une surface inégale. Il y avait d'ailleurs en son âme des trésors de sentiment, une surabondance d'idées dans son esprit, qui lui permettaient d'en céder à mains pleines à ses amis : il se plaisait à les enrichir de son superflu.

Aussi, dès son retour à Paris, devint-il tout naturellement le centre de la société qui, naguère réunie près de madame de Beaumont, s'était, depuis sa mort, un moment dispersée. Son salon remplaça celui de la rue Neuve-du-Luxembourg. Bientôt même les soirées semblèrent trop courtes à ses amis; et, comme il restait d'ordinaire couché jusque vers trois heures de l'après-midi, son lit s'entoura d'auditeurs de plus en plus avides de l'entendre. Je n'essaierai pas de donner une idée du charme de sa parole; ce talent fugitif est un de ceux qui, tout en causant les émotions les plus vives, laissent les traces les moins saisissables. Il résulte de je ne sais quel accord heureux entre l'esprit et la personne, la voix et le regard, le geste et le mot, dont les secrètes harmonies s'évaporent comme des parfums ou des sons : on en jouit, mais on ne le peint pas. Malheureusement le causeur cédait avec un si facile abandon à l'entraînement qu'il communiquait, qu'inquiète gardienne de sa santé, madame Joubert était souvent forcée de lui commander le silence, ou de défendre les approches de son appartement contre l'accès empressé de ses amis. Mais il s'offrait toujours quelque occasion, quelque prétexte d'échapper à cette surveillance. Les abattements revenaient alors, les douleurs de poitrine, les crachements de sang, et c'était à Villeneuve qu'il fallait aller chercher un peu de solitude et de repos. A Villeneuve pourtant d'autres travaux, d'autres soins attendaient M. Joubert. Un doux et perpétuel enthousiasme, cette ardeur sublime et cachée qu'il attribuait à quelques écrivains et dont il était plus qu'eux dominé, continuait de brûler en son âme; le feu couvert succédait à la flamme; la méditation remplaçait les causeries, et je ne sais si sa santé s'en trouvait beaucoup mieux. Il avait d'ailleurs à entretenir avec ses nombreux amis une correspondance qui devenait l'occasion de nouvelles fatigues, car sa plume, difficile à elle-même, manquait un peu de volubilité. Puis les jeunes ecclésiastiques du voisinage, attirés par l'hospitalité de la famille, venaient emprunter les livres d'une petite bibliothèque formée à leur intention, et aux livres il ne refusait guère de joindre le riche tribut de sa parole et de ses conseils. Puis enfin, quand il prolongeait trop son séjour en Bourgogne, « la petite « rue en descendant à droite » voyait arriver de Paris d'illustres visiteurs qui l'illuminaient tout à coup d'un éclat inaccoutumé. On n'échappe pas à sa destinée; la sienne était de répandre la lumière, de se consumer en éclairant, et, quoi que fît madame Joubert, le flambeau ne s'éteignait pas.

Ainsi s'écoulait cette précieuse vie, partagée entre Paris et la province, entre les méditations de la solitude et les délices de l'amitié, quand la création de l'Université vint, en 1809, imposer à M. Joubert des devoirs inattendus. On sait comment l'empereur, habile, ainsi que tous les hommes puissants, à s'assimiler ce qui se rencontrait de puissant autour de lui, avait appelé M. de Fontanes à la tête de l'instruction publique. Modéré par principes et par position, car il était classique et gentilhomme, M. de Fontanes n'entendait pas faire à cette situation nouvelle le sacrifice de ses opinions et de ses amitiés. Le vulgaire ne comprend pas toujours la part que prennent les hommes éminents aux vicissitudes de leur pays. Il est prompt à attribuer leurs démarches à je ne sais quels calculs d'ambition ou de cupidité qui flétrissent les meilleures actions et outragent les intentions les plus pures. Pour moi, je ne m'en cache point, j'ai plus de foi dans la dignité humaine, plus de respect pour les hautes intelligences. Il me semble que dans les temps d'agitation politique, alors que les destinées sociales sont livrées aux hasards de la discussion des partis, les esprits élevés se dérobent avec peine au mouvement imprimé à tous les esprits. Ils se passionnent aisément pour la justice et la vérité, telles qu'elles leur apparaissent du moins; ils combattent pour elles; ils en font leur symbole, leur opinion; et quand, par leurs efforts, le jour de la victoire arrive, c'est cette opinion triomphante qui les emporte avec elle au sommet. Tel était, je le crois, le secret de la fortune de M. de Fontanes. Aussi prétendait-il, en se laissant aller à l'élévation qui lui était offerte, ne point se séparer de ses amis, et, après avoir inscrit sur la liste des futurs collaborateurs du grand-maître les noms si-

gnificatifs de MM. de Bonald et de Beausset, il se hâtait d'y joindre celui de M. Joubert. « Ce nom, disait-il à
« l'empereur, est moins connu que les deux premiers,
« et c'est cependant le choix auquel j'attache le plus d'im-
« portance. M. Joubert, frère du procureur impérial de
« Votre Majesté auprès du tribunal de première instance
« de Paris, est mon ami depuis trente ans. C'est le com-
« pagnon de ma vie, le confident de toutes mes pensées.
« Son âme et son esprit sont de la plus haute élévation.
« Je m'estimerai heureux si Votre Majesté veut m'accep-
« ter pour sa caution. » Je cite cette note, par hasard retrouvée, comme un témoignage également honorable pour l'homme qui en était l'objet, pour celui qui gardait, au milieu même du triomphe, un tel souvenir de ses amitiés, pour le maître, enfin, qui savait entendre ce simple et noble langage. Du reste, c'était bien par la volonté spontanée du grand-maître que M. Joubert prenait rang parmi les inspecteurs généraux et dans le conseil de l'Université. Pour sa part, il n'y avait guère songé, occupé qu'il était de ses études chéries, de sa douce philosophie, des plaisirs simples et vrais qu'il s'était créés au sein de sa famille.

Mais aussitôt que, sans l'avoir désiré, il se vit pour la seconde fois appelé à des fonctions publiques, il y porta l'abnégation et l'ardeur inhérentes à sa nature. La gloire de son ami le plus cher lui paraissait d'ailleurs engagée dans le succès de l'administration à laquelle on venait de l'associer, et son amitié se croyait solidaire de tout ce qui allait être fait. Les fragments que j'ai pu recueillir de sa correspondance avec M. de Fontanes témoignent assez de sa sollicitude à cet égard. Il entendait que le grand-maître fût soigneux du corps enseignant comme un père de famille ; qu'il laissât une douce et longue mémoire de son passage, et que l'administrateur ne demeurât pas au-dessous du poëte. Les petites lettres du matin, les longues causeries de la veillée n'avaient plus guère d'autre objet. Le zèle même pour la bonne direction de l'instruction publique allait si loin parfois, que, fatiguée un soir d'enseignement, de professeurs et de lycées, une femme dont l'esprit va de pair avec le nom, et à laquelle M. Joubert portait un vif attachement, Mme de Chateaubriand, s'écriait :

« L'ennui naquit un jour de l'*Université*. »

Mais la boutade n'empêchait pas les deux interlocuteurs de poursuivre. Le grand-maître consultait incessamment son ami sur les hommes, sur les livres, sur les choses. Il le contrariait bien quelquefois par l'adoption de mesures inattendues, car s'il lui était loisible, au salon, de spéculer librement, il avait bientôt, au palais, à compter avec un maître dont la politique ne s'accommodait pas toujours à la philosophie de M. Joubert ; mais il écoutait ce dernier du moins avec une déférence amie, et souvent il puisait dans son expérience et sa raison les forces dont il avait besoin pour l'action ou pour la résistance.

Cependant de plus longs séjours à Paris avaient étendu peu à peu le cercle des relations de M. Joubert. Non seulement il continuait de voir chaque jour mesdames de Chateaubriand, de La Briche, de Vintimille, de Duras, de Lévis et les autres personnes qu'il avait jadis rencontrées chez

madame de Beaumont; mais il se liait successivement avec
mesdames de Bressieux, de Valory, de Gontaut, de Châtenay, avec le bon M. de Clausel, dont le tempérament religieux et contemplatif ne s'était point encore échauffé aux
ardeurs de la discussion parlementaire; avec M. de Féletz,
qui se plaignait de l'avoir connu trop tard, et dont il van-
tait souvent l'ingénieuse polémique, l'atticisme et le sens
exquis ; avec un de mes parents, le docte et pieux M. de
Lacalprade, que je ne puis nommer sans que s'éveille en
mon âme un profond sentiment de reconnaissance; avec
M. l'abbé Gallard, M. l'abbé Cotteret, depuis évêque de
Beauvais, M. de Saint-Surin, M. de Bonald, M. le comte
de Sèze, M. Romain de Sèze, son fils, et quelques autres
hommes rangés dans la nuance d'opinions que la plupart de ces noms rappellent. Je ne crois pas toutefois
qu'à l'époque de la restauration il ait bien sérieusement
partagé les vivacités du cercle qui l'entourait. Il jugeait
fort sévèrement les maximes d'état de M. de Bonald,
quoiqu'il aimât beaucoup son caractère et sa personne ;
il reprochait, avec une grâce charmante, à M. de Clausel
de se laisser détourner, par les tourbillons du moment,
de sa primitive et pacifique destination ; enfin, écrivant
à un anglais de ses amis, M. Frisell, homme plein de
science, que lui avait rendu cher un cœur excellent caché
sous des dehors sévères, il disait, au sujet d'un des articles magistraux du *Conservateur :* « Il a fait ici beau-
« coup de bruit, et peut-être beaucoup de bien; mais
« qui le sait? » A ces indices, et malgré quelques colères
passagères dont je rencontre les traces çà et là, il me
semble qu'il regardait un peu la politique comme au-
dessous de lui quant aux passions qu'elle engendre,

comme au-dessus des hommes quant aux règles éternelles et aux forces suprêmes qui la dominent. Il aimait à ne s'en point mêler, et s'irritait de voir à tant de gens la prétention contraire. Mais son irritation était toute philosophique. Ces passions stériles, « ces voracités sans « proie », ainsi qu'il les avait énergiquement signalées dans une lettre à madame de Beaumont, étaient à ses yeux un mal digne de pitié, une sorte d'infirmité morale qu'il fallait plaindre sans lui subordonner ses affections. Les siennes n'en éprouvaient point d'atteinte, et si quelques amis, comme son jeune parent M. Mérilhou, comme M. Molé, ou mon père lui-même, le visitaient plus rarement, moins attirés peut-être dans un salon qu'envahissaient, en ces derniers temps, des opinions qui, malgré l'exemple du maître, se montraient peu soucieuses de conciliation, il avait le rare bonheur d'arriver au terme de la vie sans avoir perdu une des amitiés formées pendant la route.

Il me serait doux de m'étendre sur ces liaisons en de plus longs détails ; mais la publicité a des bornes qu'il faut savoir respecter : je ne veux pas exposer à l'indifférence de la foule des noms qui nous sont demeurés chers, et je m'arrête, satisfait d'avoir pu montrer M. Joubert encore une fois entouré de ses plus illustres amis. Il m'a semblé que je le devais à plus d'un titre, car si ç'a été la gloire de sa vie d'être aimé d'eux, un jour peut-être ce sera une part de leur gloire d'avoir été aimés de lui. Pouvais-je d'ailleurs raconter une existence où les faits tiennent si peu de place, sans donner le premier rang aux affections qui l'ont occupée ? Homme de lettres, je me serais avant tout efforcé de reconstruire par l'analyse l'histoire de cette haute intelligence, j'aurais insisté davantage sur les influences qui l'ont dominée et sur celles qu'elle est destinée à répandre; mais étranger, sinon par les goûts et les travaux de ma jeunesse, du moins par les devoirs qui sont survenus depuis, aux habitudes de la critique littéraire, j'ai dû me borner à retracer les souvenirs dont je vivais environné. Peut-être, pour un grand nombre d'esprits, ne me serai-je point assez éloigné du foyer; peut-être aurai-je retenu l'attention sur des détails trop familiers, pour conserver quelque intérêt au dehors. Mon excuse se trouve dans l'œuvre même de M. Joubert. Parmi ceux qui la liront, il en est sans doute qui ne verront qu'elle; d'autres, plus curieux encore de beaux caractères que de belles pensées, voudront remonter de l'œuvre à l'écrivain. C'est pour ces derniers surtout que j'écris, et j'espère qu'ils ne me sauront pas mauvais gré d'avoir aidé leur recherche en leur ouvrant l'intérieur même de la famille de M. Joubert, seule retraite, après tout, où chaque caractère laisse échapper son dernier mot.

On a vu dans quelles circonstances s'était accompli son mariage. Ne trouvant plus de consolation à offrir à une grande douleur, il avait tendu sa main et on l'avait acceptée. Ainsi s'étaient rapprochés deux caractères que séparaient beaucoup de contrastes. Madame Joubert se distinguait par la fermeté de sa raison et la sagacité de son esprit; mais la tendresse de son âme se déguisait sous une sorte de brusquerie rendue piquante par la promptitude et la netteté de tous ses jugements. On retrouvait en elle quelque chose de sa mère, « cette excellente femme qui, « sous une écorce de rudesse très-remarquable, avait le

« cœur le plus compatissant, les mains les plus libérales
« avec l'air le plus négatif. » Pendant que M. Joubert, à travers les perspectives d'une imagination charmée, envisageait toutes choses au point de vue poétique, sa compagne, par une de ces bonnes fortunes qu'il faudrait souhaiter à tous les gens de lettres, s'attachait à ne considérer la vie que du côté pratique et journalier. De là s'élevaient entre eux des discussions fréquentes, et qui pourtant n'étaient pas sans grâce, tant ils y apportaient l'un et l'autre de sincérité et de tendresse mutuelle. Il y avait des jours d'ailleurs où, maîtresse d'elle-même comme toutes les femmes fortes, madame Joubert se plaisait à disputer avec son mari de complaisance et d'aimable abandon; c'étaient ceux où la souffrance venait visiter quelqu'un des siens. Il fallait voir alors comme, près du patient, son œil se faisait serein, sa voix caressante et son propos encourageant. Il semblait qu'elle devînt plus heureuse en se sentant nécessaire, et qu'une occasion nouvelle offerte à son dévouement lui rendît les illusions d'une autre époque.

M. Joubert tarda peu à être père. Son journal dira mieux que moi la joie que cet événement jetait en son âme. Qu'on me permette d'en copier quelques lignes :

« 9 avril. Mon fils est né dans la nuit du 8 au 9, à deux
« heures un quart après minuit. Qu'il se souvienne un
« jour des douleurs de sa mère !

« 10 avril. On a présenté l'enfant aux hommes publics
« et l'on a fait constater authentiquement son existence.
« Au retour, il a été porté chez les amis et les voisins
« curieux de le voir. Tous sans doute lui ont souhaité
« des jours heureux. Qu'il soit bienveillant à son tour
« et s'intéresse au bien des autres !

« 11 avril. J'ai pensé à mon propre bonheur, à l'état
« de calme et de paix de l'âme et du corps de la mère, à
« la bonne et décente conformation de l'enfant, qui est
« un bien inappréciable. Quoique né d'une mère faible,
« il est fort assez : sa constitution est saine : on l'eût levé
« de terre à Lacédémone.

« Accouchement ne fut jamais plus heureux, ni allai-
« tement moins difficile. Après tant de craintes si heu-
« reusement démenties, je me suis dit : Réjouis-toi ; j'ai
« gardé la maison et me suis promené dans le petit jar-
« din pour me recueillir dans ma joie. »

Ce fils, objet de bien des espérances par les grâces de
son premier âge et les succès de sa jeunesse, ne les avait
pas toutes remplies. Quand le temps de la maturité était
venu, il avait fallu combattre en lui, et l'on avait com-
battu vainement d'inexplicables bizarreries, un éloignement singulier des voies communes, un dégoût in-
surmontable pour tout effort utile, toute occupation
féconde. Ce n'était pas qu'il ne fût doué d'un esprit distingué, d'une instruction solide et d'un cœur excellent ;
de vifs sentiments religieux le garantissaient d'ailleurs
des mauvaises passions et des écarts qu'elles amènent ;
mais, frappé d'une sorte d'immobilité morale, il se dérobait, par une résistance inerte, et pourtant opiniâtre,
aux soins que son père voulait prendre de ses relations
et de son avenir. Dans cette lutte très-active d'un côté,
toute passive de l'autre, ils s'obstinaient mutuellement,
d'autant plus malheureux tous les deux que M. Joubert
découvrait, dans l'intelligence de son fils, la promesse
de tous les succès, et que la nature de celui-ci, plus
puissante que ses résolutions, le retenait, comme une

main de fer, dans son inaction fatale. En étudiant plus tard ce caractère étrange, que je me sentais, au surplus, moins disposé à blâmer qu'à plaindre, je me suis demandé souvent s'il n'y avait pas en nous un secret ressort destiné à nous pousser à l'action, qui pouvait être détendu, irrégulier dans son jeu, rebelle à nos volontés mêmes, et qui, en laissant subsister virtuellement toutes nos belles dispositions, leur refusait le moyen de se réaliser dans la pratique. Telle était du moins cette organisation malheureuse. C'était là la douleur de M. Joubert, l'épine cachée sous sa couche. Tout le reste était bonheur autour de lui.

Peu d'années après son mariage, il était parvenu à fixer près de lui le plus jeune de ses frères (1), en l'unissant à la nièce de sa femme. Ils ne formaient ensemble qu'une famille, vivant sous le même toit, réunie à la même table, et confondant, jusqu'à la fin, ses intérêts de fortune dans l'indivision des patrimoines. Il ne m'est pas permis sans doute de parler avec une égale liberté des deux chefs de cette communauté où le sort m'a depuis donné place. L'un d'eux a disparu; l'autre est près de moi, et des nœuds si étroits nous lient qu'ils retiennent la voix même de la reconnaissance. Je ne saurais m'empêcher de remarquer, cependant, que ce dernier ne devait pas uniquement à la protection commandée par la différence des âges, les témoignages de vive affection qu'il recevait de son frère. Il existait entre eux de secrètes sympathies qui, à leur insu peut-être, les unissaient par

---

(1) M. Arnaud Joubert, avocat-général, puis conseiller à la Cour de cassation.

une chaîne invisible : même amour pour leur mère, amour religieux qui, en dominant leur vie, épurait toutes leurs pensées ; même chasteté dans les propos et dans les mœurs ; même simplicité dans les goûts ; même tempérance dans les vœux ; prédilection égale pour les plaisirs de la famille ; égale fidélité dans les affections ; je ne sais enfin quelle disposition heureuse, au contact de tout ce qui est beau dans la nature ou parmi les hommes, à se remplir de joies douces, intimes et longues. Cette fraternité des âmes ne se laissait pas toujours, il est vrai, deviner à la surface ; mais qu'importe, si, sous la diversité des formes, se déguisaient des impressions communes, si, comme il arrive dans nos accords, quelques dissonances heureuses amenaient, dans l'intimité des deux frères, plus de charme et d'harmonie ?

D'autres liens les unissaient d'ailleurs. Non-seulement M. Joubert entourait la compagne de son frère d'un attachement tout paternel ; mais il reportait bientôt sur leurs enfants, sur ses jeunes nièces, le besoin d'affections tendres que son fils ne savait pas satisfaire. Il se plaisait à guider leurs travaux ; il savait égayer leurs entretiens, et, se faisant enfant avec elles, se mêlait volontiers à leurs jeux. Le penseur y trouvait son compte, il est vrai ; car si, pour les esprits vulgaires, la vie se compose d'une trame unique, où les faits s'enchaînent et se succèdent, sans laisser derrière eux autre chose que le stérile souvenir de leur passage, pour les esprits distingués, elle se divise en deux parts : l'une extérieure et agissante, l'autre intime et réfléchie, où les faits viennent se déposer et germent en pensées fécondes. Ainsi la candeur de deux jeunes filles, tenues par la sollicitude d'une mère pleine de sagacité ; de vertus et d'abnégation, à l'abri de tous les souffles impurs, n'était pas perdue pour le philosophe ; et quand, vers la fin de sa vie, il dévoilait avec tant d'art les mystères *de la pudeur*, c'était à elles, à leurs âmes naïves qu'il en dérobait silencieusement la confidence. Peut-être ai-je le droit de leur rendre ici la part qu'elles ont eue dans l'essai merveilleux tenté par M. Joubert, moi qui les ai si bien connues, ces nobles âmes, et qui leur ai dû de comprendre l'œuvre qu'elles avaient inspirée.

Les années s'écoulaient rapides au sein de cette famille heureuse, épargnée jusque-là par le sort. L'heure vint pourtant où il fallut se séparer. Dans les premiers mois de l'année 1824, les indispositions habituelles de M. Joubert se montrèrent plus graves et plus longues ; l'équilibre longtemps maintenu entre toutes ses faiblesses se rompit ; sa poitrine s'engagea, et bientôt le docteur Beauchêne, son vieil ami, présagea avec douleur une fin que son art ne pouvait plus conjurer. Lui-même sentit sans doute que le moment suprême approchait, car, saisissant encore une fois son crayon, il inscrivit sur son journal ces derniers mots, rapide analyse de sa vie, de ses travaux et de ses espérances :

« 22 mars 1824. Le vrai, le beau, le juste, le saint! »

A partir de ce jour, tous les symptômes se précipitèrent, et le 4 mai suivant, muni de la nourriture sacrée au milieu de sa famille en larmes, il remonta vers les célestes demeures d'où il semblait n'être que pour un moment descendu.

A deux années de là, l'irréparable vide qu'il avait laissé parmi les siens me fut révélé par un mot dont j'ai gardé le souvenir. Je venais, après un long séjour en Espagne, mêler mes condoléances aux regrets de sa famille ; « hélas », me dit l'aînée de ses nièces, d'une voix contenue, mais où vibrait toute sa douleur, « la « gloire de notre maison est éteinte ! »... Cette gloire pouvait revivre cependant, car la mission jadis conseillée par M. de Fontanes et devinée par M. Molé avait été remplie. M. Joubert, en mourant, avait laissé des manuscrits dont son fils conservait le dépôt. Malheureusement il fallait, pour les mettre en lumière, une détermination au-dessus des forces de ce dernier, un long et difficile travail, par lui toujours promis et malgré nous toujours différé. Plusieurs fois, à son défaut, M. Joubert, mon beau-père, avait voulu l'entreprendre. Il s'y était engagé même dans une notice touchante, distribuée aux amis de son frère, quelque temps après sa mort, et à laquelle j'ai emprunté plusieurs des faits consignés ici. Mais, longtemps arrêté par les promesses qu'il recevait de son neveu d'une prochaine mise en œuvre, il fut détourné plus tard du soin de s'en occuper personnellement, d'abord par de profondes douleurs domestiques, et bientôt par des atteintes graves et répétées dans sa santé. Ce ne fut qu'en 1838 que la veuve de M. Joubert, après avoir perdu son fils, et sentant elle-même sa fin prochaine, résolut de déposer, dans le sein de la famille et de l'amitié, un durable témoignage du passage de son mari. A sa prière, M. de Chateaubriand ne dédaigna pas la mission de recueillir en un volume les pensées de l'ami qu'il avait pleuré avec elle. Il écrivait à madame la comtesse

Christine de Fontanes, occupée dans le même temps d'une édition des œuvres de son père :

« Tandis que vous érigez un monument funèbre,
« moi, Madame, je rassemble les pensées du plus an-
« cien ami de votre père. Elles ne sont point desti-
« nées à voir le jour. La veuve de M. Joubert sem-
« ble pénétrée du sentiment que j'exprimais en parlant
« de lui dans mon *Essai sur la Littérature anglaise :*
« Un homme fut mon ami et l'ami de M. de Fontanes.
« Je ne sais si au fond de sa tombe il me saura gré de
« révéler la noble et pure existence qu'il a cachée.
« Quelques articles qu'il ne signait pas ont seulement
« paru dans diverses feuilles publiques. Qu'il soit permis
« à l'amitié d'en citer de courts fragments. C'est le seul
« vestige des pas qu'un talent solitaire et ignoré a lais-
« sés sur le rivage en traversant la vie.

« Je rencontre à chaque instant dans les ébauches de
« M. Joubert des choses adressées à M. de Fontanes, et
« que celui-ci n'a point connues. Ces confidences d'un
« ami à un ami, l'un et l'autre absents pour jamais ; ces
« pensées testamentaires recueillies sur des morceaux de
« papier destinés à périr, m'offrent une complication
« de tristesses d'une puissance extraordinaire. L'anti-
« quaire déchiffre avec moins de religion les manuscrits
« d'Herculanum que je n'étudie les secrets d'une double
« amitié, conservés sous des cendres.

« Tels sont mes travaux, Madame. J'écoute derrière
« moi mes souvenirs, comme les bruissements de la va-
« gue sur une plage lointaine. En me promenant quel-
« quefois dans les bois, ces vers du *Jour des Morts*
« me reviennent en mémoire :

« D'un ami qui n'est plus la voix longtemps chérie
« Me semble murmurer dans la feuille flétrie.

« Mais, hélas ! j'ai tant de regrets que je ne sais au-
« quel entendre. Resté le dernier, je m'occupe à tout
« arranger dans la maison vide, à fermer les portes et
« les fenêtres. Ces pieux devoirs une fois remplis, si
« mes amis, lorsque je les irai rejoindre, me deman-
« dent ce que je faisais, je leur répondrai : « Je pensais
« à vous » Il y aura bientôt entre eux et moi commu-
« nauté de poussières après union de cœurs. »

Le livre ne tarda point à paraître, car l'illustre éditeur sentait qu'une vieille amie mourante attendait de sa
main généreuse le legs d'adieu destiné à ses amis. Il s'é-
tait empressé d'y joindre ce court avertissement :

« Paris, 8 septembre 1838.

« J'ai lu ces mots dans les fragments de M. Joubert :
« Le ver à soie file ses coques et je file les miennes ;
« mais on ne les dévidera pas.

« Si ; je les ai dévidées : j'ai séparé les sujets confon-
« dus sur des chiffons de papier. Toutefois je n'ai pas
« trop multiplié les *titres*, pour laisser au penseur une
« partie de la variété de ses pensées. On verra par la
« beauté de ces pages ce que j'ai perdu et ce que le
« monde a perdu. On peut ne pas être de l'avis de Jou-
« bert ; mais voulez-vous connaître la puissance de son
« génie ? Jamais pensées n'ont excité de plus grands
« doutes dans l'esprit, n'ont soulevé de plus hautes
« questions et préoccupé davantage. La veuve de

« M. Joubert n'a fait imprimer les méditations de son
« mari que pour elle; elle aurait craint, en les publiant,
« d'offenser la gloire qui a tant recherché l'obscurité.
« Madame Joubert m'a chargé de rendre les derniers
« devoirs à l'âme de mon ami. Il y a déjà quatorze ans
« que j'ai accompagné le corps de cet ami au dernier
« asile : les pensées de M. Joubert vont reposer dans la
« vie comme ses cendres reposent dans la mort.

« On trouve dans mes ouvrages une lettre en date de
« Turin, 17 juin 1803, adressée à M. Joubert; l'*Essai*
« *sur la Littérature anglaise* renferme quelques détails
« relatifs à mon ami, et j'avais écrit dans le *Journal*
« *des Débats*, le 8 mai 1824, ce peu de lignes au mo-
« ment où le rare et excellent homme venait de quitter
« la terre :

« 8 mai 1824.

« M. Joubert aîné, conseiller honoraire de l'Univer-
« sité, et le plus ancien ami de M. de Fontanes, vient
« de mourir. Né avec des talents qui l'auraient pu rendre
« célèbre comme son illustre ami, il a préféré passer
« une vie inconnue au milieu d'une société choisie ; elle
« a pu seule l'apprécier. C'était un de ces hommes qui
« attachent par la délicatesse de leurs sentiments, la
« bienveillance de leur âme, l'égalité de leur humeur,
« l'originalité de leur caractère, par un esprit vif et
« éclairé, s'intéressant à tout et comprenant tout. Per-
« sonne ne s'est plus oublié et ne s'est plus occupé
« des autres. Celui qui déplore aujourd'hui sa perte ne
« peut s'empêcher de remarquer la rapidité avec laquelle

« disparaît le peu d'hommes qui, formés sous les an-
« ciennes mœurs françaises, tiennent encore le fil des
« traditions d'une société que la révolution a brisée.
« M. Joubert avait de vastes connaissances. Il a laissé un
« manuscrit à la manière de Platon, et des matériaux
« historiques. On ne vit dans la mémoire du monde que
« par des travaux pour le monde ; mais il y a d'autres
« souvenirs que l'amitié conserve, et elle ne fait ici
« mention des talents littéraires de M. Joubert qu'afin
« d'avoir le droit d'exprimer publiquement ses regrets.

« CHATEAUBRIAND. »

Dire le succès de ce recueil, ce ne serait que répéter
le grand nom inscrit à sa première page. Sous le charme
d'un pareil talisman, le cercle étroit auquel le livre était
d'abord destiné ne tarda pas à s'étendre. On se passait
de main en main les rares exemplaires d'un tirage peu
nombreux ; des lectures et des copies en étaient faites
dans les salons ; les journaux français et étrangers en
imprimaient de longs fragments ; enfin un écrivain de
qui M. de Chateaubriand a dit : « ce génie merveilleu-
« sement doué qui, par une condescendance charmante
« et une rare souplesse, s'applique, comme il lui plaît,
« au talent des autres, et leur prête ou sait en tirer des
« grâces qu'on n'avait point aperçues », M. de Sainte-
Beuve, ému aux accents d'une âme en parenté avec la
sienne, publia dans la *Revue des Deux Mondes* un de ces
jugements délicats, véritables révélations pour les esprits
habiles à les bien écouter. A ces éloges, il est vrai, se
mêlaient quelques observations, distribuées avec la mo-

dération bienveillante qui est un des caractères de l'ingénieux critique. Il avait remarqué des répétitions, des erreurs de copiste ou d'imprimeur, quelques pensées obscures, quelques autres trop connues, certains chapitres surchargés de matières, certaines divisions omises et regrettables : mais, par-dessus tout, il se plaignait qu'une telle œuvre demeurât enfermée dans la confidence d'une demi-publicité ; il demandait qu'une édition nouvelle la mît à la portée des esprits d'élite qu'elle devait charmer.

Moi-même, je l'avouerai, je pensais avec lui que tant de trésors ne devaient pas rester enfouis. J'essayais lentement de découvrir la pensée de M. Joubert sur tous les grands sujets abordés par sa méditation, de dégager son opinion dernière, sa doctrine, si je puis dire, des variations que le temps, l'âge ou la fantaisie avaient amenées. Je cherchais si un ordre aussi rigoureux que le permettait la nature de l'ouvrage, ne lui donnerait pas, comme enseignement philosophique et littéraire, un mérite, une utilité de plus, et s'il ne me serait pas possible d'en tirer, ne fût-ce que pour mes enfants, pour moi-même, la pensée testamentaire dont M. de Chateaubriand avait parlé, sorte de code domestique qui perpétuerait au milieu de nous les souvenirs et les leçons du foyer. Durant cette tentative, madame Joubert nous avait été enlevée, après avoir vu s'échapper au loin le nom modeste qu'elle avait cru tenir caché. Le secret en était désormais connu, et chaque jour je découvrais, dans les manuscrits que la mort venait de nous livrer, des sources non explorées, des cartons entiers dont on ne s'était point occupé, des lettres, des essais, des brouillons qui pouvaient faire la

gloire d'une œuvre toute nouvelle. Au milieu de ces matériaux jusque-là négligés, une révélation inattendue, mais décisive, s'offrait à moi. M. Joubert avait écrit à la hâte, probablement vers la fin de sa vie, une note demeurée incomplète et que je transcris néanmoins, comme un témoignage de ses volontés dernières : « Si je meurs
« et que je laisse quelques pensées éparses sur des objets
« importants, je conjure, au nom de l'humanité, ceux
« qui s'en verront les dépositaires de ne rien supprimer de ce qui s'éloignera des idées reçues. Je n'aimai
« pendant ma vie que la vérité; j'ai lieu de penser que
« je l'ai vue sur bien de grands objets; peut-être un de
« ces mots que j'aurai jetés à la hâte... » Il n'achevait pas; mais en fallait-il davantage pour prouver qu'il avait compté sur l'avenir ? Si la force, la santé, le temps lui avaient manqué, il n'avait point désespéré du moins du zèle de quelque éditeur posthume. La fortune sans doute ne l'avait pas trahi ; une amitié généreuse venait d'exaucer splendidement son dernier vœu, et désormais son œuvre était garantie de l'oubli. Cependant elle n'était pas sauvée tout entière. Après l'association du nom fameux qui devait protéger le sien contre l'abolition du temps, il restait à accomplir une tâche de minutieuses recherches, d'attentive restauration, un travail de mosaïque littéraire qu'une longue patience et un dévouement pieux pouvaient seuls accepter. Cette mission, peut-être au-dessus de mes forces, me semblait du moins faire partie de mes devoirs; encore souffrant à cette époque, mon beau-père voulait bien la remettre à mon zèle. Il désirait de voir mon nom se rattacher au sien par un lien de plus. Je ne pouvais donc hésiter.

Les manuscrits de M. Joubert se divisaient en deux parties distinctes : d'un côté, des feuilles détachées, couvertes d'ébauches et jetées sans ordre dans quelques cartons; de l'autre, une suite de petits livrets, au nombre de plus de deux cents, où il avait inscrit, jour par jour, ses réflexions, ses maximes, l'analyse de ses lectures et les événements de sa vie. Cette dernière partie, véritable journal que, pendant plus de trente années, madame Joubert avait vu aux mains de son mari, était la seule dont elle eût jugé nécessaire de réunir les éléments. Mais les pensées n'y sont écrites qu'au crayon ; des renvois, des lacunes, des abréviations fréquentes, un inexprimable désordre en rendent l'intelligence, la lecture même extrêmement pénibles. Souvent la phrase n'est qu'indiquée; la conséquence arrive sans les prémisses ; le trait est lancé vers un but inconnu. Souvent aussi, en relisant d'anciens cahiers, l'auteur complète ou modifie sa pensée sur le livret courant, sans retoucher aux mots passés, sans indiquer la relation des mots présents. Il écrit le jour, il écrit la nuit. Au lit ou debout, dans son cabinet ou pendant ses promenades, à pied ou en voiture, il a toujours avec lui son petit crayon d'or, son petit cahier, et ses impressions y sont consignées avec une constance qui ne se dément jamais, mais sans suite, sans prétention, sans le moindre souci d'un regard étranger. Ainsi s'étaient amassées d'immenses richesses que ne devait pas mettre en œuvre la main qui les avait rassemblées. « Mes idées ! » s'écriait M. Joubert, « c'est la maison « pour les loger qui me coûte à bâtir ! » Elle lui coûtait tant qu'il ne la bâtit pas. Sa vie s'écoula à songer. Il colora de l'éclat de son imagination ou de sa parole tout ce qui s'offrit à sa réflexion ou à son regard. Il jeta sur toutes choses les vives lumières d'un esprit à la fois scintillant et profond ; mais là s'arrêta son action. Peut-être le livre qu'il méditait était-il impossible à ses efforts ; peut-être cet élan de tous les moments vers une perfection idéale et suprême avait-il porté sa pensée si haut, qu'il ne pouvait plus descendre aux pratiques du métier littéraire. Il y a, en effet, dans les livres une pâte, si je puis dire, vulgaire et sans saveur, qui sert de lien aux idées de l'écrivain, un métal plus ou moins précieux où s'enchâssent les diamants et les perles. Lui, dédaignait de s'en servir, et je crois qu'à force de dédain, il s'en était rendu l'usage impossible. « J'ai voulu me passer des « mots », disait-il, « les mots se vengent par la difficulté. » Cela était vrai, en un certain sens du moins, vrai pour ces mots, sans valeur propre, avec lesquels l'écrivain s'amuse, en attendant l'idée, ou s'occupe à cimenter les blocs de son édifice. Quant à ceux qui tiennent la pensée enfermée en leur sein, on verra s'il savait l'en faire jaillir, s'ils étaient soumis à la voix du maître !

Cependant je les recueillais un à un, ces mots précieux qu'il s'était contenté de jeter sur le papier, comme pour les faire rouler à loisir, les mirer à l'entour et voir briller leurs feux ; je les reportais sur des feuillets égaux, immense jeu de cartes auquel j'essayais, en tâtonnant, de donner un classement méthodique ; je cherchais parmi les redites la version la plus heureuse ; je rapprochais les membres souvent épars d'une pensée que le premier jet n'avait pas fournie tout entière ; je contrôlais l'une par l'autre les assertions contradictoires, m'efforçant de démêler celle qui, conforme au génie de l'auteur, devait seule survivre à l'analyse. En un mot, après m'être placé, autant qu'il dépendait de ma faiblesse, au point de vue qui avait été le sien, j'agissais comme il me semblait qu'il eût agi si, la patience succédant à la fécondité, il eût employé quelques dernières années à coordonner les matériaux amassés pendant le reste de sa vie.

Et ce n'était pas seulement aux livrets communiqués à M. de Chateaubriand que je demandais de révéler M. Joubert tout entier. J'avais entre les mains ces cartons pleins d'ébauches que, depuis sa mort, on n'avait point ouverts, et dont il suffisait, en quelque sorte, de secouer la poussière, pour en faire sortir des chefs-d'œuvre. C'est là que j'ai trouvé, outre une foule d'aperçus nouveaux, presque tous les morceaux de quelque étendue qui figurent dans le recueil, séparément ou mêlés aux pensées. Toutefois j'y ai vainement cherché la trace d'articles anonymes insérés dans les journaux du temps. J'ai lieu de penser qu'il n'en a point écrit; et mon opinion se fonde non seulement sur le témoignage d'un homme qui l'avait vu arriver à Paris, et qui n'a pas cessé, jusqu'à la fin, d'entretenir avec lui d'étroites relations, M. le chevalier de Langeac, mais sur la nature même de son esprit et de son talent. « Le ciel », disait-il, « n'a mis dans mon intelligence que des rayons, et « ne m'a donné pour éloquence que de beaux mots. Je « suis, comme Montaigne, impropre au discours con- « tinu. » Il avait contracté, en effet, une telle habitude de procéder par pensées isolées, par couplets, pour ainsi dire, qu'il n'a même jamais réuni en une seule trame les lambeaux des pièces de quelque haleine insérés dans cette édition. C'est moi qui, adoptant la leçon qui me paraissait la meilleure, parmi de nombreuses copies de ces parcelles, ai rapproché en faisceaux les rayons jusque-là demeurés épars.

Sa correspondance était le travail le plus suivi qui lui eût survécu, en même temps que le reflet le plus fidèle de sa personnalité. Les pensées auront sans doute un grand prix, aux yeux des hommes qui attachent quelque valeur à la nouveauté des aperçus, à la finesse des expressions, à l'éclat des images. Elles offriront aux esprits délicats une abondante et délicieuse pâture; mais les lettres de M. Joubert montrent de plus près encore l'aménité de son âme, son dévouement à l'amitié, sa philophie sereine et naïve. Je ne sais quelles exhalaisons embaumées de douceur et de paix semblent s'échapper de leurs pages. Il y a là bien plus que le souvenir et le culte de l'antiquité; j'ai cru y retrouver l'antiquité elle-même se reproduisant, par un caprice du hasard, sous une plume contemporaine, et j'en ai recherché les débris avec l'empressement curieux qu'on mettrait à découvrir quelques épîtres égarées de Pline ou de Cicéron. Mon insistance a pu même, j'ai lieu de le craindre, paraître incommode à quelques-uns de ses amis. Qu'ils reçoivent ici ou mes remercîments, ou mes excuses. J'obéissais, en les fatiguant de ma prière, à un besoin impérieux, celui de montrer sous un aspect de plus cette nature d'élite jetée sur la terre comme un modèle, et qui demeurera désormais un des plus rares ornements du siècle où elle a paru.

Maintenant ma tâche est accomplie. J'y ai consacré, pendant trois années, tous les intervalles de loisir que me laissaient des fonctions laborieuses, car j'avais à compenser par la longueur du temps l'inhabileté de l'ouvrier ; mais je serais payé deux fois si l'on m'en savait quelque gré. N'est-ce point assez d'avoir profité le premier du bien que M. Joubert voulait faire, lorsque, plus ambitieux d'utilité que de gloire, il s'écriait : « Je ne suis plus qu'un « tronc retentissant, mais quiconque s'assied à mon « ombre et m'entend, devient plus sage » ? Si la longue halte que je viens de faire sous cet abri protecteur a laissé pénétrer plus de clartés dans mon esprit, plus de bonne volonté dans mon âme, plus de repos dans ma vie, qu'ai-je à demander encore à la fortune ?..... Il ne me reste qu'à contempler en silence les âmes privilégiées qui, sachant le comprendre à leur tour, s'élèveront avec lui sur les hauteurs où la voix des passions expire, où tous les nuages se dissipent, et tous les horizons s'étendent.

Paul RAYNAL.

PENSÉES

ESSAIS, MAXIMES ET CORRESPONDANCE

DE J. JOUBERT.

PENSÉES

ESSAIS ET MAXIMES

DE J. JOUBERT.

TITRE PRÉLIMINAIRE (1).

L'AUTEUR PEINT PAR LUI-MÊME.

J'ai donné mes fleurs et mon fruit : je ne suis plus qu'un tronc retentissant ; mais quiconque s'assied à mon ombre et m'entend, devient plus sage.

Je ressemble en beaucoup de choses au papillon : comme lui j'aime la lumière ; comme

---

(1) La plupart des Pensées avaient été, pour une nouvelle édition, disposées dans un meilleur ordre et sous un nombre de titres moins considérable par les soins du premier éditeur. Nous suivons religieusement son travail. Les Pensées inédites sont indiquées par un astérisque.

lui j'y brûle ma vie ; comme lui j'ai besoin, pour déployer mes ailes, que dans la société il fasse beau autour de moi, et que mon esprit s'y sente environné et comme pénétré d'une douce température, celle de l'indulgence ; j'ai l'esprit et le caractère frileux.

J'ai besoin que les regards de la faveur luisent sur moi. C'est de moi qu'il est vrai de dire : « Qui plaît est roi, qui ne plaît plus n'est « rien. » Je vais où l'on me désire pour le moins aussi volontiers qu'où je me plais.

J'ai de la peine à quitter Paris, parce qu'il faut me séparer de mes amis, et de la peine à quitter la campagne, parce qu'il faut me séparer de moi.

J'ai la tête fort aimante et le cœur têtu. Tout ce que j'admire m'est cher, et tout ce qui m'est cher ne peut me devenir indifférent.

Philanthropie et repentir est ma devise.

J'aime peu la prudence si elle n'est morale. J'ai mauvaise opinion du lion depuis que je sais que son pas est oblique.

Quand mes amis sont borgnes, je les regarde de profil.

Je ne veux ni d'un esprit sans lumière, ni d'un esprit sans bandeau. Il faut savoir bravement s'aveugler pour le bonheur de la vie.

Au lieu de me plaindre de ce que la rose a des épines, je me félicite de ce que l'épine est surmontée de roses et de ce que le buisson porte des fleurs.

Il n'y a point de bon ton sans un peu de mépris des autres. Or, il m'est impossible de mépriser un inconnu.

Les tournures propres à la confidence me sont familières, mais non pas celles qui sont propres à la familiarité.

* Je n'ai jamais appris à parler mal, à injurier et à maudire.

J'imite la colombe : souvent je jette un brin d'herbe à la fourmi qui se noie.

Quand je ramasse des coquillages et que j'y

trouve des perles, j'extrais les perles et je jette les coquillages.

S'il fallait choisir, j'aimerais mieux la mollesse qui laisse aux hommes le temps de devenir meilleurs, que la sévérité qui les rend pires, et la précipitation qui n'attend pas le repentir.

J'aime encore mieux ceux qui rendent le vice aimable que ceux qui dégradent la vertu.

Quand je casse les vitres, je veux qu'on soit tenté de me les payer.

La peine de la dispute en excède de bien loin l'utilité. Toute contestation rend l'esprit sourd, et quand on est sourd, je suis muet.

Je n'appelle pas raison cette raison brutale qui écrase de son poids ce qui est saint et ce qui est sacré; cette raison maligne qui se réjouit des erreurs quand elle peut les découvrir; cette raison insensible et dédaigneuse qui insulte à la crédulité.

La bonté d'autrui me fait autant de plaisir que la mienne.

Mes découvertes, et chacun a les siennes, m'ont ramené aux préjugés.

Mon âme habite un lieu par où les passions ont passé : je les ai toutes connues.

J'ai passé le fleuve d'oubli.

Le chemin de la vérité ! j'y ai fait un long détour; aussi le pays où vous vous égarez m'est bien connu.

La révolution a chassé mon esprit du monde réel en me le rendant trop horrible.

Mais, en effet, quel est mon art? quel est le nom qui le distingue des autres? quelle fin se propose-t-il? que fait-il naître et exister? que prétends-je et que veux-je en l'exerçant? Est-ce d'écrire en général et de m'assurer d'être lu, seule ambition de tant de gens? est-ce là tout ce que je veux? ne suis-je qu'un *polymathiste*, ou ai-je une classe d'idées qui soit facile à assigner et dont on puisse déterminer la nature et le caractère, le mérite et l'utilité? C'est ce qu'il faut examiner attentivement, longuement et jusqu'à ce que je le sache.

J'aurai rêvé le beau, comme ils disent qu'ils rêvent le bonheur. Mais le mien est un rêve meilleur, car la mort même et son aspect, loin d'en troubler la continuité, lui donnent plus d'étendue. Ce songe, qui se mêle à toutes les veilles, à tous les sang-froids, et qui se fortifie de toutes les réflexions, aucune absence, aucune perte ne peuvent en causer l'interruption d'une manière irréparable.

Je suis propre à semer, mais non pas à bâtir et à fonder.

Le ciel n'a mis dans mon intelligence que des rayons, et ne m'a donné pour éloquence que de beaux mots. Je n'ai de force que pour m'élever, et pour vertu qu'une certaine incorruptibilité.

Je suis, comme Montaigne, impropre au discours continu.

J'ai souvent touché du bout des lèvres la coupe où était l'abondance; mais c'est une eau qui m'a toujours fui.

Je suis comme une harpe éolienne, qui rend

quelques beaux sons, mais qui n'exécute aucun air. Aucun vent constant n'a soufflé sur moi.

Je passe ma vie à chasser aux papillons, tenant pour bonnes les idées qui se trouvent conformes aux communes, et les autres seulement pour miennes.

Comme Dédale, je me forge des ailes ; je les compose peu à peu, en y attachant une plume chaque jour.

Mon esprit aime à voyager dans des espaces ouverts, et à se jouer dans des flots de lumière, où il n'aperçoit rien, mais où il est pénétré de joie et de clarté. Et que suis-je..., qu'un atome dans un rayon ?

Mes effluvions sont les rêves d'une ombre.

Je ressemble au peuplier, cet arbre qui a toujours l'air jeune, même quand il est vieux.

Je rends grâce au ciel de ce qu'il a fait de mon esprit une chose légère, et qui est propre à s'élever en haut.

Madame Victorine de Châtenay disait de moi que j'avais l'air d'une âme qui a rencontré par hasard un corps, et qui s'en tire comme elle peut. Je ne puis disconvenir que ce mot ne soit juste.

J'aime, comme l'alouette, à me promener loin et au-dessus de mon nid.

Dans mes habitations, je veux qu'il se mêle toujours beaucoup de ciel et peu de terre. Mon nid sera d'oiseau, car mes pensées et mes paroles ont des ailes.

Oh! qu'il est difficile d'être à la fois ingénieux et sensé! J'ai été privé longtemps des idées qui convenaient à mon esprit, ou du langage qui convenait à ces idées. Longtemps j'ai supporté les tourments d'une fécondité qui ne peut pas se faire jour.

Il faut à mon esprit des entraves, comme aux pieds de ce Léger du conte des Fées, quand il voulait atteindre.

Je n'aime la philosophie, et surtout la métaphysique, ni quadrupède ni bipède ; je la veux ailée et chantante.

Vous allez à la vérité par la poésie, et j'arrive à la poésie par la vérité.

On peut avoir du tact de bonne heure et du goût fort tard ; c'est ce qui m'est arrivé.

J'aime peu de tableaux, peu d'opéras, peu de statues, peu de poëmes, et cependant j'aime beaucoup les arts.

Ah ! si je pouvais m'exprimer par la musique, par la danse, par la peinture, comme je m'exprime par la parole, combien j'aurais d'idées que je n'ai pas, et combien de sentiments qui me seront toujours inconnus !

Tout ce qui me paraît faux n'existe pas pour moi. C'est pour mon esprit du néant qui ne lui offre aucune prise. Aussi ne saurais-je le combattre ni le réfuter, si ce n'est en l'assimilant à quelque chose d'existant, et en raisonnant par quelque voie de comparaison.

Les clartés ordinaires ne me suffisent plus

quand le sens des mots n'est pas aussi clair que leur son, c'est-à-dire quand ils n'offrent pas à ma pensée des objets aussi transparents par eux-mêmes que les termes qui les dénomment.

J'ai fort étroite cette partie de la tête destinée à recevoir les choses qui ne sont pas claires.

Pourquoi me fatigué-je tant à parler ? C'est que, lorsque je parle, une partie de mes fibres se met en exercice, tandis que l'autre demeure dans l'affaissement ; celle qui agit supporte seule le poids de l'action, dont elle est bientôt accablée ; il y a en même temps distribution inégale de forces et inégale distribution d'activité. De là, fatigue totale, lorsque ce qui était fort est fatigué ; car alors la faiblesse est partout.

Quand je luis... je me consume.

Je ne puis faire bien qu'avec lenteur et avec une extrême fatigue. Derrière ma faiblesse il y a de la force ; la faiblesse est dans l'instrument. Derrière la force de beaucoup de gens, il y a de la faiblesse. Elle est dans le cœur, dans la raison, dans le trop peu de franche bonne volonté.

J'ai trop de cervelle pour ma tête; elle ne peut pas jouer à l'aise dans son étui.

J'ai beaucoup de formes d'idées, mais trop peu de formes de phrases.

En toutes choses, il me semble que les idées intermédiaires me manquent, ou m'ennuient trop.

J'ai voulu me passer des mots et les ai dédaignés : les mots se vengent par la difficulté.

S'il est un homme tourmenté par la maudite ambition de mettre tout un livre dans une page, toute une page dans une phrase, et cette phrase dans un mot, c'est moi.

De certaines parties naissent naturellement trop finies en moi pour que je puisse me dispenser de finir de même tout ce qui doit les accompagner. Je sais trop ce que je vais dire, avant d'écrire.

L'attention est soutenue, dans les vers, par l'amusement de l'oreille. La prose n'a pas ce secours; pourrait-elle l'avoir? J'essaie; mais je crois que non.

Je voudrais tirer tous mes effets du sens des mots, comme vous les tirez de leur son; de leur choix, comme vous de leur multitude; de leur isolement lui-même, comme vous de leurs harmonies; désirant pourtant aussi qu'il y ait entre eux de l'harmonie, mais une harmonie de nature et de convenance, non d'industrie, de pur mélange ou d'enchaînement.

Ignorants, qui ne connaissez que vos clavecins ou vos orgues, et pour qui les applaudissements sont nécessaires, comme un accompagnement sans lequel vos accords seraient incomplets, je ne puis pas vous imiter. Je joue de la lyre antique, non de celle de Timothée, mais de la lyre à trois ou à cinq cordes, de la lyre d'Orphée, cette lyre qui cause autant de plaisir à celui qui la tient qu'à ceux qui le regardent, car il est contenu dans son air, il est forcé à s'écouter; il s'entend, il se juge, il se charme lui-même.

On dira que je parle avec subtilité. C'est quelquefois le seul moyen de pénétration que l'esprit ait en son pouvoir, soit par la nature de la vérité où il veut atteindre, soit par celle des opinions ou des ignorances au travers desquelles il est réduit à s'ouvrir péniblement une issue.

J'aime à voir deux vérités à la fois. Toute bonne comparaison donne à l'esprit cet avantage.

* J'ai toujours une image à rendre, une image et une pensée, deux choses pour une et double travail pour moi.

Ce n'est pas ma phrase que je polis, mais mon idée. Je m'arrête jusqu'à ce que la goutte de lumière dont j'ai besoin soit formée et tombe de ma plume.

Je voudrais monnayer la sagesse, c'est-à-dire la frapper en *maximes*, en *proverbes*, en *sentences* faciles à retenir et à transmettre. Que ne puis-je décrier et bannir du langage des hommes, comme une monnaie altérée, les mots dont ils abusent et qui les trompent!

Je voudrais faire passer le sens exquis dans le sens commun, ou rendre commun le sens exquis.

J'avais besoin de l'âge pour apprendre ce que je voulais savoir, et j'aurais besoin de la jeunesse pour bien dire ce que je sais.

Le ciel n'avait donné de la force à mon esprit que pour un temps, et ce temps est passé.

Les hommes sont comptables de leurs actions; mais moi, c'est de mes pensées que j'aurai à rendre compte. Elles ne servent pas seulement de fondement à mon ouvrage, mais à ma vie.

Mes idées! c'est la maison pour les loger qui me coûte à bâtir.

Le ver à soie file ses coques, et je file les miennes; mais on ne les dévidera pas. Comme il plaira à Dieu!

TITRE PREMIER.

DE DIEU, DE LA CRÉATION, DE L'ÉTERNITÉ, DE LA PIÉTÉ, DE LA RELIGION, DES LIVRES SAINTS ET DES PRÊTRES.

I.

Dieu est tellement grand et tellement vaste, que, pour le comprendre, il faut le diviser.

II.

* Dans cette opération d'imaginer Dieu, le premier moyen est la figure humaine, le dernier terme la lumière, et, dans la lumière, la splendeur. Je ne sais si l'imagination peut aller plus loin; mais l'esprit poursuit quand elle s'arrête; l'étendue se présente à lui, la toute-puissance, l'infinité.... Cercle ravissant à décrire et qui recommence toujours. On le quitte, on le reprend; on s'y plonge, on en sort. Qu'importe que tout le monde l'achève? Notre devoir, notre bonheur sont d'y tenir et non de le tracer.

III.

On connaît Dieu par la piété, seule modification de notre âme par laquelle il soit mis à notre portée et puisse se montrer à nous.

IV.

Nous croyons toujours que Dieu est semblable à nous-mêmes : les indulgents l'annoncent indulgent; les haineux le prêchent terrible.

V.

Tout ce qui est très-spirituel, et où l'âme a vraiment part, ramène à Dieu, à la piété. L'âme ne peut se mouvoir, s'éveiller, ouvrir les yeux, sans sentir Dieu. On sent Dieu avec l'âme, comme on sent l'air avec le corps.

VI.

* Oserai-je le dire? On connaît Dieu facilement, pourvu qu'on ne se contraigne pas à le définir.

VII.

On ne comprend la terre que lorsqu'on a connu le ciel. Sans le monde religieux, le monde sensible offre une énigme désolante.

VIII.

Tout ce qui présente à l'homme un spectacle dont il ne peut déterminer ni la cause ni les bornes, le conduit à l'idée de Dieu, c'est-à-dire de celui qui est infini.

IX.

Le Dieu de la métaphysique n'est qu'une idée; mais le Dieu des religions, le Créateur du ciel et de la terre, le Juge souverain des actions et des pensées, est une force.

X.

L'univers obéit à Dieu, comme le corps obéit à l'âme qui le remplit.

XI.

Le monde a été fait comme la toile de l'araignée : Dieu l'a tiré de son sein, et sa volonté l'a filé, l'a déroulé et l'a tendu. Ce que nous nommons le néant, est sa plénitude invisible; sa puissance est un peloton, mais un peloton substantiel, contenant un tout inépuisable, qui se dévide à chaque instant, en demeurant toujours entier. Pour créer le monde, un grain de matière a suffi; car tout ce que nous voyons, cette masse qui nous effraie, n'est rien qu'un grain que l'Éternel a créé et mis en œuvre. Par sa ductilité, par les creux qu'il enferme et l'art de l'ouvrier, il offre, dans les décorations qui en sont sorties, une sorte d'immensité. Tout nous paraît plein, tout est vide, ou, pour mieux dire, tout est creux. Les éléments eux-mêmes sont creux; Dieu seul est plein. Mais ce grain de matière, où était-il? Il était dans le sein de Dieu, comme il y est présentement.

XII.

« Rien ne se fait de rien », disent-ils; mais la souveraine puissance de Dieu n'est pas rien; elle est la source de la matière aussi bien que celle de l'esprit.

XIII.

Le monde est monde par la forme; par le fond il n'est rien qu'un atome. En retirant son souffle à lui, le créateur pourrait en désenfler le volume et le détruire aisément. L'univers, dans cette hypothèse, n'aurait ni débris ni ruines; il deviendrait ce qu'il était avant le temps, un grain de métal aplati, un atome dans le vide, bien moins encore, un néant.

XIV.

En mettant sans cesse la matière devant nos yeux, on nous empêche de la voir. Vainement on vante l'ouvrier en nous étalant les merveilles de son ouvrage ; la masse offusque, l'objet distrait, et le but, sans cesse indiqué, est sans cesse impossible à voir.

XV.

Dieu multiplie l'intelligence, qui se communique comme le feu, à l'infini. Allumez mille flambeaux à un flambeau, sa flamme demeure toujours la même.

XVI.

Dieu n'aurait-il fait la vie humaine que pour en contempler le cours, en considérer les cascades, le jeu et les variétés, ou pour se donner le spectacle de mains toujours en mouvement, qui se transmettent un flambeau ? Non, Dieu ne fait rien que pour l'éternité.

XVII.

Notre immortalité nous est révélée d'une révélation innée et infuse dans notre esprit. Dieu lui-même, en le créant, y dépose cette parole, y grave cette vérité, dont les traits et le son demeurent indestructibles. Mais, en ceci, Dieu nous parle tout bas et nous illumine en secret. Il faut, pour l'entendre, du silence intérieur; il faut, pour apercevoir sa lumière, fermer nos sens et ne regarder que dans nous.

XVIII.

Notre âme est toujours pleinement vivante; elle l'est dans l'infirme, dans l'évanoui, dans le mourant; elle l'est plus encore après la mort.

XIX.

Il n'est permis de parler aux hommes de la destruction que pour les faire songer à la durée, et de la mort que pour les faire songer à la vie; car la mort court à la vie, et la destruction se précipite dans la durée.

XX.

Notre chair n'est que notre pulpe; nos os, nos membranes, nos nerfs, ne sont que la charpente du noyau où nous sommes enfermés, comme en un étui. C'est par exfoliations que l'enveloppe corporelle se dissipe; mais l'amande qu'elle contient, l'être invisible qu'elle enserre, demeure indestructible. Le tombeau nous devore, mais ne nous absorbe pas; nous sommes consumés, non détruits.

XXI.

Le courroux de Dieu est d'un moment; la miséricorde divine est éternelle.

XXII.

La crainte de Dieu nous est aussi nécessaire pour nous maintenir dans le bien, que la crainte de la mort pour nous retenir dans la vie.

XXIII.

Dieu aime autant chaque homme que tout le genre humain. Le poids et le nombre ne sont rien à ses yeux. Éternel, infini, il n'a que des amours immenses.

XXIV.

Le ciel ne nous doit que ce qu'il nous donne, et il nous donne souvent ce qu'il ne nous doit pas.

XXV.

Rien dans le monde moral n'est perdu, comme dans le monde matériel rien n'est anéanti. Toutes nos pensées et tous nos sentiments ne sont ici-bas que le commencement de sentiments et de pensées qui seront achevés ailleurs.

XXVI.

Où vont nos idées? Elles vont dans la mémoire de Dieu.

XXVII.

Dieu, en les créant, parle aux âmes et aux natures, et leur donne des instructions dont elles oublient le sens, mais dont l'impression demeure. De cette parole et de ce rayon ainsi déposés, il nous reste, dans les plus grands obscurcissements de l'âme et dans les plus grandes inattentions de l'esprit, une espèce de bourdonnement et de crépuscule qui ne cessent jamais, et nous troublent tôt ou tard dans nos dissipations extérieures.

XXVIII.

Dieu mettra-t-il les belles pensées au rang des belles actions? Ceux qui les ont cherchées, qui s'y plaisent et s'y attachent, auront-ils une récompense? Le philosophe et le politique seront-ils payés de leurs plans, comme l'homme de bien sera payé de ses bonnes œuvres? Et les travaux utiles ont-ils un mérite, aux yeux de Dieu, comme les bonnes mœurs? Peut-être bien ; mais le premier prix n'est pas assuré comme le second, et ne sera pas le même ; Dieu n'en a pas mis dans nos âmes l'espérance et la certitude ; d'autres motifs nous déterminent. Pourtant, je me représente fort bien Bossuet, Fénelon, Platon, portant leurs ouvrages devant Dieu ; même Pascal et La Bruyère, même Vauvenargue et La Fontaine, car leurs œuvres peignent leur âme, et peuvent leur être comptées dans le ciel. Mais 1 me semble que J.-J. Rousseau et Montesquieu n'auraient osé y présenter les leurs : ils n'y ont mis que leur esprit, leur humeur et leurs efforts. Quant à Voltaire, les siennes le peignent aussi, et elles lui seront comptées, je pense, mais à sa charge.

XXIX.

Dieu a égard aux siècles. Il pardonne aux uns leurs grossièretés, aux autres leurs raffinements. Mal connu par ceux-là, méconnu par ceux-ci, il met à notre décharge, dans ses balances équitables, les superstitions et les incrédulités des époques où nous vivons. Nous vivons dans un temps malade : il le voit. Notre intelligence est blessée : il nous pardonnera, si nous lui donnons tout entier ce qui peut nous rester de sain.

XXX.

Il faut aller au ciel ; là sont dans leurs types toutes les choses, toutes les vérités, tous les plaisirs, dont nous n'avons ici-bas que les ombres. Telle est la suprême beauté de ce monde, que bien nommer ce qui s'y trouve, ou même le désigner avec exactitude, suffirait pour former un beau style et pour faire un beau livre.

XXXI.

Au delà du monde et de la vie, il n'y a plus de tâtonnement. Il n'y a qu'inspection, et tout ce qu'on regarde est vérité.

XXXII.

Il me semble que dans cet avenir lointain d'une autre vie, ceux-là seront les plus heureux qui n'auront pas eu dans leur durée un seul moment qu'ils ne puissent se rappeler avec plaisir. Là haut, comme ici-bas, nos souvenirs seront une part importante de nos biens et de nos maux.

XXXIII.

Le ciel est pour ceux qui y pensent.

XXXIV.

La piété est une sagesse sublime, qui surpasse toutes les autres, une espèce de génie, qui donne des ailes à l'esprit. Nul n'est sage s'il n'est pieux.

XXXV.

La piété est une espèce de pudeur. Elle nous fait baisser la pensée, comme la pudeur nous fait baisser les yeux, devant tout ce qui est défendu.

XXXVI.

La piété est au cœur ce que la poésie est à l'imagination, ce qu'une belle métaphysique est à l'esprit ; elle exerce toute l'étendue de notre sensibilité. C'est un sentiment par lequel l'âme reçoit une telle modification, qu'elle a par lui sa rondeur absolue et toute la perfection dont sa nature est susceptible.

♦ XXXVII.

* La piété est le seul moyen d'échapper à la sécheresse que le travail de la réflexion porte inévitablement dans les sources de nos sensibilités.

XXXVIII.

Il faut aux femmes une piété plutôt tendre que raisonnée, et aux hommes une grave plutôt que tendre piété.

XXXIX.

La piété nous attache à ce qu'il y a de plus puissant, qui est Dieu, et à ce qu'il y a de plus faible, comme les enfants, les vieillards, les pauvres, les infirmes, les malheureux et les affligés. Sans elle, la vieillesse choque les yeux; les infirmités repoussent; l'imbécillité rebute. Avec elle, on ne voit dans la vieillesse que le grand âge, dans les infirmités que la souffrance, dans l'imbécillité que le malheur; on n'éprouve que le respect, la compassion et le désir de soulager.

XL.

La charité est une espèce de piété. Les dégoûts se taisent tellement devant elle, qu'on peut dire que, pour les pieux, toutes les afflictions ont de l'attrait.

XLI.

La religion fait au pauvre même un devoir

d'être libéral, noble, généreux, magnifique par la charité.

XLII.

Dieu n'a pas seulement mis dans l'homme l'amour de soi, mais aussi l'amour des autres. Le pourquoi de la plupart de nos qualités, c'est qu'on est bon, c'est qu'on est homme, c'est qu'on est l'ouvrage de Dieu.

XLIII.

Aimer Dieu, et se faire aimer de lui, aimer nos semblables et nous faire aimer d'eux : voilà la morale et la religion ; dans l'une et dans l'autre, l'amour est tout : fin, principe et moyen.

XLIV.

Dieu veut que nous aimions même ses ennemis.

XLV.

Il faut rendre les hommes insatiables de Dieu; c'est une faim dont ils seront malheureusement assez distraits par les passions et les affaires.

XLVI.

Penser à Dieu est une action.

XLVII.

Il faut aimer de Dieu ses dons et ses refus, aimer ce qu'il veut et ce qu'il ne veut pas.

XLVIII.

Dieu aime l'âme, et comme il y a un attrait qui porte l'âme à Dieu, il y en a un, si j'ose ainsi parler, qui porte Dieu à l'âme. Il fait de l'âme ses délices.

XLIX.

Nous sommes éclairés parce que Dieu luit sur nous, et nous sommes droits parce qu'il nous touche. Dieu nous éclaire comme lumière; il nous redresse comme règle. Cette règle, non discernée, mais sentie, sert de point de comparaison à nos jugements dans tout ce qui doit être estimé par une autre voie que celle des sens.

L.

Dieu ! et de là toutes les vertus, tous les devoirs. S'il en est où l'idée de Dieu ne soit mêlée, il s'y trouve toujours quelque défaut ou quelque excès; il y manque ou le nombre, ou le poids, ou la mesure, toutes choses dont l'exactitude est divine.

LI.

Nous ne voyons bien nos devoirs qu'en Dieu. C'est le seul fond sur lequel ils soient toujours lisibles à l'esprit.

LII.

Il n'y a d'heureux que les bons, les sages et les saints; mais les saints le sont plus que tous les autres, tant la nature humaine est faite pour la sainteté.

LIII.

Le juste, le beau, le bon, le sage est ce qui est conforme aux idées que Dieu a du juste, du beau, du sage et du bon. Otez Dieu de la haute philosophie, il n'y a plus aucune clarté; il en est la lumière et le soleil : c'est lui qui illumine tout : *In lumine tuo videbimus lumen.*

LIV.

Rendons-nous agréables à Dieu; on le peut en tout temps, en tout lieu, en tout état de décadence. L'estime de Dieu, si l'on peut s'exprimer ainsi, est plus facile à obtenir que l'estime des hommes, parce que Dieu nous tient compte de nos efforts.

LV.

Il faut céder au ciel et résister aux hommes.

LVI.

Nous nous jugeons suivant le jugement des hommes, au lieu de nous juger suivant le jugement du ciel. Dieu est le seul miroir dans lequel on puisse se connaître; dans tous les autres on ne fait que se voir.

LVII.

Quand Dieu se retire du monde, le sage se retire en Dieu.

LVIII.

Ceux-là seuls veillent, ô mon Dieu, qui pensent à vous et qui vous aiment. Tous les autres sont endormis; ils font des rêves et s'attachent à des fantômes. Vous seul êtes la réalité. Rien n'est bien que d'occuper de vous son cœur et son esprit, de faire toutes choses pour vous, de n'être mu que par vous. Mais l'homme est-il fait pour jouir ici-bas d'une telle félicité? S'il en était capable, il aurait sa perfection.

LIX.

L'oubli des choses de la terre, et l'intention

aux choses du ciel ; l'exemption de toute ardeur, de tout souci, de tout trouble et de tout effort ; la plénitude de la vie, sans aucune agitation ; les délices du sentiment, sans le travail de la pensée ; les ravissements de l'extase, sans les apprêts de la méditation ; en un mot, la spiritualité pure, au sein du monde et parmi le tumulte des sens : ce n'est que le bonheur d'une minute, d'un instant ; mais cet instant de piété répand de la suavité sur nos mois et sur nos années.

LX.

La religion est la poésie du cœur ; elle a des enchantements utiles à nos mœurs ; elle nous donne et le bonheur et la vertu.

LXI.

La piété n'est pas une religion, quoiqu'elle soit l'âme de toutes. On n'a pas une religion, quand on a seulement de pieuses inclinations, comme on n'a pas de patrie, quand on a seulement de la philanthropie. On n'a une patrie, et l'on n'est citoyen d'un pays, que lorsqu'on se décide à observer et à défendre certaines lois, à obéir à certains magistrats, et à adopter certaines manières d'être et d'agir.

LXII.

La religion n'est ni une théologie, ni une théosophie; elle est plus que tout cela : une discipline, une loi, un joug, un indissoluble engagement.

LXIII.

Sans le dogme, la morale n'est que maximes et que sentences ; avec le dogme, elle est précepte, obligation, nécessité.

LXIV.

Ne pourrait-on pas dire que depuis l'avénement de Jésus-Christ, Dieu a infusé dans la nature plus de lumière et plus de grâce? Il semble, en effet, que depuis ce temps il y a eu dans le monde une connaissance plus générale de tous les devoirs, et une facilité plus répandue et plus commune à pratiquer les vraies vertus et toutes les grandes vertus.

LXV.

Il faut aimer la religion comme une espèce de patrie et de nourrice : c'est elle qui a allaité nos vertus, qui nous a montré le ciel, et qui nous a appris à marcher dans les sentiers de nos devoirs.

XLVI.

La religion est pour l'un sa littérature et sa science ; elle est pour l'autre ses délices et son devoir.

LXVII.

* O religion! tu donnes une lumière à l'ignorance, une vertu à la faiblesse, une aptitude à l'ineptie, un talent même à l'incapacité.

LXVIII.

Aucune doctrine ne fut jamais aussi bien proportionnée que la doctrine chrétienne à tous les besoins naturels du cœur et de l'esprit humain. La pompe et le faste qu'on reproche à l'Église ont été l'effet et sont la preuve de son incomparable excellence. D'où sont venues, en effet, cette puissance et ces richesses poussées à l'excès, si ce n'est de l'enchantement où elle mit le monde entier? Ravis de sa beauté, des millions d'hommes la comblèrent, de siècle en siècle, de dons, de legs, de cessions. Elle eut le don de se faire aimer, et celui de faire des heureux. C'est ce qui fit tant de prodiges ; c'est de là que lui vint son pouvoir.

LXIX.

On ne peut ni parler contre le christianisme sans colère, ni parler de lui sans amour.

LXX.

Dans le christianisme, et surtout dans le catholicisme, les mystères sont des vérités purement spéculatives, d'où naissent, par la réunion d'un mystère à l'autre, des vérités éminemment pratiques.

LXXI.

La religion défend de croire au delà de ce qu'elle enseigne.

LXXII.

Quand on ne peut pas croire qu'il y a eu révélation, on ne croit rien fixement, fermement, invariablement.

LXXIII.

L'opinion que les hommes ont des choses divines, n'est la même ni dans tous les temps, ni dans tous les lieux; mais il faut que dans tous les lieux et dans tous les temps, il y en ait une d'arrêtée, de fixe, de sacrée et d'inattaquable.

LXXIV.

Toutes les religions fortes sont furieuses jusqu'à ce qu'elles aient régné. Les vieilles religions ressemblent aux vins vieux, qui échauffent le cœur, mais qui n'enflamment plus la tête.

LXXV.

Les sectes austères sont d'abord les plus révérées; mais les sectes mitigées ont toujours été les plus durables.

LXXVI.

La même croyance unit plus les hommes que le même savoir; c'est sans doute parce que les croyances viennent du cœur.

LXXVII.

Il est permis de s'affliger, mais il n'est jamais permis de rire de la religion d'autrui.

LXXVIII.

Il faut attaquer la superstition par la religion, et non par la physique : c'est un terrain où elle n'est pas. Que si vous l'y amenez, en la faisant sortir d'elle-même, vous la faites sortir aussi de toute idée du ciel, et au lieu de la corriger, vous risquez de la rendre pire.

LXXIX.

La superstition est la seule religion dont soient capables les âmes basses.

LXXX.

Tous ceux qui manquent de religion sont privés d'une vertu, et eussent-ils toutes les autres, ils ne pourraient être parfaits.

LXXXI.

Qu'est-ce qui est le plus difforme, ou d'une religion sans vertu, ou de vertus sans religion?

LXXXII.

L'incrédulité n'est qu'une manière d'être de l'esprit; mais l'impiété est un véritable vice du cœur. Il entre dans ce sentiment de l'horreur pour ce qui est divin, du dédain pour les hommes, et du mépris pour l'aimable simplicité.

LXXXIII.

Il y a deux sortes d'athéisme : celui qui tend à se passer de l'idée de Dieu, et celui qui tend à se passer de son intervention dans les affaires humaines.

LXXXIV.

L'irréligion par ignorance est un état de rudesse et de barbarie intérieure. L'esprit qu'aucune croyance, aucune foi n'a plié et amolli, reste sauvage et incapable d'une certaine culture et d'un certain ensemencement. Mais l'incrédulité dogmatique est un état d'irritation et d'exaltation; elle nous met en guerre perpétuelle avec nous-mêmes, notre éducation, nos habitudes, nos premières opinions; avec les autres, nos pères, nos frères, nos voisins, nos anciens maîtres; avec l'ordre public, que nous regardons comme un désordre; avec le temps présent, que nous croyons moins éclairé qu'il ne doit l'être; avec le temps passé, dont nous méprisons l'ignorance et la simplicité. L'avenir et le genre humain dans son éternité future, voilà les deux idoles et les seules idoles de l'incrédulité systématique.

LXXXV.

La différence est grande d'accepter pour idoles Mahomet ou Luther, ou de ramper aux pieds de J.-J. Rousseau et de Voltaire. On crut du moins n'obéir qu'à Dieu, en suivant Mahomet, qu'aux écritures, en écoutant Luther.

Et peut-être ne faut-il pas décrier le penchant qu'a le genre humain, d'abandonner à ceux qu'il croit amis de Dieu le soin de régler sa conscience et de déterminer son esprit. Considéré seulement sous le rapport de l'utilité sociale et présente, ce penchant est utile et conforme à l'ordre. C'est l'assujettissement aux esprits irréligieux qui seul est funeste et proprement dépravateur.

LXXXVI.

N'eût-elle aucun avantage pour la science et l'instruction, la foi en aurait un immense pour la moralité universelle, en maintenant les esprits inférieurs dans les sentiments de docilité et de subordination, qui sont en eux une vertu, un devoir, un moyen de repos pour leur vie, une condition indispensable à leur bonheur et à la sorte de mérite qui les peut honorer.

LXXXVII.

La vertu n'est pas une chose facile; pourquoi la religion le serait-elle ?

LXXXVIII.

Il y a une grande différence entre la crédulité et la foi : l'une est un défaut naturel de l'esprit, et l'autre une vertu ; la première vient de notre extrême faiblesse ; la seconde a pour principe une douce et louable docilité, très-compatible avec la force, et qui lui est même très-favorable.

LXXXIX.

Ferme les yeux, et tu verras.

XC.

Pour arriver aux régions de la lumière, il faut passer par les nuages. Les uns s'arrêtent là ; d'autres savent passer outre.

XCI.

Il faut craindre de se tromper en poésie, quand on ne pense pas comme les poëtes, et en religion, quand on ne pense pas comme les saints.

XCII.

Soyons hommes avec les hommes, et toujours enfants devant Dieu ; car nous ne sommes, en effet, que des enfants à ses yeux. La vieillesse même, devant l'éternité, n'est que le premier instant d'un matin.

XCIII.

Avec Dieu il ne faut être ni savant ni philosophe, mais enfant, esclave, écolier, et tout au plus poëte.

XCIV.

Il faut être religieux avec naïveté, abandon et bonhomie, et non pas avec dignité et bon ton, gravement et mathématiquement.

XCV.

La dévotion embellit l'âme, surtout l'âme des jeunes gens.

XCVI.

Ceux qui n'ont pas été dévots n'ont jamais eu l'âme assez tendre.

XCVII.

Quand l'humilité n'accompagne pas la dévotion, celle-ci devient inévitablement orgueil.

XCVIII.

L'humilité est aussi convenable à l'homme devant Dieu, que la modestie à l'enfant devant les hommes.

XCIX.

Y aurait-il quelque chose de supérieur à la foi... une vue, une vision? Je ne sais quel rayon éclairerait-il mieux certains hommes que certains autres, et, pendant le jour de la vie, Dieu se manifesterait-il à quelques-uns hors de la nuée? Mais quand cela pourrait être, qui oserait se flatter de l'avoir obtenu?

C.

Dieu éclaire ceux qui pensent souvent à lui, et qui lèvent les yeux vers lui.

CI.

L'idée de Dieu est une lumière, une lumière qui guide, qui réjouit; la prière en est l'aliment.

CII.

Les meilleures prières sont celles qui n'ont rien de distinct, et qui participent ainsi de la simple adoration. Dieu n'écoute que les pensées et les sentiments. Les paroles intérieures sont les seules qu'il entende.

CIII.

Le prie-dieu est un meuble indispensable au bon ordre; où il n'est pas, il n'y a point de pénates, point de respect.

CIV.

Faites à Dieu cette prière : Être sans fin et

sans commencement, vous êtes ce que l'homme peut concevoir de meilleur. Comme un rayon de la lumière est renfermé dans tout ce qui brille, un rayon de votre bonté reluit dans tout ce qui est vertu. Tout ce que nous pouvons aimer, et tout ce qui est aimable montre une part de votre essence, une apparence de vous-même. Toutes les beautés de la terre ne sont qu'une ombre projetée de celles qui sont dans le ciel. Rendez-nous semblables à vous, autant que notre nature grossière permettra cette ressemblance, afin que nous soyons participants de votre bonheur autant que le permet cette vie.

CV.

Parler à Dieu de ses souhaits, de ses affaires, cela est-il permis? On peut dire que ceux qui s'en abstiennent par respect, et ceux qui le pratiquent par confiance et par simplicité, font bien.

CVI.

Il faut demander la vertu à tout prix et avec instance, et la prospérité timidement et avec résignation. Demander, c'est recevoir, quand on demande les vrais biens.

CVII.

Ce qui rend le culte utile, c'est sa publicité, sa manifestation extérieure, son bruit, sa pompe, son fracas et son observance universellement et visiblement insinuée dans tous les détails de la vie publique et de la vie intérieure; c'est là seulement ce qui fait les fêtes, les temps et les véritables variétés de l'année. Aussi faut-il dire hardiment que les chants, les cloches, l'encens, le maigre, l'abstinence, etc., étaient des institutions profondément sages, et des choses utiles, importantes, nécessaires, indispensables.

CVIII.

Il n'y a de véritables fêtes que les fêtes religieuses. Le pauvre offre à Dieu, dans ces saints jours, le sacrifice de son salaire, par son repos.

CIX.

Les évolutions religieuses, comme les processions, les génuflexions, les inclinations du corps et de la tête, la marche et les stations, ne sont ni de peu d'effet, ni de peu d'importance. Elles assouplissent le cœur à la piété, et courbent l'esprit vers la foi.

CX.

La religion est un feu que l'exemple entretient, et qui s'éteint, s'il n'est communiqué.

CXI.

Pour être pieux, il faut qu'on se fasse petit. Les attitudes qui, en nous faisant ployer nos membres, en amoindrissent le volume ou en inclinent la hauteur, sont favorables à la piété. Aussi dit-on que la piété nous porte à nous anéantir devant Dieu.

CXII.

Les cérémonies du catholicisme plient à la politesse.

CXIII.

Dieu est esprit et vérité. Il voit tout, il sait tout, il contient en lui toutes choses. Dieu est justice : il punira toutes les fautes. Dieu est bonté : il pardonne au repentir. Enfin Dieu est miséricorde : il a pitié de tous nos maux. Chaque jour il faut le prier, attacher sa pensée sur cette lumière qui épure, sur ce feu qui consume nos corruptions, sur ce modèle qui nous règle, sur cette paix qui calme nos agitations, sur ce principe de tout être qui ravive notre vertu. Il faut tous les jours lui offrir un sacrifice : sacrifice de notre corps, par la douleur, en la portant avec patience, comme un de ses commandements ; par le plaisir, en s'abstenant : sacrifice de notre cœur, en l'aimant plus que toutes choses, en donnant toutes choses pour lui, en subordonnant à son amour nos plus tendres attachements : sacrifice de notre esprit, en réprimant toute curiosité qui nous éloigne de lui, en retranchant de nous, pour lui, une part de notre raison, en croyant, pour l'amour de lui, ce qu'il veut que nous croyions : sacrifice de nos fortunes, en souffrant pour lui les mauvaises, et en nous privant d'une part des bonnes pour lui.

CXIV.

Il faut parer aux yeux des hommes les victimes qui s'offrent à Dieu.

CXV.

Les grands saints peuvent être de grands pécheurs, parce qu'ils sont hommes, c'est-à-dire parce qu'ils sont libres. La liberté explique toutes les fautes, tous les crimes, tous les malheurs, mais elle fait aussi tous les mérites.

CXVI.

Les saints qui ont eu de l'esprit me paraissent fort supérieurs aux philosophes. Ils ont tous vécu plus heureux, plus utiles, plus exemplaires.

CXVII.

Les prêtres sont les vrais philosophes, quoiqu'ils en rejettent le nom ; les vrais amis de la sagesse, de l'ordre public et secret.

CXVIII.

De bons prêtres sont les meilleurs amis que nous puissions avoir, et les meilleurs guides qui puissent nous conduire dans le chemin de la vertu et dans les sentiers de la perfection ; eux seuls connaissent ou du moins eux seuls prescrivent ces derniers. Ils ont ordinairement des affections conformes à leurs doctrines, et, dans leurs doctrines, une sagesse supérieure à eux et à nous.

CXIX.

Pourquoi un mauvais prédicateur même est-il écouté avec plaisir par ceux qui sont pieux? C'est qu'il leur parle de ce qu'ils aiment. Mais vous qui expliquez la religion aux hommes de ce siècle, et leur parlez de ce qu'ils ont aimé peut-être, ou de ce qu'ils voudraient aimer, songez qu'ils ne l'aiment pas encore, et, pour le leur faire aimer, ayez soin de bien parler.

CXX.

Vous aurez beau faire, les hommes ne croient que Dieu, et celui-là seul les persuade qui croit que Dieu lui a parlé. Nul ne donne la foi, s'il n'a la foi. Les persuadés persuadent, comme les indulgents désarment.

CXXI.

Ainsi que le médecin fait souvent la médecine avec son tempérament, et le moraliste la morale avec son caractère, le théologien fait souvent la théologie avec son humeur.

CXXII.

C'est leur confiance en eux-mêmes, et la foi secrète qu'ils ont de leur infaillibilité personnelle, qui déplaisent dans quelques théologiens. On pourrait leur dire : Ne doutez jamais de votre doctrine, mais doutez quelquefois de vos démonstrations. La modestie sied bien à la dignité; elle sied à la majesté même. Il faut porter la défiance de soi jusque dans l'exposition des vérités les plus sacrées et les plus indubitables.

CXXIII.

C'est le sacerdoce, c'est-à-dire un état où il y avait beaucoup de méditations et de loisirs, qui donna à la littérature hébraïque son existence et sa perfection.

CXXIV.

Sans les allusions à la Bible, il n'y aurait plus, dans les bons livres écrits en notre langue, rien de familier, de naïf, de populaire.

CXXV.

La sainte Écriture est aisée à traduire dans toutes les langues, parce qu'on n'a besoin, pour y parvenir, que de mots communs, populaires, nécessaires, et qui, par conséquent, se trouvent partout.

CXXVI.

Pour traduire la Bible, il faudrait des paroles spacieuses; des constructions où rien ne fût ni trop bien joint, ni trop poli; des mots et des phrases qui eussent un air de vétusté.

CXXVII.

La Bible est aux religions ce que l'Iliade est à la poésie.

CXXVIII.

Il faut tout le loisir du désœuvrement, du temps à perdre et de l'étude, pour goûter les beautés d'Homère, et pour l'entendre, il faut rêver. Il ne faut qu'un moment, je ne dis pas d'attention, mais d'*écoutement,* pour comprendre et recevoir en soi les beautés de la Bible, beautés qui s'étendent ou se resserrent, en quelque manière, selon la diverse disposition et la capacité diverse des esprits; en sorte qu'elles entrent dans les plus petits, et remplissent les plus grands tout entiers, et que l'intelligence du même homme, selon qu'elle est elle-même mieux ou moins bien disposée, en reçoit une plénitude dès qu'elle leur ouvre un accès.

CXXIX.

La Bible apprend le bien et le mal; l'Évangile, au contraire, semble écrit pour les prédestinés; c'est le livre de l'innocence. La première est faite pour la terre, l'autre semble fait pour le ciel. Selon que ces livres sont, l'un ou l'autre, plus répandus dans une nation, ils y nourrissent des humeurs religieuses diverses.

CXXX.

Il y a dans l'Écriture beaucoup de choses qui, sans être d'une clarté parfaite, sont cependant toutes vraies. Il était nécessaire de nous entretenir, par l'obscurité, dans la crainte et dans le mérite de la foi. Il faut insister sur ce qui est clair, et glisser sur ce qui est obscur; éclaircir ce qui est incertain par ce qui est manifeste; ce qui est trouble par ce qui est serein; ce qui est nébuleux par ce qui est lucide; ce qui embarrasse et contrarie la raison par ce qui la contente. Les jansénistes ont fait tout le contraire : ils insistent sur ce qui est incertain, obscur, affligeant, et glissent sur le reste; ils éclipsent les vérités lumineuses et consolantes, par l'interposition des vérités opaques et terribles. Application : *Multi-vocati*, voilà une vérité claire; *Pauci electi*, voilà une vérité obscure. « Nous sommes enfants de colère », voilà une vérité sombre, nébuleuse, effrayante. « Nous sommes tous enfants de Dieu; il est
« venu sauver les pécheurs, et non les justes;
« il aime tous les hommes et veut les sauver

« tous » ; voilà des vérités où il y a de la clarté, de la douceur, de la sérénité, de la lumière. Rappelons et confirmons la règle : 1º il y a beaucoup d'oppositions et même d'apparentes contradictions dans l'Écriture et dans les doctrines de l'Église, dont cependant aucune n'est fausse; 2º Dieu les y a mises ou permises, pour tenir, par l'embarras et l'incertitude, dans la crainte et le mérite de la foi. Il faut tempérer ce qui effraie la raison par ce qui la rassure, ce qui est austère par ce qui console. Les jansénistes troublent la sérénité, et n'illuminent pas le trouble. On ne doit cependant pas les condamner pour ce qu'ils disent, car cela est vrai, mais pour ce qu'ils taisent, car cela est vrai aussi, et même plus vrai, c'est-à-dire d'une vérité plus facile à saisir, et plus complète dans son cercle et dans tous ses points. La théologie, quand ils nous l'exposent, n'a que la moitié de son disque, et leur morale ne regarde Dieu que d'un œil.

CXXXI.

Les jansénistes ont porté dans la religion plus d'esprit de réflexion et plus d'approfondissement que les jésuites, ils se lient davantage de ses liens sacrés. Il y a dans leurs pensées une austérité qui circonscrit sans cesse la volonté dans le devoir; leur entendement, enfin, a des habitudes plus chrétiennes. Mais ils semblent aimer Dieu sans amour, et seulement par raison, par devoir, par justice. Les jésuites, au contraire, semblent l'aimer par pure inclination, par admiration, par reconnaissance, par tendresse, enfin par plaisir. Il y a de la joie dans leurs livres de piété, parce que la nature et la religion y sont d'accord. Il y a, dans ceux des jansénistes, de la tristesse et une judicieuse contrainte, parce que la nature y est perpétuellement mise aux fers par la religion.

CXXXII.

Les jansénistes disent qu'il faut aimer Dieu, et les jésuites le font aimer. La doctrine de ceux-ci est remplie d'inexactitudes et d'erreurs peut-être; mais, chose singulière, et cependant incontestable, ils dirigent mieux.

CXXXIII.

Les jansénistes aiment mieux la règle que le bien; les jésuites préfèrent le bien à la règle. Les premiers sont plus esentiellement savants, les seconds plus essentiellement pieux. Aller au bien par toute voie, semblait la devise des uns; observer la règle à tout prix, était la devise des autres. La première de ces maximes, il est bon de la dire aux hommes : elle ne peut les égarer. La deuxième, on doit quelquefois la pratiquer, mais il ne faut la conseiller jamais. Les gens de bien très-éprouvés sont les seuls qui n'en puissent pas abuser.

CXXXIV.

Le janséniste attend la grâce de Dieu, comme le quiétiste sa présence; le premier attend avec crainte, et le second avec langueur; l'un se soumet, l'autre se résigne, très-inégalement passifs, mais également fatalistes.

CXXXV.

Les jansénistes font de la *grâce* une espèce de quatrième personne de la sainte Trinité; ils sont, sans le croire et sans le vouloir, *quaternitaux*. Saint Paul et saint Augustin, trop étudiés, ou étudiés uniquement, ont tout perdu, si on ose le dire. Au lieu de *grâce*, dites aide, secours, influence divine, céleste rosée : on s'entend alors. Ce mot est comme un talisman dont on peut briser le prestige et le maléfice en le traduisant; on en dissout le danger par l'analyse. Personnifier les mots est un mal funeste en théologie.

CXXXVI.

Les jansénistes ont trop d'horreur de la nature, qui est cependant l'œuvre de Dieu. Dieu avait mis en elle plus d'incorruptibilité qu'ils ne le supposent; en sorte que l'infection absolue de la masse était impossible. Ils ôtent au bienfait de la création, pour donner au bienfait de la rédemption, au Père pour donner au Fils.

CXXXVII.

Les philosophes pardonnent au jansénisme, parce que le jansénisme est une espèce de philosophie.

TITRE II.

LES CHAPITRES.

I.

Dieu est Dieu; le monde est un lieu; la matière est une apparence; le corps est le moule de l'âme; la vie est un commencement.

Tous les êtres viennent de peu, et peu s'en faut qu'ils ne viennent de rien. Un chêne naît d'un gland, un homme d'une goutte d'eau. Et dans ce gland, dans cette goutte d'eau, combien de superfluités! Tout germe n'occupe qu'un point. Le trop contient l'assez; il en est le lieu nécessaire et l'aliment indispensable, au moins dans ses commencements. Nul ne doit le souffrir en soi; mais il faut l'aimer dans le monde; car il n'y aurait nulle part assez de rien, s'il n'y avait pas toujours un peu de trop de chaque chose en quelque lieu.

II.

La vérité consiste à concevoir ou à imaginer les personnes ou les choses, comme Dieu les voit; et la vertu à se donner de la bonté; et la bonté, si elle est parfaite, à n'avoir que les sentiments qu'on peut croire qu'aurait un ange, si, devenu ce que nous sommes, en demeurant tout ce qu'il est, il était mis à notre place, et voyait ce que nous voyons.

La sagesse est le repos dans la lumière; mais c'est la lumière elle-même qui, par le jour qu'elle répand et les prestiges qu'elle opère, en colorant les abstractions comme de légères nuées, et en prêtant à l'évidence l'éclat de la sérénité, excite souvent la sagesse à se jouer dans ses rayons.

Il n'y a de beau que Dieu; et, après Dieu, ce qu'il y a de plus beau, c'est l'âme; et après l'âme, la pensée; et après la pensée, la parole. Or donc, plus une âme est semblable à Dieu, plus une pensée est semblable à une âme, et plus une parole est semblable à une pensée, plus tout cela est beau.

III.

Voici de plus graves pensées : je parlerai plus gravement.

La volonté de Dieu dépend de sa sagesse, de sa bonté, de sa justice, et borne seule son pouvoir. Tout ce qui est mal sera puni ; tout ce qui est bien sera compté, et rien ne sera exigé que ce qui aura été possible.

L'amour des corps sépare les âmes de Dieu, car Dieu n'a point l'amour des corps. L'horreur du mal unit à Dieu, car Dieu a le mal en horreur. Mais il aime toutes les âmes, même celles qui aiment le mal, si elles conservent quelque amour pour lui et quelque horreur pour elles-mêmes, au fond de leurs égarements. Ce que nous aimons malgré nous, par la force de la matière, il ne faut pas l'aimer par choix, ou de notre consentement, car alors on l'aimerait trop, et c'est là que serait le mal.

Établir le règne de Dieu, ou l'existence de tout bien, est la loi de la politique, ou du gouvernement des peuples, et celle de l'économique, ou du gouvernement de la maison, et celle aussi de la morale, ou du gouvernement de soi. La loi est ce qui oblige, et dont rien ne peut dispenser, pas même la bonté de Dieu.

IV.

Je reprends ma joie et mes ailes, et je vole à d'autres clartés.

Un objet, quel qu'il soit, nous est plus ou moins agréable, selon qu'il est, dans tous ses points, plus ou moins nettement semblable à son type ou à son modèle, qui est dans les idées de Dieu. Nos qualités sont plus ou moins louables, et même plus ou moins réelles, plus ou moins éminentes, plus ou moins dignes de leur nom, selon qu'elles sont plus ou moins, dans leur action et leur essence, conformés à leur règle, dont Dieu a l'idée.

Vraiment, nous voyons tout en Dieu, et nous ne voyons rien qu'en lui, du moins dans la métaphysique. Sans son idée et ses idées, on ne peut rien apercevoir, rien distinguer, rien expliquer, ni surtout rien évaluer à son taux intrinsèque, à ce taux secret et sacré qui, placé dans le sein et au centre de chaque chose, comme un abrégé d'elle-même, en marque seul exactement, quand on le lit à cette lumière, le degré précis de mérite, le vrai poids et le juste prix.

V.

Rien ne nous plaît, dans la matière, que ce qu'elle a de presque spirituel, comme ses émanations; que ce qui touche presque à l'âme, comme les parfums et les sons; que ce qui a l'air d'une impression qu'y laissa quelque intelligence, comme les festons qui la brodent, ou les dessins qui la découpent; que ce qui fait illusion, comme les formes, les couleurs; enfin que ce qui semble en elle être sorti d'une pensée, ou avoir été disposé pour quelque destination, indice d'une volonté. Ainsi nous ne pouvons aimer, dans les solidités du monde, que ce qu'elles ont de mobile; et, dans ce qu'il a de subtil, nous devons nos plus doux plaisirs à ce qui est à peine existant, à ces vapeurs plus que légères, et à ces invisibles ondulations qui, en nous pénétrant, nous élèvent plus haut et plus loin que nos sens. Pressés et poussés par les corps, nous ne sommes vraiment atteints que par l'esprit des choses, tant nous-mêmes sommes esprit!

VI.

Je disais bien : la matière est une apparence ; tout est peu, et rien n'est beaucoup ; car qu'est-ce que le monde entier ? J'y ai pensé, je le crois, je le vois presque, et je le dirai hardiment. Le monde entier n'est qu'un peu d'éther condensé, l'éther qu'un peu d'espace, et l'espace qu'un point, qui fut doué de la susceptibilité d'étaler un peu d'étendue, lorsqu'il serait développé, mais qui n'en avait presque aucune, quand Dieu l'émit hors de son sein. Newton lui-même le disait : « Quand Dieu vou-
« lut créer le monde, il ordonna à un morceau
« d'espace de devenir et de rester impénétra-
« ble. » Avec ses gravitations, ses attractions, ses impulsions et toutes ces forces aveugles dont les savants font tant de bruit ; avec les énormes masses qui effraient nos yeux, la matière tout entière n'est qu'une parcelle de métal, qu'un grain de verre rendu creux, une bulle d'eau soufflée, où le clair-obscur fait son jeu ; une ombre, enfin, où rien ne pèse que sur soi, n'est impénétrable qu'à soi, n'attire ou ne retient que soi, et ne semble fort et immense qu'à l'extrême exiguité, à la petitesse

infinie des particules de ce tout, qui est à peu près rien. Tout ce monde, quand la main de Dieu le soupèse, quel poids a-t-il? quand le regard de Dieu l'embrasse, quelle étendue a-t-il? quand il le voit, que lui en semble? et quand il le pénètre, qu'y trouve-t-il? Voilà la question. La plus terrible des catastrophes imaginables, la conflagration de l'univers, que pourrait-elle être autre chose que le pétillement, l'éclat et l'évaporation d'un grain de poudre à la chandelle?

O vérité! il n'y a que les âmes et Dieu qui offrent de la grandeur et de la consistance à la pensée, lorsqu'elle rentre en elle-même, après avoir tout parcouru, tout sondé, tout essayé à ses creusets, tout épuré à sa lumière et à la lumière des cieux, tout approfondi, tout connu.

TITRE III.

DE L'HOMME, DES ORGANES, DE L'AME ET DES FACULTÉS INTELLECTUELLES.

I.

Il y a deux existences que l'homme enfermé dans lui-même pourrait connaître : la sienne et celle de Dieu; je suis, donc Dieu est. Mais la sensation seule peut lui apprendre celle des corps.

II.

Nous voyons tout à travers nous-mêmes. Nous sommes un milieu toujours interposé entre les choses et nous.

III.

L'homme n'habite, à proprement parler, que sa tête et son cœur. Tous les lieux qui ne sont pas là ont beau être devant ses yeux, à ses côtés ou sous ses pieds, il n'y est point.

IV.

Le corps est la baraque où notre existence est campée.

V.

Ce n'est guère que par le visage qu'on est soi. Le corps montre le sexe plus que la personne, l'espèce plus que l'individu.

VI.

Au-dessous de la tête, des épaules et de la poitrine commence l'animal, ou cette partie du corps où l'âme ne doit pas se plaire.

VII.

Il y a, dans le visage, quelque chose de lumineux, qui ne se trouve pas dans les autres parties du corps.

VIII.

Le sourire réside sur les lèvres; mais le rire a son siége et sa bonne grâce sur les dents.

IX.

Il y a, dans les yeux, de l'esprit, de l'âme et du corps.

X.

Il n'appartient qu'à la tête de réfléchir; mais tout le corps a de la mémoire. Les pieds d'un danseur, les doigts d'un musicien habile, ont, dans un degré éminent, la faculté de se ressouvenir.

XI.

La voix est un son humain que rien d'inanimé ne saurait parfaitement contrefaire. Elle a une autorité et une propriété d'insinuation qui manquent à l'écriture. Ce n'est pas seulement de l'air, c'est de l'air modulé par nous, imprégné de notre chaleur, et comme enveloppé par la vapeur de notre atmosphère, dont quelque émanation l'accompagne, et qui lui donne une certaine configuration et de certaines vertus propres à agir sur l'esprit. La parole n'est que la pensée incorporée.

XII.

L'homme, en famille, est doué de la faculté d'inventer un langage, comme le castor de celle de bâtir, là où il trouve de l'eau et des arbres. Le besoin de parler n'est pas moins inhérent à l'un que le besoin de bâtir à l'autre.

L'homme invente les langues, non avec l'uniformité suivant laquelle construit le castor, assujetti par le genre fixe et borné de son instinct, mais avec les variétés possibles à l'intelligence. L'invention des langues est donc une industrie naturelle, c'est-à-dire commune, et, en quelque sorte, donnée à tous. Quant à son exercice, il ne faut pas s'imaginer qu'il soit si difficile d'inventer quelques mots : les enfants mêmes en sont capables, et le genre humain a partout commencé comme eux. Or, peu de mots suffiraient à une famille isolée, et qui ne connaîtrait que ses besoins et sa demeure. C'est de peu de mots aussi que se composent d'abord les idiomes des inventeurs. D'autres surviennent, et ajoutent aux mots connus des mots nouveaux. Imposer des noms n'est pas plus difficile que d'imposer des figures. Les langues des sauvages ne sont donc pas plus merveilleuses que les cartes de leur pays qu'ils tracent sur des peaux de cerfs. Dessiner, c'est parler aux yeux, et parler, c'est peindre à l'oreille. Il y a loin du dessin d'un huron à un tableau de David, et du premier idiome des arcades à la langue de Cicéron, comme il y a loin de la pirogue ou du canot creusé, avec le feu, dans un tronc d'arbre, à un navire de haut bord, d'un carbet scythe à la ville de Constantin. Courber un arc, y attacher une corde, y ajuster une flèche, sont des opérations aussi compliquées et aussi difficiles que celle de construire une phrase; et cependant l'arc et la flèche sont partout; partout où il y a des insulaires, il y a des barques; partout où il y a des hommes et des forêts, il y a de la chasse et des armes, des armes qui atteignent de loin. Partout où il y a plusieurs hommes, il y a des mots. L'homme est né avec la faculté de parler; qui la lui donne? Celui qui donne son chant à l'oiseau.

XIII.

Les mots inventés les premiers sont les simples dénominatifs; les actifs suivent; les affectifs succèdent; ceux qui expriment de simples actes de l'esprit sont les derniers.

XIV.

Il y a, dans les langues, quelque chose de fatidique et d'inspiré.

XV.

On peut considérer la langue de l'homme, dans le mécanisme de la parole, comme la corde qui lance d'elle-même la flèche qu'on y a ajustée. La parole, en effet, est une flèche qu'on décoche.

XVI.

L'âme est une vapeur allumée qui brûle sans se consumer; notre corps en est le falot. Sa flamme n'est pas seulement lumière, mais sentiment.

XVII.

L'âme est aux yeux ce que la vue est au toucher; elle saisit ce qui échappe à tous les sens. Comme, dans l'art, ce qu'il y a de plus beau est hors des règles, de même, dans la *connaissance*, ce qu'il y a de plus haut et de plus vrai est hors de l'expérience.

XVIII.

Les sens sont des lieux où l'âme a des plaisirs et des douleurs. Par la mort, par l'âge et souvent par la maladie, ces lieux sont détruits. Par le recueillement, la prière et l'austérité religieuse ou philosophique, l'âme en est absente.

XIX.

Il est des âmes qui non-seulement n'ont pas

d'ailes, mais qui même n'ont pas de pieds pour la consistance, et pas de mains pour les œuvres.

XX.

Il y a dans l'âme un goût qui aime le bien, comme il y a dans le corps un appétit qui aime le plaisir.

XXI.

Il faut, comme disait Laurent Joubert, en parlant de l'âme humaine, à la reine de Navarre, la *colorer*, la *parfumer*, la *teindre*, et l'*imbiber*.

XXII.

L'esprit est l'atmosphère de l'âme.

XXIII.

Plus j'y pense, plus je vois que l'esprit est quelque chose hors de l'âme, comme les mains sont hors du corps, les yeux hors de la tête, les branches hors du tronc. Il aide à *pouvoir*, mais non pas à *être plus*.

XXIV.

Ce que nous appelons *âme* dans les hommes est invariable, mais ce que nous appelons *esprit* n'est le même ni à tous les âges, ni dans toutes les situations, ni tous les jours. L'esprit est quelque chose de mobile dont la direction change par tous les vents qui soufflent constamment.

XXV.

L'esprit est un feu dont la pensée est la flamme. Comme la flamme, il tend naturellement à s'élever. On travaille à le ravaler, en dirigeant sa pointe en bas.

XXVI.

Tout ce qui joint à la sensibilité la faculté de se mouvoir, ou sur soi, ou autour de soi, avec choix et par une détermination propre, a quelque manière de penser; mais l'homme seul a des pensées dont il peut former un tissu et une longue contexture.

XXVII.

Je soupçonne que les organes de la pensée sont distribués en plusieurs classes. Par les uns on imagine, par les autres on réfléchit, de manière cependant qu'aucun n'est ému sans émouvoir les autres. Les hommes d'un grand génie sont ceux dont les organes ont une telle force et une telle union, qu'ils sont toujours émus ensemble, dans une exacte proportion.

XXVIII.

Quand nous réfléchissons, il se fait matériellement dans nos organes des plis, des déplis, des replis qui vont jusqu'au froncement, si la réflexion est profonde.

XXIX.

Chacun de nos organes est comme un appareil où se digèrent et se filtrent les différents objets de leurs sensations. Quand on exprime ce qu'on pense, il se fait une sorte de sécrétion agréable, et quand on pense ce qu'il faut, une utile nutrition s'opère.

XXX.

L'habitude de penser en donne la facilité; elle nous rend plus pénétrants et plus prompts à tout voir. Nos organes, comme nos membres, acquièrent par l'exercice plus de mobilité, de force et de souplesse.

XXXI.

S'il y a ou s'il n'y a pas des idées qu'on peut appeler innées, est une question qui tient essentiellement à la science, à la connaissance de l'âme, et non pas simplement une question d'école. Si, lorsque la proposition en frappe l'oreille, l'idée d'une chose, d'une existence qui n'a jamais frappé les sens, naît aussitôt dans notre esprit, y éclot et s'y développe, on peut dire, on doit penser que c'est là une idée innée, ou dont le germe était en nous, à peu près comme on suppose que le feu est dans les veines du caillou. En considérant ces notions comme des germes que nous portons dans notre esprit, et que certains traits de lumière y font éclore, on s'entend et l'on devient plus clair. Ces idées innées ne sont point indestructibles en nous. Elles peuvent, au contraire, être très-aisément défigurées, dénaturées, altérées, déplacées. Quoique éternel, tout cela est mobile et se chasse aisément, comme tout ce qui est germe.

XXXII.

On ne peut concevoir aucun objet, sans au préalable la possibilité; aucun individu, sans au préalable une nature; aucune existence, sans au préalable une existence; rien enfin d'individuel, sans une idée universelle. L'idée universelle est le lieu indispensable à chaque chose pour se placer dans notre esprit. C'est comme une idée première qui nous vient de notre esprit, de la nature et de Dieu même : notion mathématique, transcendante, qui précède toute instruction et même toute expérience. Quand vous dites : Dieu est juste, Dieu est bon, que faites-vous, sinon une des plus hautes et des plus hardies opérations de l'entendement ? Vous comparez Dieu à un modèle, son être à une nature idéale. Vous lui attribuez une perfection que vous concevez hors de lui en quelque sorte ; tant le primitif est pour l'esprit hors d'existence et en essence seulement ! Et cette haute opération, cette opération si hardie, le moindre esprit la fait sans cesse, sans effort, que dis-je ? inévitablement. Les idées ! les idées ! elles sont avant tout, et précèdent tout dans notre esprit.

XXXIII.

Platon a tort : il y a des choses qui se communiquent et qui ne s'enseignent pas ; il y en a qu'on possède manifestement, sans pouvoir les communiquer. A la rigueur, peut-être, on n'est savant que de ce qui peut être enseigné ; mais on peut être doué d'un art qui ne saurait être transmis : tels le coup d'œil, l'instinct, le génie ; tels aussi peut-être l'art de connaître les hommes, et celui de les gouverner.

XXXIV.

Quelquefois une faculté de l'esprit parle à l'autre et en est entendue, comme la bouche parle à l'ouïe, quand on est seul. C'est ce que savent bien les écoliers qui étudient à haute voix ce qu'ils veulent apprendre, afin que la leçon entre par deux portes dans leur mémoire.

XXXV.

Notre esprit a plus de pensées que notre mémoire ne peut en retenir; il porte plus de jugements qu'il ne saurait alléguer de motifs; il voit plus loin qu'il ne peut atteindre, et sait plus de vérités qu'il n'en peut expliquer. Une bonne partie de lui-même serait fort utilement employée à chercher les raisons qui l'ont déterminé, à se constater les aperçus qui l'ont frappé et qui l'ont fui. Il y a pour l'âme une foule d'éclairs, auxquels elle prend peu de part; ils la traversent et l'illuminent avec tant de rapidité qu'elle en perd le souvenir. On serait étonné du nombre de choses qu'elle se trouverait avoir vues, si, en remontant à tout ce qui s'est passé en elle, on en faisait l'observation, au moins de mémoire, et en approfondissant toutes les circonstances. Nous ne nous fouillons pas assez, et, semblables à des enfants, nous négligeons ce que nous avons dans nos poches, pour ne songer qu'à ce qui est dans nos mains ou devant nos yeux.

XXXVI.

* La réminiscence est comme l'ombre du souvenir.

XXXVII.

Il faut que la pensée soit quelque chose, et qu'elle laisse d'elle-même quelque trace, puisque nous avons le pouvoir, en nous mettant en quête et en revenant sur ses brisées, de la rattraper quand elle a fui.

XXXVIII.

Une pensée est tantôt un simple mouvement et tantôt une action de l'âme.

XXXIX.

* La pensée est subite et jaillit comme le feu ; l'idée naît comme le jour après la nuit, après l'aurore. L'une éblouit et l'autre éclaire.

XL.

Il n'y a que de l'esprit dans nos pensées ; il

n'y a pas d'âge, d'expérience, et de cette gravité qui s'y joint, quand elles ont passé par les affaires humaines.

XLI.

Le bon sens est de savoir ce qu'il faut faire; le bon esprit, de savoir ce qu'il faut penser.

XLII.

* L'esprit consiste à avoir beaucoup de pensées inutiles, et le bon sens, à être bien pourvu des notions nécessaires.

XLIII.

La sagacité précède l'attention, de même que le tact précéde le toucher.

XLIV.

Y a-t-il quelque chose de meilleur que le jugement? Oui : le don de voir, l'œil de l'esprit, l'instinct de la pénétration, le discernement prompt, enfin la sagacité naturelle pour découvrir tout ce qui est spirituel.

XLV.

L'intelligence est la floraison, le développement complet du germe de la plante humaine.

XLVI.

Entre l'esprit et l'âme, il y a l'imagination, faculté naïve et riante, qui participe de l'un et de l'autre. Entre l'esprit et l'imagination, il y a le jugement, il y a le goût.

XLVII.

L'imagination est l'œil de l'âme.

XLVIII.

J'appelle imagination la faculté de rendre sensible ce qui est intellectuel, d'incorporer ce qui est esprit; en un mot, de mettre au jour, sans le dénaturer, ce qui est de soi-même invisible.

XLIX.

C'est à l'imagination que les plus grandes vérités sont révélées : par exemple, la Providence, sa marche, ses desseins ; ils échappent à notre jugement ; l'imagination seule les voit.

L.

Sans l'imagination, la sensibilité est réduite

au moment où l'on existe; les sensations sont plus vives, plus courtes, et n'ont point d'harmonie dans leur succession.

LI.

L'imaginative, faculté animale, est fort différente de l'imagination, faculté intellectuelle. La première est passive; la seconde, au contraire, est active et créatrice. Les enfants, les têtes faibles, les peureux, ont beaucoup d'imaginative. Les gens d'esprit, et de beaucoup d'esprit, ont seuls beaucoup d'imagination.

LII.

L'imagination est tellement nécessaire, dans la littérature et dans la vie, que ceux même qui n'en ont pas et la décrient, sont obligés de s'en faire une.

TITRE IV.

DE LA NATURE DES ESPRITS.

I.

C'est la nature des esprits, c'est leur lumière naturelle, et non pas leur degré de force, variable comme la santé, qui fait leur véritable prix, leur qualité, leur excellence.

II.

On mesure les esprits par leur stature; il vaudrait mieux les estimer par leur beauté.

III.

Les esprits sont semblables aux champs : dans quelques-uns, ce qui vaut le mieux, c'est la superficie; dans quelques autres, c'est le fonds, à une grande profondeur.

IV.

Il est des esprits meilleurs que d'autres et

cependant méconnus, parce qu'il n'y a pas de mesure usitée pour les peser. C'est comme un métal précieux qui n'a pas sa pierre de touche.

V.

La tendance vers le bien, la promptitude à le saisir et la constance à le vouloir ; l'intensité, la souplesse et la fermeté du ressort que cette tendance met en jeu; la vivacité, la force et la justesse des élans vers le but indiqué, sont les éléments qui, comme autant de caractères, forment, par leurs combinaisons, le taux intrinsèque de l'homme, et déterminent sa valeur.

VI.

La nature a fait deux sortes d'esprits excellents, les uns pour produire de belles pensées ou de belles actions, et les autres pour les admirer.

VII.

Le ciel accorde rarement aux mêmes hommes le don de bien penser, de bien dire et de bien agir en toutes choses.

VIII.

Chaque esprit a sa lie.

IX.

Avoir un bon esprit et un mauvais cerveau : cela est assez commun parmi les délicats.

X.

Les esprits délicats sont tous des esprits nés sublimes, mais qui n'ont pas pu prendre l'essor, parce que ou des organes trop faibles, ou une santé trop variée, ou de trop molles habitudes ont retenu leurs élans.

XI.

Génies gras, ne méprisez pas les maigres !

XII.

Il y a une faiblesse de corps qui procède de la force de l'esprit, et une faiblesse d'esprit qui vient de la force du corps.

XIII.

L'esprit a de la force, tant qu'on a la force de se plaindre de sa faiblesse.

XIV.

Certains esprits, pour faire éclater leur feu, ont besoin d'être contenus et comme captivés par un sujet fixe et un temps court. Ils éclatent alors et s'élancent par jets, semblables à ces vins qui ne pétillent et ne montrent leur feu que lorsque, renfermée en un petit espace et contenue entre les parois d'une bouteille, leur fermentation se concentre et prend une vivacité que plus de liberté anéantirait.

XV.

Il est des esprits légers, mais qui n'ont pas de légères opinions; leurs doctrines et leurs vertus les rendent graves, quand il le faut. Il y a, au contraire, des esprits sérieux et sombres qui ont des doctrines très-futiles, et alors tout est perdu.

XVI.

Quelque légèreté entre toujours dans les natures excellentes, et comme elles ont des ailes pour s'élever, elles en ont aussi pour s'égarer.

XVII

Ce qu'on appelle légèreté d'esprit n'est quelquefois qu'une apparence produite par la facilité de ses mouvements; une légèreté d'évolutions, fort différente de la légèreté d'attention et de jugement.

XVIII.

Il y a des hommes qui n'ont tout leur esprit que lorsqu'ils sont de bonne humeur, et d'autres que lorsqu'ils sont tristes.

XIX.

Les uns ne peuvent trouver d'activité que dans le repos, et les autres de repos que dans le mouvement.

XX.

* Il est des esprits aventuriers qui n'attendent et ne reçoivent leurs idées que du hasard.

XXI.

Les esprits qui ne se reposent jamais, sont sujets à beaucoup d'écarts.

XXII.

Comme il y a des hommes qui ont plus de mémoire que de jugement, il y en a qui ont, en quelque sorte, plus de pensées que d'esprit; aussi ne peuvent-ils ni les atteler ni les mener. D'autres n'ont pas assez de pensées pour leur esprit : il dépérit d'ennui, s'il n'est égayé par des bagatelles. D'autres enfin ont trop de pensées pour leur âge et pour leur santé, et elles les tourmentent.

XXIII.

Les uns se déclament leurs pensées, d'autres se les récitent, et d'autres se les chantent. Quelques-uns ne font que se les raconter, se les lire ou se les parler.

XXIV.

La raison est abeille, et l'on n'exige d'elle que son produit; son utilité lui tient lieu de beauté. Mais l'esprit n'est qu'un papillon, et un esprit sans agrément est comme un papillon sans couleurs : il ne cause aucun plaisir.

XXV.

On n'est jamais médiocre quand on a beaucoup de bon sens et beaucoup de bons sentiments.

XXVI.

Il y a des esprits creux et sonores, où les pensées retentissent comme dans un instrument. Il en est d'autres dont la solidité est plane, et où la pensée la plus harmonieuse ne produit que l'effet d'un coup de marteau.

XXVII.

Se mêler des petits objets comme des grands, être propre et prêt aux uns comme aux autres, n'est pas faiblesse et petitesse, mais capacité et suffisance.

XXVIII.

Il y a des esprits naturellement éclairés, ou pénétrants par leur nature, qui ont beaucoup d'évidences qu'ils n'ont pas raisonnées et ne pourraient pas raisonner.

XXIX.

Les uns passent par les belles idées, et les autres y séjournent; ceux-ci sont les plus heureux; mais les premiers sont les plus grands.

XXX.

Il ne faut laisser son esprit se reposer que dans des idées heureuses, satisfaisantes ou parfaites. Les idées heureuses! On les a quand on les attend, et qu'on est propre à les recevoir.

XXXI.

Ceux qui ont refusé à leur esprit des pensées graves, tombent dans les idées sombres.

XXXII.

Ce qui ne donne à l'esprit que du mouvement, nous rend actifs et nous fait écrire. Mais ce qui lui donne de la lumière et du bonheur, ne nous rend que méditatifs.

XXXIII.

Les esprits pénétrants dépassent les préliminaires : ils ne s'arrêtent pas sur le bord des questions et n'y arrêtent personne.

XXXIV.

Il est des esprits dont on peut dire : il y fait clair, et d'autres, seulement : il y fait chaud. Il y a beaucoup de chaleur où il y a beaucoup de mouvement, et beaucoup de lumière où il y a beaucoup de sérénité; sans la sérénité, point de lumière.

XXXV.

Il est des esprits tellement chauds que leurs pensées s'exhalent en fumée et se consument en eux dès le moment qu'elles s'y forment.

XXXVI.

Être éclairé, c'est un grand mot! Il y a certains hommes qui se croient éclairés, parce qu'ils sont décidés, prenant ainsi la conviction pour la vérité, et la forte conception pour l'intelligence. Il en est d'autres qui, parce qu'ils savent tous les mots, croient savoir toutes les vérités. Mais qui est-ce qui est éclairé de cette lumière éternelle qui s'attache aux parois du cerveau, et rend éternellement lumineux les esprits où elle est entrée, et les objets qu'elle a touchés?

XXXVII.

Il y a des cerveaux lumineux, des têtes propres à recevoir, à retenir et à transmettre la lumière; elles rayonnent de toutes parts, elles éclairent; mais là se termine leur action. Il est nécessaire d'y joindre celle d'agents secondaires, pour lui donner de l'efficacité. C'est ainsi que le soleil fait éclore, mais ne cultive rien.

XXXVIII.

Il est des têtes qui n'ont point de fenêtres et que le jour ne peut frapper d'en haut. Rien n'y vient du côté du ciel.

XXXIX.

Celui qui a de l'imagination sans érudition, a des ailes et n'a pas de pieds.

XL.

Il est des hommes qui, lorsqu'ils tiennent quelque discours ou forment quelque jugement, regardent dans leur tête, au lieu de regarder dans Dieu, dans leur âme, dans leur conscience, dans le fond des choses. On reconnaît cette habitude de leur esprit à la contenance qu'ils prennent et à la direction de leurs yeux.

XLI.

Les esprits faux sont ceux qui n'ont pas le sentiment du vrai, et qui en ont les définitions; qui regardent dans leur cerveau, au lieu de regarder devant leurs yeux; qui consultent, dans leurs délibérations, les idées qu'ils ont des choses, et non les choses elles-mêmes.

XLII.

La fausseté d'esprit vient d'une fausseté de cœur; elle provient de ce qu'on a secrètement pour but son opinion propre, et non l'opinion vraie. L'esprit faux est faux en tout, comme un œil louche regarde toujours de travers. Mais on peut se tromper une fois, cent fois, sans avoir l'esprit faux. On n'a point l'esprit faux quand on l'a sincère.

XLIII.

* Il y a dans certains esprits un noyau d'erreur qui attire et assimile tout à lui-même.

XLIV.

* Quelquefois de grands esprits sont pourtant des esprits faux. Ce sont des boussoles bien construites, mais dont les aiguilles, égarées par l'influence de quelque corps environnant, se détournent toujours du nord.

XLV.

Il est des personnes qui ont beaucoup de raison dans l'esprit, mais qui n'en ont pas dans la vie; d'autres, au contraire, en ont beaucoup dans la vie, et n'en ont pas dans l'esprit.

XLVI.

Les gens d'esprit traitent souvent les affaires comme les ignorants traitent les livres : ils n'y entendent rien.

XLVII.

Si les hommes à imagination sont quelquefois dupes des apparences, les esprits froids le sont aussi souvent de leurs combinaisons.

XLVIII.

Donnez aux esprits froids, aux esprits lourds des doctrines subtiles et délicates, et vous verrez l'étrange abus qu'ils en feront. Jetez quelques vives lumières dans un esprit naturellement ténébreux, et vous verrez à quel point il les obscurcira. Ses ténèbres n'en deviendront que plus palpables, le chaos succédera à la nuit.

XLIX.

A ces esprits lourds qui vous gênent par leur poids et leur immobilité, qu'on ne peut faire voler ni nager, car ils ne savent point s'aider, qui vous serrent de près et vous entraînent, combien je préfère ceux qui aiment à se livrer aux évolutions des oiseaux, à s'élever, à planer, à s'égarer, à fendre l'air, pour revenir à un point fixe, solide et précis!

L.

Avoir fortement des idées, ce n'est rien;

l'important est d'avoir des idées fortes, c'est-à-dire où il y ait une grande force de vérité. Or, la vérité et sa force ne dépendent point de la tête d'un homme. On appelle un homme fort celui qui tient tête aux objections; mais ce n'est là qu'une force d'attitude. Un trait obtus, lancé d'une main forte, peut frapper fortement, parce que l'on va du corps au corps; mais de forts poumons et un fort entêtement ne donneront point de vraie efficacité à une idée faible fortement dite, parce que l'esprit seul va à l'esprit.

LI.

Ce n'est pas une tête forte, mais une raison forte qu'il faut honorer dans les autres et désirer pour soi. Souvent ce qu'on appelle une tête forte n'est qu'une forte déraison.

LII.

L'esprit dur est un marteau qui ne sait que briser. La dureté d'esprit n'est pas quelquefois moins funeste et moins odieuse que la dureté de cœur.

LIII.

On est ferme par principes, et têtu par tempérament. Le têtu est celui dont les organes, quand ils ont une fois pris un pli, n'en peuvent plus ou n'en peuvent de longtemps prendre un autre.

LIV.

La force de cervelle fait les entêtés, et la force d'esprit les caractères fermes.

LV.

Il est des esprits semblables à ces miroirs convexes ou concaves, qui représentent les objets tels qu'ils les reçoivent, mais qui ne les reçoivent jamais tels qu'ils sont.

LVI.

Les esprits ardents ont quelque chose d'un peu fou, et les esprits froids quelque chose d'un peu stupide.

LVII.

Peu d'esprits sont spacieux ; peu même ont une place vide et offrent quelque point vacant. Presque tous ont des capacités étroites et occupées par quelque savoir qui les bouche. Pour jouir de lui-même et en laisser jouir les autres, il faut qu'un esprit se conserve toujours plus grand que ses propres pensées, et, pour cela, qu'il leur donne une forme ployante, aisée à resserrer, à étendre, propre enfin à en maintenir la flexibilité naturelle. Tous ces esprits à vues courtes voient clair dans leurs petites idées, et ne voient rien dans celles d'autrui. Esprits de nuit et de ténèbres, ils sont semblables à ces mauvais yeux qui voient de près ce qui est obscur, et qui, de loin, ne peuvent rien apercevoir de ce qui est clair.

LVIII.

Il y a des esprits fatigués, qui vont l'amble et le traquenard; mais leur allure ne déplaît pas à tous les goûts.

LIX.

On se luxe l'esprit comme le corps.

LX.

Il y a des esprits machines qui digèrent ce qu'ils apprennent comme le canard de Vaucanson digérait les aliments : digestion mécanique et qui ne nourrit pas.

LXI.

L'élévation d'esprit se plaît aux généralités; sa gravité penche vers les applications.

LXII.

Les questions montrent l'étendue de l'esprit, et les réponses sa finesse.

LXIII.

Il est des esprits méditatifs et difficiles, qui sont distraits dans leurs travaux par des perspectives immenses et les lointains du τὸ καλόν, ou du beau céleste, dont ils voudraient mettre partout quelque image ou quelque rayon, parce qu'ils l'ont toujours devant la vue, même alors qu'ils n'ont rien devant les yeux; esprits amis de la lumière, qui, lorsqu'il leur vient une idée à mettre en œuvre, la considèrent longuement et attendent qu'elle reluise, comme le prescrivait Buffon, quand il définissait le génie l'aptitude à la patience; esprits qui ont éprouvé que la plus aride matière, et les mots même les plus ternes renferment en leur sein le principe et l'amorce de quelque éclat, comme ces noisettes des fées, où l'on trouvait des diamants, quand on en brisait l'enveloppe, et qu'on avait des mains heureuses; esprits qui sont persuadés que ce beau dont ils sont épris, le beau élémentaire et pur, est répandu dans tous les points que peut atteindre la pensée, comme le feu dans tous les corps; esprits attentifs et perçants qui voient ce feu dans les cailloux de toute la littérature, et ne peuvent se détacher de ceux qui tombent en leurs mains qu'après avoir cherché longtemps la veine qui le recélait, et l'en avoir fait soudainement jaillir; esprits qui ont aussi leurs systèmes, et qui prétendent, par exemple, que voir en beau et embellir, c'est voir et montrer chaque chose telle qu'elle est réellement dans les recoins de son essence, et non pas telle qu'elle existe aux regards des inattentifs, qui ne considèrent que les surfaces; esprits qui se contentent peu, à cause d'une perspicacité qui leur fait voir trop clairement et les modèles qu'il faut suivre, et ceux que l'on doit éviter; esprits actifs, quoique songeurs, qui ne peuvent se reposer que sur des vérités solides, ni être heureux que par le beau, ou du moins par ces agréments divers, qui en sont des parcelles menues et de légères étincelles; esprits bien moins amoureux de gloire que de perfection, qui paraissent oisifs et qui sont les plus occupés, mais qui, parce que leur art est long et que la vie est toujours courte, si quelque hasard fortuné ne met à leur disposition un sujet où se trouve en surabondance l'élément dont ils ont besoin et l'espace qu'il faut à leurs idées, vivent peu connus sur la terre, et y meurent sans monument, n'ayant obtenu en partage, parmi les esprits excellents, qu'une fécondité interne et qui n'eut que peu de confidents.

TITRE V.

DES PASSIONS ET DES AFFECTIONS DE L'AME.

I.

Les passions humaines se font toujours entendre au cœur humain; elles y retentissent comme dans leur écho.

II.

Il faut purger les passions; toutes peuvent devenir innocentes, si elles sont bien dirigées et modérées. La haine même peut être une affection louable, quand elle n'est causée en nous que par le vif amour du bien. Tout ce qui rend les passions plus pures, les rend plus fortes, plus durables et plus délicieuses.

III.

Nous employons aux passions l'étoffe qui nous a été donnée pour le bonheur.

IV.

Les passions de l'esprit et les ambitions du corps offrent à l'attention deux horribles déplacements.

V.

Les passions ne sont que nature ; c'est le non repentir qui est corruption.

VI.

Le repentir est un effort de la nature qui chasse de notre âme les principes de sa corruption.

VII.

Le remords est le châtiment du crime ; le repentir en est l'expiation. L'un appartient à une conscience tourmentée ; l'autre à une âme changée en mieux.

VIII.

Les hommes trouvent des motifs de défiance dans leur ignorance et dans leurs vices, et des motifs de confiance dans leurs lumières et leurs vertus. La défiance est le partage des aveugles.

IX.

Quand on a trop craint ce qui arrive, on finit par éprouver quelque soulagement, lorsque cela est arrivé.

X.

Toutes les passions cherchent ce qui les nourrit : la peur aime l'idée du danger.

XI.

Le sentiment rend insipide tout ce qui n'est pas lui ; c'est là son inconvénient. C'est aussi le grand inconvénient du plaisir : il dégoûte de la raison.

XII.

Celui qui craint les plaisirs vaut mieux encore que celui qui les hait.

XIII.

Il entre, dans toute espèce de débauche, beaucoup de froideur d'âme ; elle est un abus réfléchi et volontaire du plaisir.

XIV.

La crainte est la grâce de la débauche.

XV.

Rien ne rapetisse l'homme comme les petits plaisirs.

XVI.

Les plaisirs des grands, quand ils sont bruyants et gais, sont, pour les habitants de la campagne, un spectacle qui les réveille, les réjouit, exerce leur esprit, anime leurs conversations, et leur fait trouver plus de joie dans la vie.

XVII.

L'homme qui chante lorsqu'il est seul, et, pour ainsi dire, livré au désœuvrement de la machine, a par cela même dans sa position quelque équilibre, quelque harmonie; toutes ses cordes sont d'accord.

XVIII.

Les aveugles sont gais, parce que leur esprit n'est pas distrait de la représentation des choses qui peuvent leur plaire, et qu'ils ont encore plus d'idées que nous n'avons de spectacles. C'est un dédommagement que le ciel leur accorde.

XIX.

La bonne humeur est féconde en idées riantes, en perspectives, en espérances, en inventions pour le plaisir. Elle est aux plaisirs, dans l'homme, ce que l'imagination est aux beaux-arts. Elle s'y plaît, elle les aime, les multiplie et les crée.

XX.

Tout ce qui occupe des autres, égaie; tout ce qui n'occupe que de soi, attriste. De là cette mélancolie, sentiment de l'homme qui vit enfermé en lui-même.

XXI.

On n'est guère malheureux que par réflexion.

XXII.

La gaieté clarifie l'esprit, surtout la gaieté littéraire. L'ennui l'embrouille; l'extrême tension le fausse; le sublime le rajeunit.

XXIII.

La grâce est dans les vêtements, les mouvements ou les manières; la beauté, dans le nu et dans les formes. Cela est vrai quand il s'agit des corps ; mais s'il s'agit des sentiments, la beauté est dans leur spiritualité, et la grâce dans leur modération.

XXIV.

La modération consiste à être ému comme les anges.

XXV.

La douleur a ses équilibres. La tranquillité de la vie peut quelquefois balancer, comme un contre-poids, la désolation du moment.

XXVI.

Dieu a ordonné au temps de consoler les malheureux.

XXVII.

Il y a, dans la colère et la douleur, une détente qu'il faut savoir saisir et presser.

XXVIII.

La colère dont le siége est dans les nerfs passe plus vite et plus entièrement que celle dont le siége est dans les humeurs. Celle-ci laisse de plus profondes traces ; plus longue, plus intime, elle a pour suite des rancœurs.

XXIX.

Ce sont toujours nos impuissances qui nous irritent.

XXX.

Le bonheur est de sentir son âme bonne; il n'y en a point d'autre, à proprement parler, et celui-là peut exister dans l'affliction même; de là vient qu'il est des douleurs préférables à toutes les joies, et qui leur seraient préférées par tous ceux qui les ont ressenties.

XXXI.

* Il entre dans la composition de tout bonheur l'idée de l'avoir mérité.

XXXII.

Ceux qui aiment toujours n'ont pas le loisir de se plaindre et de se trouver malheureux.

XXXIII.

Il faut non-seulement cultiver ses amis, mais cultiver en soi ses amitiés, les conserver avec soin, les soigner, les arroser, pour ainsi dire.

XXXIV.

Qui ne voit pas en beau, est mauvais peintre, mauvais ami, mauvais amant; il ne peut élever son esprit et son cœur jusqu'à la bonté.

XXXV.

* Il faut servir son estime à ses amis comme un repas où tout abonde, sans taxer ni couper les parts.

XXXVI.

Ceux qui épient d'un œil malin les défauts de leurs amis, les découvrent avec joie. Qui n'est jamais dupe n'est pas ami.

XXXVII.

Quand on aime, c'est le cœur qui juge.

XXXVIII.

* Qui n'a pas les faiblesses de l'amitié, n'en a pas les forces.

XXXIX.

Nous perdons toujours l'amitié de ceux qui perdent notre estime.

XL.

C'est une cruelle situation que celle de ne pouvoir se résoudre à haïr et mépriser l'homme qu'on ne peut aimer ni estimer.

XLI.

La franchise se perd par le silence, par les ménagements, par la discrétion dont les amis usent entre eux.

XLII.

Le temps calme les ivresses, même celle de l'amitié; une longue fidélité a ses dernières admirations.

XLIII.

Un homme qui ne montre aucun défaut est un sot ou un hypocrite dont il faut se méfier. Il est des défauts tellement liés à de belles qualités, qu'ils les annoncent et qu'on fait bien de ne pas s'en corriger.

XLIV.

On n'aime souvent et on ne loue nos belles qualités que parce que nos défauts en tempèrent l'éclat. Souvent même il arrive qu'on nous aime plus pour nos défauts que pour nos qualités.

XLV.

Les défauts qui rendent un homme ridicule ne le rendent guère odieux; de sorte qu'on échappe à l'odieux par le ridicule.

XLVI.

Il faut se faire aimer, car les hommes ne sont justes qu'envers ceux qu'ils aiment.

XLVII.

On ne peut espérer de véritable affection que de ceux qui sont naturellement doux et aimants.

XLVIII.

* N'admets les avides ni parmi tes amis, ni parmi tes disciples, car ils sont incapables de sagesse et de fidélité.

XLIX.

On n'aime fortement, on n'aime sérieusement que ceux qu'on craint, parce que la crainte fixe notre esprit sur leur compte, et qu'on leur sait gré à la fois de tout le bien qu'ils font et de tout le mal qu'ils ne font pas.

D'ailleurs, s'ils ne sont pas méchants, ils subjuguent le cœur lui-même, et l'on n'ose pas les haïr.

L

Les hommes prennent le parti d'aimer ceux qu'ils craignent, afin d'en être protégés.

LI.

La haine entre les deux sexes ne s'éteint guère.

LII.

Le châtiment de ceux qui ont trop aimé les femmes est de les aimer toujours.

LIII.

La tendresse est le repos de la passion.

LIV.

Il y a moins d'indifférence à médire qu'à oublier. L'oubli! comment ce mot est-il si doux!

LV.

Il faut compenser l'absence par le souvenir. La mémoire est le miroir où nous regardons les absents.

LVI.

Les parfums cachés et les amours secrets se trahissent.

LVII.

La bienveillance associe à nos facultés et à nos jouissances les jouissances et les facultés de tous les êtres qu'elle embrasse. L'homme est un être immense, en quelque sorte, qui peut exister partiellement, mais dont l'existence est d'autant plus délicieuse qu'elle est plus entière et plus pleine.

LVIII.

Celui qui a vu souvent une chose, s'associe par instinct, quand il veut la revoir avec plaisir, quelque homme qui ne l'ait pas vue.

LIX.

Quiconque éteint dans l'homme un sentiment de bienveillance, le tue partiellement.

LX.

Tout ce qui multiplie les nœuds qui attachent l'homme à l'homme, le rend meilleur et plus heureux.

LXI.

La multitude des affections élargit le cœur.

LXII.

Il faut tenir ses sentiments près de son cœur. Lorsqu'on accoutume son cœur à aimer les espèces qui n'existent que pour l'esprit, on n'a plus d'attache qu'aux abstractions, et on leur sacrifie aisément les réalités. Quand on aime tant les hommes en masse, il ne reste plus d'affection à leur distribuer en détail; on a dépensé toute sa bienveillance pour l'universalité : les individus se présentent trop tard. Ces affections philosophiques, qu'on ne ressent point sans effort, ruinent et dessèchent notre capacité d'aimer.

LXIII.

Si l'apathie est, comme on le dit, de l'égoïsme en repos, l'activité, qu'on vante tant, pourrait bien être de l'égoïsme en mouvement. Ce serait donc l'égoïsme en action qui se plaindrait de l'égoïsme en repos.

LXIV.

Nul n'est bon, ne peut être utile et ne mérite d'être aimé, s'il n'a quelque chose de céleste, soit dans l'intelligence par des pensées, soit dans la volonté par des affections qui sont dirigées vers le ciel.

LXV.

C'est un bonheur, une grande fortune d'être né bon.

LXVI.

Une partie de la bonté consiste peut-être à estimer et à aimer les gens plus qu'ils ne le méritent; mais alors une partie de la prudence est de croire que les gens ne valent pas toujours ce qu'on les prise.

LVII.

Sans bonté, la puissance meurtrit le bien, quand elle y touche, et la compassion arrose et fomente le mal.

LXVIII.

Il y a, dans la plupart des sentiments honnêtes, quelque chose de meilleur et de plus puissant que le calcul et la raison : l'instinct et la nécessité.

LXIX.

On n'est bon que par la pitié. Il faut donc qu'il y ait quelque pitié dans tous nos sentiments, même dans notre indignation, dans nos haines pour les méchants. Mais faut-il qu'il y en ait aussi dans notre amour pour Dieu? Oui, de la pitié pour nous, comme il y en a toujours dans la reconnaissance. Ainsi tous nos sentiments sont empreints de quelque pitié pour nous ou pour les autres. L'amour que nous portent les anges n'est lui-même qu'une pitié continuelle, une éternelle compassion. Chacun est compatissant aux maux qu'il craint.

LXX.

Si l'on n'y prend garde, on est porté à condamner les malheureux.

LXXI.

Il faut encore plus exercer les hommes à plaindre le malheur qu'à le souffrir.

LXXII.

N'ayez pas l'esprit plus difficile que le goût, et le jugement plus sévère que la conscience.

LXXIII.

Le cœur doit marcher avant l'esprit, et l'indulgence avant la vérité.

LXXIV.

*Soyez doux et indulgent à tous; ne le soyez pas à vous-même.

LXXV.

Les bons mouvements ne sont rien, s'ils ne deviennent de bonnes actions.

LXXVI.

Les bonnes actions qu'on n'a jamais faites sont, pour la volonté, une découverte, un progrès.

LXXVII.

Recevoir les bienfaits de quelqu'un est une manière plus sûre de se l'attacher, que de l'obliger lui-même. Souvent la vue d'un bienfaiteur importune; celle d'un homme à qui l'on fait du bien, est toujours agréable : on aime en lui son ouvrage.

LXXVIII.

Vouloir se passer de tous les hommes et n'être l'obligé de personne, est le signe certain d'une âme dépourvue de sensibilité.

LXXIX.

Tout homme doit être auteur, sinon de bons ouvrages, au moins de bonnes œuvres. Il ne suffit pas d'avoir son talent en manuscrits, et sa noblesse en parchemins.

LXXX.

On aime à faire soi-même ses bonnes actions.

LXXXI.

Il faut faire du bien, lorsqu'on le peut, et faire plaisir à toute heure, car à toute heure on le peut.

LXXXII.

Êtes-vous pauvre? signalez-vous par des vertus; êtes-vous riche? signalez-vous par des bienfaits.

LXXXIII.

Le plaisir de donner est nécessaire au vrai bonheur; mais le plus pauvre peut l'avoir.

LXXXIV.

Usez d'épargne, mais non pas aux dépens

de toute libéralité. Ayez l'âme d'un roi et les mains d'un sage économe.

LXXXV.

Notre crédit est un de nos biens, et nous devons en assister les malheureux.

LXXXVI.

Quand tu donnes, donne avec joie et en souriant.

LXXXVII.

Il est permis d'être content de soi par conscience, non par réflexion.

LXXXVIII.

Ayons le cœur haut et l'esprit modeste.

LXXXIX.

La vanité qui consiste dans le désir de plaire ou de se rendre agréable aux autres, est une demi-vertu; car c'est évidemment une demi-humilité et une demi-charité.

XC.

Il y a, dans les hauteurs de l'âme, une région où l'encens qui s'exhale de la louange peut parvenir, mais où l'orgueil ne peut atteindre.

XCI.

Une vanité innocente et qui se repaît de légères fumées, peut être un défaut délicat et convenable à notre nature, surtout à celle du poëte; mais l'orgueil est ennemi de la bonté.

XCII.

La vanité n'entend raison que lorsqu'elle est contente.

XCIII.

Il est bon d'ouvrir la veine à la vanité, de peur que l'homme ne la garde en soi trop entière, et n'en devienne surmené. Il lui faut des écoulements, pour ainsi dire, journaliers.

XCIV.

L'amour-propre satisfait est toujours tendre. L'orgueil lui-même a ses tendresses.

XCV.

Les caractères fiers aiment ceux qu'ils servent.

XCVI.

Les orgueilleux me semblent avoir, comme les nains, la taille d'un enfant et la contenance d'un homme.

XCVII.

L'ambition est impitoyable : tout mérite qui ne la sert pas, est méprisable à ses yeux.

XCVIII.

Les valets mentent souvent par respect et par crainte seulement.

XCIX.

L'admiration est un soulagement pour l'attention, un terme qu'elle se prescrit pour son plaisir et son repos.

C.

Il est un besoin d'admirer ordinaire à certaines femmes dans les siècles lettrés, et qui est une altération du besoin d'aimer.

CI.

Il est une admiration qui est fille du savoir.

CII.

On donne une idée de la divinité par l'adoration, de la puissance par la soumission, et du mérite par le respect.

CIII.

Le respect se rend à l'empire qu'on a sur soi-même ou qu'on exerce sur les autres. C'est un sentiment commandé et prélevé comme un tribut.

CIV.

Il faut tâcher, autant qu'on peut, de ne mépriser personne.

CV.

Tout vieillit, même l'estime, si l'on n'y prend garde.

CVI.

Le respect est meilleur encore à éprouver qu'à inspirer, car le respectueux est toujours estimable. Ce sentiment a pour principe une opinion d'excellence qui ne peut se former dans ceux où rien n'est excellent.

CVII.

Nous respectons malgré nous ceux que nous voyons respectés.

CVIII.

Il serait difficile de vivre méprisé et vertueux : nous avons besoin de support.

CIX.

Sans le respect, le mérite ne produit point l'illusion qui en fait le charme. On éprouve pour ceux qui l'inspirent une espèce d'affection tendre, dont le bonheur serait perdu, si l'on n'avait pour eux qu'une estime mesurée à la grandeur de leur mérite.

CX.

Par la chasteté, l'âme respire un air pur dans les lieux les plus corrompus; par la continence, elle est forte, en quelque état que soit le corps; elle est royale par son empire sur les sens; elle est belle par sa lumière et par sa paix.

CXI.

Dieu! que la chasteté produit d'admirables

amours! et de quels ravissements nous privent nos intempérances!

CXII.

Il suffit de la raison pour être modéré ; mais la piété seule peut rendre chaste.

CXIII.

On a dit que la chasteté était la mère des vertus. Elle enchaîne, en effet, la plus chère et la plus impérieuse de nos passions. L'âme qu'elle habite acquiert, par elle, une énergie qui lui fait surmonter facilement les obstacles qu'elle rencontre dans la route du devoir. Quand la chasteté est perdue, l'âme est molle et lâche : elle n'a plus que les vertus qui ne lui coûtent rien.

CXIV.

Le nombre est le père de l'impudence; l'unité en est l'ennemie.

CXV.

La pudeur a inventé les ornements.

CXVI.

Il faut que les regards soient respectueux.

CXVII.

« Dieu punira », disent les Orientaux, « ce-
« lui qui voit et celui qui est vu. » Belle et effrayante recommandation de la pudeur!

CXVIII.

Les beaux sentiments embellissent. Voyez,
par exemple, l'expression et l'admirable disposition que donnent au visage humain, la pudeur, le respect, la piété, la compassion et
l'innocence.

CXIX.

Des yeux levés au ciel sont toujours beaux,
quels qu'ils soient.

CXX.

Il y a une certaine pudeur à garder dans la
misère. Elle a, pour principe, cette répugnance
louable et naturelle à tous les hommes bien nés,
d'exposer aux yeux d'autrui des objets désa-
gréables et dégoûtants. Il faut bien se garder de
porter atteinte à ce sentiment honnête, dans
les autres ou dans soi-même. Il est des hommes dont les bienfaits violent l'infortune;
d'autres dont les plaintes ou la contenance

prostituent, en quelque sorte, leur malheur aux passants. Le pauvre doit avoir la modestie des jeunes vierges, qui ne parlent de leur sexe et de leurs infirmités qu'avec retenue, en secret et par nécessité.

CXXI.

Une femme doit avoir de la pudeur, non-seulement pour elle-même, mais pour tout son sexe, c'est-à-dire qu'elle doit être jalouse que toutes les femmes en gardent les lois, car ce qui blesse la modestie de l'une blesse la modestie de toutes. Celle qui se met nue aux yeux des hommes déshabille en quelque sorte toutes les femmes honnêtes; en se montrant sans voiles, elle montre sans voiles toutes les autres.

CXXII.

Une toile d'araignée, faite de soie et de lumière, ne serait pas plus difficile à exécuter que cet ouvrage : *Qu'est-ce que la pudeur?*

TITRE VI.

QU'EST-CE QUE LA PUDEUR ?

J'ai à peindre un objet charmant, mais qui se refuse sans cesse à la couleur de tous les styles, et souffre peu d'être nommé. Je l'envisage ici de haut, et on le saisit avec peine, même quand on le considère dans soi-même ou auprès de soi. Mon entreprise est donc pénible ; elle est impossible peut-être. Je demande au moins qu'on me suive avec persévérance dans le dédale et les détours où mon chemin m'a engagé. Je désire qu'on m'abandonne à la pente qui me conduit. Enfin, je réclame pour moi ce que j'ai moi-même donné à mon sujet et à mon style, une espérance patiente et une longue attention.

La pudeur est on ne sait quelle peur attachée à notre sensibilité, qui fait que l'âme, comme la fleur qui est son image, se replie et se recèle en elle-même, tant qu'elle est délicate et tendre, à la moindre apparence de ce qui pourrait la blesser par des impressions trop vives ou des clartés prématurées. De là cette confusion qui, s'élevant à la présence du désordre, trouble et mêle nos pensées, et les rend comme insaisissables à ses atteintes. De là ce tact mis en avant de toutes nos perceptions, cet instinct qui s'oppose à tout ce qui n'est pas permis, cette immobile fuite, cet aveugle discernement, et cet indicateur muet de ce qui doit être évité ou ne doit pas être connu. De là cette timidité qui rend circonspects tous nos sens, et qui préserve la jeunesse de hasarder son innocence, de sortir de son ignorance, et d'interrompre son bonheur. De là ces effarouchements par lesquels l'inexpérience aspire à demeurer intacte, et fuit ce qui peut trop nous plaire, craignant ce qui peut la blesser.

La pudeur abaisse notre paupière entre nos yeux et les objets, et place un voile plus utile, une gaze plus merveilleuse entre notre esprit et nos yeux. Elle est sensible à notre œil même par un lointain inétendu et un magique enfoncement, qu'elle prête à toutes nos formes, à notre voix, à notre air, à nos mouvements, et qui leur donnent tant de grâce. Car, on peut le voir aisément : ce qu'est leur cristal aux fontaines, ce qu'est un verre à nos pastels, et leur vapeur aux paysages, la pudeur l'est à la beauté et à nos moindres agréments.

Quelle importance a la pudeur? Pourquoi nous fut-elle donnée? De quoi sert-elle à l'âme humaine? Quelle est sa destination, et quelle est sa nécessité? Je vais tâcher de l'expliquer.

Quand la nature extérieure veut créer quelque être apparent, tant qu'il est peu solide encore, elle use de précautions. Elle le loge entre des tissus faits de toutes les matières, par un mécanisme inconnu, et lui compose un tel abri, que l'influence seule de la vie et du mouvement peut, sans effort, y pénétrer. Elle met le germe en repos, en solitude, en sûreté, le parachève avec lenteur, et le fait tout à coup éclore. Ainsi s'est formé l'univers; ainsi se forment en nous toutes nos belles qualités.

Quand la nature intérieure veut créer notre être moral, et faire éclore en notre sein quelque rare perfection, d'abord elle en produit les germes, et les dépose au centre de notre existence, loin des agitations qui se font à notre surface. Elle nous fait vivre à l'ombre d'un ornement mystérieux, tant que nous sommes trop sensibles et ne sommes pas achevés, afin que les développements qu'elle prépare à cette époque puissent se faire en sûreté dans nos capacités modestes, et n'y soient pas interrompus par les impressions trop nues des passions dures et fortes qui s'exhalent des autres êtres, et qui émanent de tous les corps.

Comme les molécules qui causent nos sensations, si elles entraient, sans retardement, dans cet asile ouvert à toutes les invasions, détruiraient ce qu'il contient de plus tendre, en livrant notre âme à l'action de la matière, la nature leur oppose un rempart. Elle environne d'un réseau inadhérent et circulaire, transparent et inaperçu, cette alcôve aimante et vivante, où, plongé dans un demi-sommeil, le caractère en son germe reçoit tous ses accroissements. Elle n'y laisse pénétrer qu'un demi-jour, qu'un demi-bruit, et que l'essence pure de toutes les affections. Elle oppose une retenue à toutes nos sensations, et nous arme d'un mécanisme suprême qui, aux téguments palpables destinés à protéger, contre la douleur, notre existence extérieure, en surajoute un invisible, propre à défendre du plaisir nos sensibilités naissantes. A cette époque de la vie, enfin, la nature nous donne une enveloppe : cette enveloppe est la pudeur.

On peut, en effet, se la peindre en imaginant un contour où notre existence en sa fleur est de toutes parts isolée, et reçoit les influences terrestres à travers des empêchements qui les dépouillent de leur lie, ou en absorbent les excès. Elle arrête à notre surface les inutiles sédiments des impressions qui arrivent du dehors, et, n'admettant entre ses nœuds que leur partie élémentaire, dégagée de toute superfluité, elle fait sans effort contracter à l'âme la sagesse, et à la volonté l'habitude de n'obéir qu'à des mobiles spirituels comme elle. Elle assure à nos facultés le temps et la facilité de se déployer, hors d'atteinte et sans irrégularité, en un centre circonscrit, où la pureté les nourrit et la candeur les environne, comme un fluide transparent. Elle tient nos cœurs en repos et nos sens hors de tumulte, dans ses invisibles liens, incapable de nous contraindre dans notre développement, mais capable de nous défendre, en amortissant tous les chocs, et en opposant sa barrière à nos propres excursions, lorsque trop d'agitation pourrait nous nuire ou nous détruire. Elle établit, entre nos sens et toutes leurs relations, une telle médiation et de tels intermédiaires, que, par elle, il ne peut entrer, dans l'enceinte où l'âme réside, que des images ménagées, des émotions mesurées et des sentiments approuvés.

Est-il besoin maintenant de parler de sa nécessité? Ce qu'est aux petits des oiseaux le blanc de l'œuf et cette toile où leur essence est contenue; ce qu'est au pépin sa capsule; ce qu'est à la fleur son calice, et ce que le ciel est au monde, la pudeur l'est à nos vertus. Sans cet abri préservateur, elles ne pourraient pas éclore; l'asile en serait violé, le germe mis à nu et la couvée perdue.

Appliquons cette idée aux faits, et le système aux phénomènes. Nous avons tous de la pudeur, mais non une pudeur pareille. Cette toile immatérielle a des contextures diverses. Elle nous est donnée à tous, mais ne nous est pas départie avec une égale largesse, ni avec la même faveur. Quelques-uns ont une pudeur peu subtilement ourdie; d'autres n'en ont qu'un lambeau. Ceux qui portent en eux les germes de toutes les perfections, ont seuls une pudeur parfaite, seuls une pudeur entière, et dont les innombrables fils se rattachent à tous les points où aboutit leur existence. C'est celle-là que je décris.

Nous ne la gardons pas toujours. Elle est semblable à la beauté : d'affreux accidents nous l'enlèvent, et d'elle-même, sans efforts, elle diminue et s'efface, lorsqu'elle serait inutile et que le but en est atteint. La pudeur, en effet, subsiste aussi longtemps qu'il est en nous quelque particule inconnue, qui n'a pas pris sa substance et toute sa solidité, et jusqu'à ce que nos organes aient été rendus susceptibles d'adopter et de retenir des impressions éternelles. Mais quand les molles semences de nos solides qualités ont pris tout leur développement; quand nos bienveillances premières, comme un lait qui se coagule, ont produit en nous la bonté, ou que notre bonté naturelle est devenue inaltérable; quand, nourri de notions chastes, notre esprit s'est développé, et peut garder cet équilibre que nous appelons la raison, ou que notre raison est formée; quand nos rectitudes morales ont insensiblement acquis cette indestructibilité qu'on nomme le caractère, ou que le caractère en son germe a reçu tous ses accroissements; enfin, quand le secret principe d'aucune dépravation ne pouvant plus s'introduire en nous que par notre volonté, et nous blesser qu'à notre su, notre défense est en nous-mêmes : alors l'homme est achevé, le voile tombe et le réseau se désourdit.

Même alors, cependant, la pudeur imprime en nous ses vestiges et nous laisse son égide. Nous en perdons le mécanisme, mais nous en gardons la vertu. Il nous reste une dernière ombre du réseau : je veux dire cette rougeur qui nous parcourt et nous revêt, comme pour effacer la tache que veut nous imprimer l'affront, ou pour s'opposer au plaisir excessif et inattendu que peut nous causer la louange.

Elle nous lègue encore de plus précieux fruits : un goût pur dont rien n'émoussa les premières délicatesses; une imagination claire dont rien n'altéra le poli; un esprit agile et bien fait, prompt à s'élever au sublime ; une flexibilité longue que n'a desséchée aucun pli ; l'amour des plaisirs innocents, les seuls qu'on ait longtemps connus ; la facilité d'être heureux, par l'habitude où l'on vécut de trouver son bonheur en soi ; je ne sais quoi de comparable à ce velouté des fleurs qui furent longtemps contenues entre des freins inextricables, où nul souffle ne put entrer : un charme qu'on porte en son âme et qu'elle applique à toutes choses, en sorte qu'elle aime sans cesse, qu'elle a la faculté d'aimer toujours ; une éternelle honnêteté ; car il faut ici l'avouer, comme il faut l'oublier peut-être : aucun plaisir ne souille l'âme, quand il a passé par des sens où s'est déposée à loisir et lentement incorporée cette incorruptibilité ; enfin, une telle habitude du contentement de soi-même, qu'on ne saurait plus s'en passer, et qu'il faut vivre irréprochable pour pouvoir vivre satisfait.

TITRE VII.

DES DIFFÉRENTS AGES,
DE LA VIE, DE LA MALADIE ET DE LA MORT.

I.

Rien ne coûte tant aux enfants que la réflexion. C'est que la dernière et essentielle destination de l'âme est de voir, de connaître, et non de réfléchir. Réfléchir est un des travaux de la vie, un moyen d'arriver, un chemin, un passage, et non pas un centre. Connaître et être connu, voilà les deux points de repos ; tel sera le bonheur des âmes.

II.

L'enfant prononce les mots avec la mémoire, longtemps avant de les prononcer avec la langue.

III.

* Les enfants tourmentent et persécutent tout ce qu'ils aiment.

IV.

Quand les enfants jouent, ils font tous les mouvements nécessaires pour se persuader que leurs fictions sont des réalités. Les joujoux sont des images qui mettent les objets extérieurs à leur portée, en les proportionnant avec leur âge, leur stature et leurs forces.

V.

* L'accord des mouvements avec les sons charme les enfants.

VI.

Pendant notre jeunesse, il y a souvent en nous quelque chose de meilleur que nous-mêmes, je veux dire que nos désirs, nos plaisirs, nos consentements, nos approbations. Notre âme alors est bonne, quoique notre intelligence et notre volonté ne le soient pas.

VII.

Un seul âge est propre à recevoir les semences de la religion. Elles ne germent pas sur un sol qu'ont ravagé les passions, ou qu'elles ont desséché et durci.

VIII.

Tout enfant impie est un enfant méchant ou débauché.

IX.

Par l'association des idées, le bonheur du premier âge en fait aimer tous les événements, les mets dont on fut nourri, les chants qu'on entendit, l'éducation que l'on reçut, et les peines mêmes qu'elle causa.

X.

Les plus jeunes ne sont pas dans le devoir, quand ils n'ont pas de déférence pour les plus âgés, ni les plus âgés, quand ils n'exigent rien des plus jeunes.

XI.

N'estimez que le jeune homme que les vieillards trouvent poli.

XII.

La sagesse philosophique des jeunes gens est toujours folle par quelque point. Comment, dans les troubles de l'âge, garderait-on l'équilibre de la raison? Comment aurait-on une raison droite, quand le cœur a tant de penchants, et le sang tant de turbulence et de fougue?

XIII.

Adressez-vous aux jeunes gens : ils savent tout!

XIV.

L'âge mûr est capable de tous les plaisirs du jeune âge dans sa fleur, et la vieillesse, de tous les plaisirs de l'enfance.

XV.

Il est un âge où les forces de notre corps se déplacent et se retirent dans notre esprit.

XVI.

La première et la dernière partie de la vie humaine sont ce qu'elle a de meilleur, ou du moins de plus respectable; l'une est l'âge de l'innocence, l'autre l'âge de la raison.

XVII.

Les passions des jeunes gens sont des vices dans la vieillesse.

XVIII.

Un jeune homme méfiant court le danger d'être fourbe un jour.

XIX.

Pour bien faire, il faut oublier qu'on est vieux, quand on est vieux, et ne pas trop sentir qu'on est jeune, quand on est jeune.

XX.

Il n'y a de bon, dans l'homme, que ses jeunes sentiments et ses vieilles pensées.

XXI.

La jeunesse aime toutes les sortes d'imitations; mais l'âge mûr les veut choisies, et la vieillesse n'en veut plus que de belles.

XXII.

Deux âges de la vie ne doivent pas avoir de sexe; l'enfant et le vieillard doivent être modestes comme des femmes.

XXIII.

La vieillesse aime le peu, et la jeunesse aime le trop.

XXIV.

Les quatre amours correspondant aux quatre âges de la vie humaine bien ordonnée, sont l'amour de tout, l'amour des femmes, l'amour de l'ordre, et l'amour de Dieu. Il est cependant des âmes privilégiées qui, s'adonnant, dès la jeunesse et presque dès l'enfance, à l'amour de l'ordre et à l'amour de Dieu, s'interdisent l'amour des femmes, et passent une longue vie à n'aimer rien que d'innocent.

XXV.

Le soir de la vie apporte avec soi sa lampe.

XXVI.

Les vertus religieuses ne font qu'augmenter avec l'âge; elles s'enrichissent de la ruine des passions et de la perte des plaisirs Les vertus purement humaines, au contraire, en diminuent et s'en appauvrissent.

XXVII.

Chaque année il se fait en nous un nœud, comme dans les arbres; quelque branche d'intelligence se développe, ou se couronne et se durcit.

XXVIII.

L'oisif studieux sait qu'il vieillit, mais le sent peu ; il est toujours également propre à ses études.

XXIX.

La lenteur de l'âge rend facile la patience dans le travail.

XXX.

Avec l'âge, il se fait comme une exfoliation dans la partie morale et intellectuelle du cerveau; l'esprit se décrépit; les notions et les opinions se détachent, comme par couches, de la substance médullaire; et les premières impressions, qui y sont plus intimement unies, revivent et reparaissent, à mesure que les autres s'en séparent et les y laissent à découvert.

XXXI.

On peut avancer longtemps dans la vie sans y vieillir. Le progrès, dans l'âge mûr, consiste à revenir sur ses pas, et à voir où l'on fut trompé. Le désabusement, dans la vieillesse, est une grande découverte.

XXXII.

Ce surcroît de vie que nous appelons la vieillesse, aurait toujours beaucoup de prix, quand même il ne nous serait donné que pour nous repentir et devenir meilleurs, sinon plus habiles.

XXXIII.

La vieillesse est le temps où la chrysalide entre dans l'assoupissement.

XXXIV.

L'âge a ses glaçons ; ils se sentent sur les genoux, sur les coudes, sur tous nos nœuds ; ils vont au cœur, mais ils n'y arrivent qu'à la fin.

XXXV.

La vieillesse n'ôte à l'homme d'esprit que des qualités inutiles à la sagesse.

XXXVI.

Il semble que, pour certaines productions de l'esprit, l'hiver du corps soit l'automne de l'âme.

XXXVII.

Tant qu'il conserve sa raison, il reste à

l'homme assez de feu, d'esprit et de mémoire pour converser avec le ciel et avec les âmes simples et bonnes : cela suffit ; tout le reste est un superflu qui ne sert que pour les affaires, pour les plaisirs et pour les honneurs. Or, quelles affaires a-t-on, de quels honneurs, de quels plaisirs a-t-on besoin, quand on n'a rien de nécessaire à demander à la fortune, quand on est sage et qu'on est vieux?

XXXVIII.

La vieillesse, voisine de l'éternité, est une espèce de sacerdoce, et, quand elle est sans passions, elle nous consacre. Elle semble donc autorisée à opiner sur la religion, mais avec défiance, avec crainte. Si l'on n'a plus alors de passions, on en a eu, et l'on en conserve les habitudes ; si l'on est voisin de Dieu, on a gardé les impressions de la terre ; enfin, on s'est longtemps trompé, et il faut craindre de se tromper encore, et surtout de tromper les autres.

XXXIX.

Le résidu de la sagesse humaine, épuré par la vieillesse, est peut-être ce que nous avons de meilleur.

XL.

Une belle vieillesse est, pour tous les hommes qui la voient, une belle promesse, car chacun peut en concevoir l'espérance pour soi ou pour les siens. C'est la perspective d'un âge où l'on se flatte d'arriver; on aime à voir que cet âge a de la beauté.

XLI.

Les vieillards sont la majesté du peuple.

XLII.

Les vieillards robustes ont seuls la dignité de la vieillesse, et il ne sied qu'à eux de parler de leur âge. La vieillesse est en eux dans sa beauté; on l'y aime. Les délicats doivent faire oublier la leur, et l'oublier eux-mêmes; il ne leur est permis de parler que de leur débilité.

XLIII.

Ceux qui ont une longue vieillesse sont comme purifiés du corps.

XLIV.

* Il est un âge où l'on ne voit dans le visage

que la physionomie, dans la stature que le support de la tête, dans le corps enfin que le domicile de l'âme.

XLV.

Il n'y a de belle vieillesse que celle qui est patriarcale ou sacerdotale, et de vieillesse aimable, que celle du lévite ou du courtisan.

XLVI.

La politesse aplanit les rides.

XLVII.

Il ne convient au vieillard de parler longtemps que devant un petit nombre, à savoir, devant ceux qui doivent parler devant les autres.

XLVIII.

Craignons une vieillesse sourcilleuse.

XLIX.

*Il n'est pas vrai que la vieillesse soit nécessairement dépourvue de grâce. Elle peut en avoir dans les regards, dans le langage, dans le sourire. L'harmonie d'action et l'espèce de franchise tempérée qui produisent la grâce peuvent se rencontrer à tout âge entre notre esprit et nos paroles, entre notre âme et nos manières.

L.

Il y a, dans les vêtements propres et frais, une sorte de jeunesse dont la vieillesse doit s'entourer.

LI.

La vieillesse est amie de l'ordre, par cela même qu'elle est amie du repos. Elle aime l'arrangement autour d'elle, comme un moyen de commodité, comme épargnant la peine, et facilitant les souvenirs.

LII.

La vieillesse devait être plus honorée dans des temps où chacun ne pouvait guère savoir que ce qu'il avait vu.

LIII.

Il faut réjouir les vieillards.

LIV.

*Vous avez peut-être raison de penser ainsi, mais vous n'avez pas raison de soutenir votre opinion contre un vieillard.

LV.

L'amitié qu'on a pour un vieillard a un caractère particulier : on l'aime comme une chose passagère; c'est un fruit mûr qu'on s'attend à voir tomber. Il en est à peu près de même du valétudinaire ; on lui appliquerait volontiers le mot d'Epictète : « J'ai vu casser ce qui était fragile. »

LVI.

Chose effrayante, et qui peut être vraie : les vieillards aiment à survivre.

LVII.

Avec des sens qui sont éteints, et des forces qui diminuent, on tient plus à la vie à venir qu'à la vie présente, et l'on est malheureux si, ne pouvant plus vivre de celle-ci, on ne veut pas non plus vivre de l'autre. En cherchant à retenir des biens qui fuient, avec des mains impuissantes à les saisir, on s'éloigne, on se détourne des biens qui viennent et semblent d'eux-mêmes se donner à nous, tant ils conviennent à nos faiblesses et s'assortissent avec elles, par le peu de force et de vie qu'il faut pour les goûter. A cette époque, la mémoire n'a plus aucun ressort, et, par un bienfait signalé, la crédulité est extrême. Au lieu donc de chercher à ranimer ses souvenirs, il ne faudrait songer qu'à fortifier ses espérances, à les nourrir, à s'y plonger; car c'est à cela seulement que nous sommes demeurés propres. Or, les espérances, à cet âge, ne peuvent plus avoir pour objet que les choses d'une autre vie.

LVIII.

Il n'y a d'heureux par la vieillesse que le vieux prêtre et ceux qui lui ressemblent.

LIX.

Le temps et la santé, quand ils changent, changent notre tâche et nos obligations. Tout âge est près de sa fin; il a un avenir toujours proche, et dont il nous importe à tous de nous occuper également, avenir que la jeunesse a sous ses pieds, comme la vieillesse le voit devant ses yeux. Faut-il donc agir, à la fin de la vie, comme au milieu ou au commencement? Notre action, à cette époque, ne doit-elle pas être dirigée autrement que dans d'autres temps? Doit-on agir alors pour ce qui fuit, ou pour ce qui s'approche? Quant à moi, je crois qu'il faut planter et non bâtir, quoi qu'en aient dit les jeunes hommes.

LX.

La vie est un pays que les vieillards ont vu et habité. Ceux qui doivent le parcourir ne peuvent s'adresser qu'à eux, pour en demander les routes.

LXI.

Il faut recevoir le passé avec respect, et le présent avec défiance, si l'on veut pourvoir à la sûreté de l'avenir.

LXII.

Notre vie est du vent tissu.

LXIII.

Que de gens boivent, mangent et se marient; achètent, vendent et bâtissent; font des contrats et soignent leur fortune; ont des amis et des ennemis, des plaisirs et des peines; naissent, croissent, vivent et meurent, mais endormis!

LXIV.

Il ne suffit pas de suivre le grand chemin de la vie humaine, de naître, de se marier et de mourir. Il faut, tandis qu'on croît, vivre soumis à la volonté de ses parents. Il faut, plus tard, fonder, gouverner et pourvoir, pour le présent et pour l'avenir, sa maison, sa famille et sa société, en inculquant dans tout ce qui nous touche des principes solides de probité et de vertu, en assujettissant assidûment à la règle et soi-même et les siens, en approvisionnant sa maison des biens nécessaires, sa famille de bons exemples, et ses amis de bons souvenirs. Enfin il faut mourir en espérant une meilleure vie.

LXV.

Un peu de vanité et un peu de volupté, voilà de quoi se compose la vie de la plupart des femmes et des hommes.

LXVI.

La vie entière est employée à s'occuper des autres : nous en passons une moitié à les aimer, l'autre moitié à en médire.

LXVII.

On a besoin pour vivre de peu de vie; il en faut beaucoup pour agir.

LXVIII.

Nous sommes prêtres de Vesta : notre vie

est le feu sacré que nous avons mission d'entretenir, jusqu'à ce que Dieu lui-même l'éteigne en nous.

LXIX.

*Il est des âmes limpides et pures où la vie est comme un rayon qui se joue dans une goutte de rosée.

LXX.

Chacun est sa parque à lui-même, et se file son avenir.

LXXI.

Il faut traiter notre vie comme nous traitons nos écrits : mettre en accord, en harmonie, le commencement, le milieu et la fin. Nous avons besoin, pour cela, d'y faire beaucoup d'effaçures.

LXXII.

Songe au passé quand tu consultes, au présent quand tu jouis, à l'avenir dans tout ce que tu fais.

LXXIII.

Les dettes abrégent la vie.

LXXIV.

N'aimer plus que les belles femmes, et supporter les méchants livres : signes de décadence.

LXXV.

Il faut accepter de bonne grâce les difformités que le ciel envoie ou que le temps amène.

LXXVI.

Le meilleur des expédients, pour s'épargner beaucoup de peine dans la vie, c'est de penser très-peu à son intérêt propre.

LXXVII.

On est heureux quand on sort de la santé pour entrer dans la sagesse.

LXXVIII.

Qui n'a pas l'esprit de son âge,
De son âge a tout le malheur,

dit Voltaire ; et non-seulement il faut avoir l'esprit de son âge, mais aussi l'esprit de sa fortune et de sa santé.

LXXIX.

Les valétudinaires n'ont pas, comme les autres hommes, une vieillesse qui accable leur esprit par la ruine subite de toutes leurs forces. Ils gardent jusqu'à la fin les mêmes langueurs; mais ils gardent aussi le même feu et la même vivacité. Accoutumés à se passer de corps, ils conservent, pour la plupart, un esprit sain dans un corps malade. Le temps les change peu; il ne nuit qu'à leur durée.

LXXX.

Des forces toujours en travail, une activité sans repos, du mouvement sans intervalles, des agitations sans calme, des passions sans mélancolie, des plaisirs sans tranquillité! c'est bannir le sommeil de la vie, marcher sans jamais s'asseoir, vieillir debout, et mourir sans avoir dormi.

LXXXI.

Vivre médicinalement, ce n'est pas toujours vivre malheureux, quoi qu'en dise le proverbe, si, pendant ce temps, on vit en soi, ou avec soi. Vivre en soi, c'est n'avoir de mouvement que ceux qui nous viennent de nous, ou de notre consentement; et vivre avec soi, c'est ne rien éprouver qui ne nous soit connu; c'est être le témoin, le confident, l'arbitre de tout ce qu'on fait, de tout ce qu'on dit et de tout ce qu'on pense; c'est se servir de compagnon, d'ami et de régulateur; c'est à la fois mener et contempler la vie.

LXXXII.

L'air d'innocence qu'on remarque sur le visage des convalescents, vient de ce que les passions se sont reposées et n'ont pas encore repris leur empire.

LXXXIII.

Naître obscur et mourir illustre, ce sont les deux termes de l'humaine félicité.

LXXXIV.

Il faut mourir aimable, si on le peut.

LXXXV.

La patience et le mal, le courage et la mort, la résignation et la nécessité arrivent ordinairement ensemble. L'indifférence pour la vie naît avec l'impossibilité de la conserver.

LXXXVI.

Cette vie n'est que le berceau de l'autre. Qu'importent donc la maladie, le temps, la vieillesse, la mort, degrés divers d'une métamorphose qui n'a sans doute ici-bas que ses commencements?

LXXXVII.

Lorsque la mort s'approche, la pensée se joue encore du cerveau, comme une vapeur légère prête à se dissoudre. Elle ne s'y fait plus qu'en tournoyant, semblable à la bulle de savon qui va se résoudre en goutte d'eau.

LXXXVIII.

La poésie à laquelle Socrate disait que les dieux l'avaient averti de s'appliquer, avant de mourir, c'est la poésie de Platon, et non pas celle d'Homère, la poésie immatérielle et céleste, dont l'âme est ravie, et qui tient les sens assoupis. Elle doit être cultivée dans la captivité, dans les infirmités, dans la vieillesse. C'est celle-là qui est les délices des mourants.

LXXXIX.

Quand on a trouvé ce qu'on cherchait, on n'a pas le temps de le dire ; il faut mourir !

TITRE VIII.

DE LA FAMILLE ET DE LA MAISON,
DE LA SOCIÉTÉ, DE LA CONVERSATION, DE LA POLITESSE
ET DES MANIÈRES.

I.

Il faut donner la souveraineté domestique aux pères sur les enfants, aux maîtres sur les apprentis, et aux vieillards sur la jeunesse.

II.

Dans un état bien ordonné, les rois commandent à des rois, c'est-à-dire à des pères de famille, maîtres chez eux, et qui gouvernent leur maison. Que si quelqu'un gouverne mal la sienne, c'est un grand mal sans doute, mais beaucoup moindre que s'il ne la gouvernait point.

III.

Gouverner sa maison, c'est être vraiment

citoyen, c'est véritablement prendre part au gouvernement général de la cité, en exercer les plus beaux droits, et en rendre la marche plus facile. Chaque chef de famille devrait être pontife et roi dans sa maison.

IV.

Peu d'hommes sont dignes d'être chefs de famille, et peu de familles sont capables d'avoir un chef.

V.

Tout ce que le père de famille dit aux siens doit inspirer l'amour ou la crainte.

VI.

La sévérité rend les parents plus tendres. On aime ceux dont on est craint d'une crainte respectueuse.

VII.

Il est une classe de la société où les enfants pieux ne savent pas que leurs parents sont mortels. Ils n'ont jamais osé y penser.

VIII.

Les malédictions des pères abrégent la vie; celles des mères donnent la mort.

IX.

Il faut ne choisir pour épouse que la femme qu'on choisirait pour ami, si elle était homme.

X.

Rien ne fait autant d'honneur à une femme que sa patience, et rien ne lui en fait aussi peu que la patience de son mari.

XI.

Le triomphe des femmes n'est pas de lasser et de vaincre leurs persécuteurs, mais de les amollir et de faire tomber leurs armes.

XII.

De l'indissolubilité seule du mariage peut naître pour les femmes une communauté réelle des dignités de leurs époux, et de là, la considération extérieure, les honneurs et les respects.

XIII.

On n'est, avec dignité, épouse et veuve qu'une fois.

XIV.

Le divorce déplaît même dans les oiseaux. Buffon a diffamé les tourterelles.

XV.

Les enfants ne sont bien soignés que par leurs mères, et les hommes que par leurs femmes.

XVI.

Il est de bonnes qualités qui ne se transmettent pas, ou qui n'entrent pas dans le cours de l'hérédité. Ce qui est délicat s'évapore. Le fils d'un homme grave et robuste est ordinairement un homme sensé; le fils d'un homme d'esprit est rarement homme d'esprit.

XVII.

Les cadets sont en général les plus beaux ; leur moulage est plus net et plus sûr.

XVIII.

Nos pères trouvaient leurs plaisirs dans leur famille, leur instruction dans les temples, leurs amusements dans leur bibliothèque, et leurs délassements chez leurs voisins.

XIX.

L'usage du lit, quand on y est seul, est pour la sagesse : « Il faut, dit Pythagore, se faire un temple de son lit. »

XX.

La table est une espèce d'autel qu'il faut parer les jours de fête et les jours de festin.

XXI.

Dans les festins, il suffit d'être joyeux pour être aimable.

XXII.

Les repas du soir sont la joie de la journée; les festins du matin sont une débauche. Je hais les chants du déjeuner.

XXIII.

Ni pour son plaisir ni pour le nôtre il ne faut avoir pour commensal habituel un excellent convive; il nous blase et nous le blasons.

XXIV.

Il y a dans la sobriété de la propreté et de l'élégance.

XXV.

On n'aime pas la tempérance où la vertu n'entre pour rien.

XXVI.

Un peu de tout, rien à souhait : grand moyen d'être modéré, d'être sage, d'être content.

XXVII.

Ayez soin qu'il manque toujours dans votre maison quelque chose dont la privation ne vous soit pas trop pénible, et dont le désir vous soit agréable. Il faut se maintenir en tel état qu'on ne puisse être jamais ni rassasié ni insatiable.

XXVIII.

L'attention qu'on donne à la maison et aux meubles distrait du maître, comme le temple distrait du Dieu.

XXIX.

« Il n'est pas honnête de contredire les gens « dans leur maison », dit le conte. Chaque homme a le droit d'y être maître absolu, d'y vivre en roi, et d'y être heureux, même par son amour-propre. C'est là qu'il est comme permis à ses infirmités et à ses défauts d'être à l'aise. Il est chez lui : quiconque y vient, entre dans un empire étranger. Ce sont de tels priviléges qui, chez les peuples civilisés, rendent la vie domestique délicieuse, et préférable à toutes les indépendances de l'homme brut et isolé. Cette vie, au surplus, a des devoirs qui imposent perpétuellement le sacrifice de ces droits. Mais l'abandon qu'on en fait est volontaire, généreux, honorable; il devient ainsi une possession, une jouissance et un bien de plus.

XXX.

Il faut porter son velours en dedans, c'est-à-dire montrer son amabilité de préférence à ceux avec qui l'on vit chez soi.

XXXI.

L'aménité, le bon accueil sont un billet d'invitation qui circule toute l'année.

XXXII.

Voir le monde, c'est juger les juges.

XXXIII.

On est dispensé d'être instrument dans la société, quand on y est modèle.

XXXIV.

Épurer son goût, en écumant son esprit,

est un des avantages de la bonne compagnie et de la société des lettres, à Paris. Les idées médiocres s'y dépensent en conversation ; on garde les exquises pour les écrire.

XXXV.

Que de choses on dit de bonne foi, en discourant sur un sujet, qu'on ne penserait pas, si l'on se bornait à le connaître, sans en parler ! L'esprit s'échauffe, et sa chaleur produit ce qu'il ne tirerait pas de sa lumière. Parler est une source d'erreurs, mais peut-être aussi de quelques vérités. La parole a des ailes ; elle porte où l'on n'irait pas.

XXXVI.

On ne doit mettre dans un livre que la dose d'esprit qu'il faut ; mais on peut en avoir, dans la conversation, plus qu'il ne faut.

XXXVII.

Quand l'abus de l'esprit est un badinage, il plaît ; quand il est sérieux, il déplaît.

XXXVIII.

* Dans la conversation, on affuble vite sa

pensée du premier mot qui se présente, et l'on marche en avant.

XXXIX.

On se contente, dans la conversation, de signaler, d'étiqueter les choses par leur nom, sans se donner le temps d'en avoir l'idée.

XL.

C'est un grand désavantage, dans la dispute, d'être attentif à la faiblesse de ses raisons, et attentif a la force des raisons des autres; mais il est beau de périr ainsi.

XLI.

Le but de la dispute ou de la discussion ne doit pas être la victoire, mais l'amélioration.

XLII.

Ce n'est jamais l'opinion des autres qui nous déplaît, mais la volonté qu'ils ont quelquefois de nous y soumettre, lorsque nous ne le voulons pas.

XLIII.

Le plaisir de plaire est légitime, et le désir de dominer choquant.

XLIV.

La contradiction ne nous irrite que parce qu'elle trouble la paisible possession où nous sommes de quelque opinion ou de quelque prééminence. Voilà pourquoi les faibles s'en irritent plus que les forts, et les infirmes plus que les sains.

XLV.

On peut convaincre les autres par ses propres raisons; mais on ne les persuade que par les leurs.

XLVI.

Une bonne raison, pour se faire comprendre, n'a jamais besoin que d'un mot, si on la sait bien.

XLVII.

Souvent une raison est bonne, non comme concluante, mais comme dramatique, parce qu'elle a le caractère de celui qui l'allègue, et qu'elle naît de son propre fonds; car il y a des arguments *ex homine*, comme il en est *ad hominem*.

XLVIII.

C'est presque toujours avec les difficultés

qui naissent de ses idées, et non avec celles qui naissent des choses, que l'homme est aux prises, dans les discussions dont il tourmente son esprit et l'esprit des autres.

XLIX.

Il faut se piquer d'être raisonnable, mais non pas d'avoir raison; de sincérité, et non pas d'infaillibilité.

L.

La franchise est une qualité naturelle, et la véracité constante, une vertu.

LI.

Bonne dans l'exécution, la circonspection nuit aux affaires dans les conseils, et ne sert qu'à celui qui l'a. C'est la sincérité qu'il faut dans les délibérations. Elle ouvre de nouvelles voies aux recherches; elle promène l'esprit sur plus de points; elle multiplie les unités dans la quantité d'expédients soumis aux délibérations; enfin, elle aide aux heureux résultats; car, pour bien choisir, il vaut mieux choisir entre mille qu'entre deux.

LII.

On ne peut s'expliquer franchement qu'avec

l'espoir d'être entendu, et l'on ne peut espérer d'être entendu que par les gens qui sont moitié de notre avis.

LIII.

Quelqu'un a dit plaisamment : « Quand on « est parvenu à s'entendre, on ne sait plus « que se dire. » Oui ; mais on est tenté de se quitter et de se fuir, quand on ne s'entend pas.

LIV.

Il faut savoir entrer dans les idées des autres et savoir en sortir, comme il faut savoir sortir des siennes et y rentrer.

LV.

Certaines gens, quand ils entrent dans nos idées, semblent entrer dans une hutte.

LVI.

Que peut-on faire entrer dans un esprit qui est plein, et plein de lui-même ?

LVII.

L'huile coulant sur le marbre offre l'image d'un caractère impénétrable aux douceurs de la persuasion. On est pressé dans la vie, et ces caractères décidés, tout faibles qu'ils sont en secret, ressemblent à ces bornes qu'on aime mieux tourner que franchir, quand on les rencontre sur son chemin; au lieu d'assiéger leurs opinions dans les règles, on les bloque, ou l'on s'en détourne.

LVIII.

Les esprits intraitables s'exposent à être flattés. On cherche naturellement à désarmer ceux qu'on ne peut pas vaincre, et qu'on ne veut pas combattre.

LIX.

*De toutes les monotonies, celle de l'assertion est la pire.

LX.

Il faut toujours avoir dans la tête un coin ouvert et libre, pour y donner une place aux opinions de ses amis, et les y loger en passant. Il devient réellement insupportable de converser avec des hommes qui n'ont, dans le cerveau, que des cases où tout est pris, et où rien d'extérieur ne peut entrer. Ayons le cœur et l'esprit hospitaliers.

LXI.

Écrire serait cent fois moins pénible que converser avec ces gens qui sont perpétuellement occupés à passer la pierre ponce sur tout ce que vous pensez, et sur tout ce que vous dites; ils vous font mal. Avec eux, on ne peut se délasser; il faut joûter, ferrailler, combattre. La contrainte qu'ils vous imposent, sans but et sans nécessité, est le plus insupportable inconvénient de toutes les dépendances.

LXII.

L'attention de celui qui écoute sert d'accompagnement, dans la musique du discours.

LXIII.

Il faut porter en soi cette indulgence et cette attention qui font fleurir les pensées d'autrui. Tout genre d'esprit qui exclut de notre caractère la complaisance, l'indulgence, la condescendance, la facilité de vivre et de converser avec les autres, de les rendre contents de nous et contents d'eux-mêmes, en un mot d'être aimable et d'être aimant, est un mauvais genre d'esprit. Un entendement doux est patient; il cherche à comprendre avec lenteur, se prête à se laisser convaincre, évite de s'opiniâtrer, aime mieux s'éclairer que dominer.

LXIV.

Il vaut mieux se faire agréer que de se faire valoir.

LXV.

Il est des entretiens où l'âme ni le corps n'ont de part. J'appelle ainsi ces conversations où personne ne parle du fond de son cœur, ni du fond de son humeur; où il n'y a ni abandon, ni gaieté, ni épanchement, ni jeu; où l'on ne trouve ni mouvement ni repos, ni distraction ni soulagement, ni recueillement ni dissipation; enfin, où l'on n'a rien donné et rien reçu, ce qui n'est pas un vrai commerce.

LXVI.

Dans la société, on parle de ce qu'on effleure; mais dans l'intimité, on ne parle guère que de ce qu'on approfondit.

LXVII.

Les véritables bons mots surprennent autant ceux qui les disent que ceux qui les écoutent; ils naissent en nous, malgré nous, ou du moins sans notre participation, comme tout ce qui est inspiré.

LXVIII.

Une conversation ingénieuse avec un homme est un unisson; avec une femme, c'est une harmonie, un concert. Vous sortez satisfait de l'une; vous sortez de l'autre enchanté.

LXIX.

Il ne faut pas montrer une chaleur qui ne sera pas partagée; rien n'est plus froid que ce qui n'est pas communiqué.

LXX.

Dans le discours, la passion, qui est véhémente, ne doit être que la dame d'atours de l'intelligence, qui est tranquille. Il est permis, il est même louable de parler avec son humeur; mais il ne faut penser et juger qu'avec sa raison.

LXXI.

Il vaut mieux remuer une question, sans la décider, que la décider, sans la remuer.

LXXII.

L'un aime à dire ce qu'il sait, et l'autre à dire ce qu'il pense.

LXXIII.

Qui ne sait pas se taire n'obtient point d'ascendant. S'il faut agir, prodigue-toi ; s'il faut parler, ménage-toi ; en agissant, crains la paresse, et en parlant, crains l'abondance, l'ardeur, la volubilité.

LXXIV.

La taciturnité est, dans quelques hommes, une qualité politique, espèce de charlatanisme qui a tous les effets des charlatanismes cachés.

LXXV.

Si quelqu'un a deux noms, il faut l'appeler du plus beau, du plus doux et du plus sonore.

LXXVI.

N'usez que de pièces d'or et d'argent, dans le commerce de la parole.

LXXVII.

On doit respecter la pudeur et la piété, dans

la légèreté de la conversation. Les exposer à rougir et les flétrir, est un jeu grossier, un véritable attentat.

LXXVIII.

Se connaître est un devoir; mais il ne nous est point ordonné de connaître les autres. Observer leurs défauts, au-delà du premier coup-d'œil, est utile aux affaires, mais inutile, nuisible même à nos vertus.

LXXIX.

Rendre risible ce qui ne l'est pas, c'est en quelque sorte rendre mauvais ce qui était bon.

LXXX.

Quiconque rit du mal, quel que soit ce mal, n'a pas le sens moral parfaitement droit. S'égayer du mal, c'est s'en réjouir.

LXXXI.

Il faut haïr et mépriser avec esprit. Les gros mots blessent le bon goût; le sot rire est toujours le rire d'un sot; il rend haïssable celui qui l'a.

LXXXII.

Dans les qualifications odieuses, les âmes

douces restent toujours en deçà : elles ménagent et se ménagent.

LXXXIII.

Ne montrez pas le revers et l'exergue à ceux qui n'ont pas vu la médaille. Ne parlez pas des défauts des gens de bien à ceux qui ne connaissent ni leur visage, ni leur vie, ni leur mérite.

LXXXIV.

La médisance est le soulagement de la malignité.

LXXXV.

En prenant pour un travers d'esprit ce qui n'est qu'un travers d'opinion, ou pour un défaut de caractère ce qui n'est qu'un défaut d'humeur; en jugeant un homme d'après un propos, une vie d'après un fait, une âme d'après un mouvement, quand tout cela est irrégulier, on fait beaucoup de mal et beaucoup d'injustices.

LXXXVI.

Pour dire du mal d'un homme illustre, il faut attendre qu'il en ait fait.

LXXXVII.

S'il est pardonnable de juger les vivants avec son humeur, il n'est permis de juger les morts qu'avec sa raison. Devenus immortels, ils ne peuvent plus être mesurés que par une règle immortelle, celle de la justice.

LXXXVIII.

Le ciel punit souvent les fautes des gens de bien dans leur mémoire, en la livrant à la calomnie.

LXXXIX.

Dire d'un homme vain et bavard : c'est un bon père de famille, un bon voisin, un hôte affectueux, c'est le juger avec son âme. Dire, au contraire, du père de famille homme de bien, du voisin officieux et du maître de maison hospitalier, qu'il est bavard, c'est le juger avec son esprit; c'est oublier le visage pour la verrue, et le plan pour le point.

XC.

Attribuer à un galant homme le mérite qu'il n'a pas, c'est méconnaître celui qu'il a.

XCI.

Repos aux bons ! paix aux tranquilles !

XCII.

Braver toujours les bienséances est d'une âme abjecte ou corrompue ; en être esclave dans toutes les occasions est d'une âme petite. Le devoir et les bienséances ne sont pas toujours d'accord.

XCIII.

La déférence pour l'âge, le mérite et la dignité, est une partie du devoir ; pour les égaux, les étrangers et les inconnus, elle est une partie de la politesse ou de la vraie civilité.

XCIV.

La politesse est la fleur de l'humanité. Qui n'est pas assez poli, n'est pas assez humain.

XCV.

Rendez le pauvre vertueux et poli, afin qu'il soit également agréable aux yeux des hommes et aux yeux de Dieu.

XCVI.

La politesse est une sorte d'émoussoir qui

enveloppe les aspérités de notre caractère, et empêche que les autres n'en soient blessés. Il n'est jamais permis de s'en dépouiller, même pour lutter contre les gens grossiers.

XCVII.

Il y a de la bonne grâce et une sorte d'urbanité à commencer avec les hommes par l'estime et la confiance. Cela prouve en effet, tout au moins, qu'on a longtemps vécu en bonne compagnie, avec les autres et avec soi-même.

XCVIII.

La politesse est à la bonté ce que les paroles sont à la pensée. Elle n'agit pas seulement sur les manières, mais sur l'esprit et sur le cœur; elle rend modérés et doux tous les sentiments, toutes les opinions et toutes les paroles.

XCIX.

La civilité est une partie de l'honnête.

C.

La familiarité plaît, même sans bonté; avec la bonté, elle enchante.

CI.

Le naturel qui s'expose à la risée, sans la prévoir, c'est le naïf; s'il la prévoit, sans la craindre, c'est la franchise. Ceux qui ont su conserver entier leur propre naturel, sont toujours charmés de celui des autres, quand même il serait opposé au leur.

CII.

Toute naïveté court le risque d'un ridicule, et n'en mérite aucun, car il y a, dans toute naïveté, confiance sans réflexion et témoignage d'innocence.

CIII.

La crédulité est l'indice d'un bon naturel.

CIV.

La gravité n'est que l'écorce de la sagesse; mais elle la conserve.

CV.

La bonhomie est une perfection. Elle consiste à ne refuser son intérêt à rien de ce qui occupe l'attention, et son attention à rien de ce qui est innocent. C'est une enfance agrandie, conservée, affermie et développée. Elle sert de bonheur à l'homme ordinaire, et devient une source abondante de plaisirs et de délassements pour l'homme occupé et pour le grand homme.

CVI.

Les affaires ont une sorte de difformité que la bonhomie adoucit. Elle va jusqu'à leur prêter de l'attrait.

CVII.

L'air content sied toujours à l'homme de bien.

CVIII.

Il faut que le mouvement ait de la grâce, la pensée de la fleur, le ton de la sincérité, la main du jeu, l'intention de l'équité, et le jugement de la droiture.

CIX.

Oh! qu'il faut peu de chose pour empêcher un vers, un poëme, un tableau, un trait, un visage, un discours, une parole, un accent, un geste d'être touchants!

CX.

Le bon goût est nécessaire à la moitié de la morale, car il règle les bienséances.

CXI.

Les beaux habits sont un signe de joie.

CXII.

Les habits modestes rendent modestes ceux qui les portent; compliqués, ils amènent insensiblement quelque complication dans les manières des personnes les plus simples. Tous les hommes ne peuvent pas se donner un habit assorti à leurs mœurs; mais tous assortissent inévitablement leurs manières à leur habit.

CXIII.

Le soldat bien vêtu s'estime plus lui-même; bien armé, il est plus courageux; bien nourri, il est plus fort, plus hardi, plus content, plus disposé à obéir et à bien faire. Il paraît aussi plus redoutable à l'ennemi et lui impose, car la bonne mine est une puissance.

CXIV.

Les vêtements doivent entrer dans l'idée de la beauté; ils font la grâce.

CXV.

Les femmes en habits d'hommes et non flottants perdent la grâce.

CXVI.

La grâce imite la pudeur, comme la politesse imite la bonté.

CXVII.

Toute grâce provient de quelque patience, et par conséquent de quelque force qui s'exerce sur elle-même. Grâce ou retenue, c'est tout un.

CXVIII.

La grâce entoure l'élégance, et la revêt.

CXIX.

La force est naturelle; mais il y a de l'habitude dans la grâce. Cette qualité charmante a besoin d'être pratiquée, pour devenir continuelle.

CXX.

Il ne faut pas décrier les beaux dehors, car ils offrent les apparences naturelles des belles réalités; on ne doit censurer que ce qui les dément.

CXXI.

Les belles manières tendent à imiter la bonne mine. Celle-ci tient à la construction d'un corps bien fait, et les belles manières nous en donnent quelque apparence. On se tient droite, pour paraître grande; on efface ses épaules, pour rendre sa poitrine plus large; on marche la tête levée, pour donner à son cou une longueur plus gracieuse.

CXXII.

Les manières sont un art. Il y en a de parfaites, de louables et de fautives; mais il n'en est point d'indifférentes. Comment n'y a-t-il pas, parmi nous, de préceptes qui les enseignent, ou du moins de doctrine qui nous apprenne à en juger, comme de la sculpture, de la musique? La science des manières serait plus importante au bonheur et à la vertu des hommes qu'on ne le croit. Si la vertu conduit aux mœurs, les mœurs conduisent à la vertu : or, les manières sont une partie essentielle des mœurs. Il faut donc se donner des manières belles, simples et convenables, dans chaque occasion, pour parvenir à la sublime sagesse.

TITRE IX.

DE LA SAGESSE, DE LA VERTU, DE LA MORALE, DE LA RÈGLE ET DU DEVOIR.

I.

La sagesse est une science par laquelle nous discernons les choses qui sont bonnes à l'âme, et celles qui ne le sont pas. Elle est la science des sciences, car elle en connaît seule la valeur, le juste prix, le véritable usage, les dangers et les utilités.

II.

La sagesse est le repos dans la lumière. Heureux sont les esprits assez élevés pour se jouer dans ses rayons !

III.

Consulte les anciens, écoute les vieillards: Est bien peu sage qui n'a que sa propre sagesse, et bien peu savant qui ne l'est que de sa science.

IV.

La sagesse est la force des faibles.

V.

L'illusion et la sagesse réunies sont le charme de la vie et de l'art.

VI.

Le bon sens s'accommode au monde; la sagesse tâche d'être conforme au ciel.

VII.

La sagesse humaine éloigne les maux de la vie. La sagesse divine fait seule trouver les vrais biens. Il faut employer le mouvement à chercher la sagesse humaine, et le repos ou la méditation à chercher la sagesse divine.

VIII.

Il n'y a pas assez de sagesse ou assez de vertu dans ceux de nos jugements et de nos sentiments où il n'y a pas assez de patience.

IX.

Il ne faut jamais regretter le temps qui a été nécessaire pour bien faire.

X.

Ne coupez pas ce que vous pouvez dénouer.

XI.

La vertu est la santé de l'âme. Elle fait trouver de la saveur aux moindres feuilles de la vie.

XII.

La vertu cherche à se répandre, et ceux qui l'ont aiment à la donner.

XIII.

Il faut exercer la vertu, même quand on ne l'a pas, c'est-à-dire l'exercer par sa volonté et contre son inclination. *L'habitude fait qu'à la fin elle n'est plus sacrifice; elle devient goût, instinct, mœurs.

XIV.

La vertu par calcul est la vertu du vice.

XV.

Les vertus rendent constamment heureux ceux qui les ont. Elles rendent meilleurs ceux mêmes qui les voient et ne les ont pas.

XVI.

Sa vertu propre et le bonheur d'autrui, voilà la double fin de l'homme sur la terre. Son bonheur, en effet, est sa destination suprême; mais ce n'est pas ce qu'il doit chercher; c'est seulement ce qu'il peut attendre et obtenir, s'il en est digne.

XVII.

Il n'y a de grave, dans la vie civile, que le bien et le mal, le vice et la vertu. Tout le reste y doit être un jeu.

XVIII.

On doit refuser la science à ceux qui n'ont pas de vertu.

XIX.

Il n'est pas inutile, pour être vertueux, de rendre aussi satisfaisant qu'on le peut le témoignage de soi-même.

XX.

La nécessité peut rendre innocente une action douteuse; mais elle ne saurait la rendre louable.

XXI.

La parfaite innocence, c'est la parfaite ignorance. Elle n'est ni prudente, ni méfiante, et l'on ne peut faire aucun fonds sur elle ; mais c'est une aimable qualité, qu'on révère presque autant et qu'on aime plus que la vertu.

XXII.

On n'est point innocent, quand on nuit à soi-même.

XXIII.

Les femmes croient innocent tout ce qu'elles osent.

XXIV.

Il n'est point de vertu qui paraisse petite, quand elle se montre sur un grand théâtre.

XXV.

On aime plus les qualités ; on estime davantage les vertus.

XXVI.

Peut-être, pour les succès du monde, faut-il des vertus qui fassent aimer, et des défauts qui fassent craindre.

XXVII.

Les gens de bien de toute espèce sont faciles à tromper, parce qu'aimant le bien passionnément, ils croient facilement tout ce qui leur en donne l'espérance.

XXVIII.

Il faut tout faire au gré des gens de bien.

XXIX.

Favores ampliandi, odia restringenda : c'est une de ces maximes dont la vérité est cubique, ou qui sont belles et vraies sous quelque face qu'on les envisage. Je crois que la morale seule en a de telles.

XXX.

La vertu sans récompense ne se plaint pas, ne s'indigne pas, ne s'agite pas; l'injustice ne produit en elle aucun ressentiment, mais seulement une douce mélancolie.

XXXI.

Tout s'apprend, même la vertu.

XXXII.

Faites que ce qui est vice chez les autres

soit chez vous une vertu. Que la colère vous rende modéré, l'avarice généreux, et la débauche tempérant.

XXXIII.

La morale est la connaissance des règles auxquelles il nous importe de conformer non-seulement nos actions, mais encore nos affections. Celles-ci sont une portion si importante de notre manière d'être, que je m'étonne qu'aucun philosophe ne les ait comprises encore dans la définition de l'objet essentiel de la morale. Nos affections, en effet, sont à nos actions ce que les idées sont aux mots. Le point essentiel, en morale comme en logique, est que les premières soient bonnes.

XXXIV.

Il faut du ciel à la morale, comme de l'air à un tableau.

XXXV.

J.-J. Rousseau, dans sa manière d'envisager la morale, aurait pu la définir : « L'art « d'augmenter les passions avec utilité », et il y aurait eu là deux erreurs capitales : premièrement, quant à l'utilité; car il ne peut y en avoir à augmenter les passions, c'est-à-dire à donner aux hommes plus de passions que la nature ne leur en a donné, ou des passions plus grandes qu'eux; secondement, quant aux attributions; car il peut être utile de dresser les passions à conserver, dans leurs opérations, leurs œuvres et leurs moindres mouvements, quelque droiture, quelque ordre, quelque bienséance, quelque beauté; mais attribuer un pareil soin à la morale, c'est tout confondre. La morale n'est faite que pour réprimer et contenir; elle est règle, règle immobile et immuable, et par cela même elle est barrière, elle est frein, et non aiguillon.

XXXVI.

Nos haines et nos amours, nos colères et notre douceur, notre force et notre faiblesse, notre paresse et notre activité, la morale a tout cela à diriger.

XXXVII.

Il y a des gens qui n'ont de la morale qu'en pièce; c'est une étoffe dont ils ne se font jamais d'habit.

XXXVIII.

La morale est le pain des âmes; il faut la

distribuer aux hommes tout apprêtée : la cribler, la moudre, la cuire, et la leur couper par morceaux.

XXXIX.

Sans modèle, et sans un modèle idéal, nul ne peut bien faire.

XL.

Une conscience à soi, une morale à soi, une religion à soi ! Ces choses, par leur nature, ne peuvent point être privées.

XLI.

Chacun ne peut voir qu'à sa lampe ; mais il peut marcher ou agir à la lumière d'autrui.

XLII.

Il faut se pourvoir d'ancres et de lest, c'est-à-dire d'opinions fixes et constantes, garder son lest et rester sur ses ancres, sans dériver. Laissez d'ailleurs flotter les banderoles, et laissez les voiles s'enfler ; le mât seul doit demeurer inébranlable.

XLIII.

Une maxime est l'expression exacte et noble

d'une vérité importante et incontestable. Les bonnes maximes sont les germes de tout bien; fortement imprimées dans la mémoire, elles nourrissent la volonté.

XLIV.

Les maximes sont à l'intelligence ce que les lois sont aux actions : elles n'éclairent pas, mais elles guident, elles dirigent, elles sauvent aveuglément. C'est le fil dans le labyrinthe, la boussole pendant la nuit.

XLV.

C'est toujours par l'oubli ou l'inobservation de quelque maxime triviale que tout périclite ou périt.

XLVI.

* Il ne faut jamais offrir à l'attention et faire entrer dans la mémoire des hommes de mauvaises maximes bien exprimées.

XLVII.

Souvent on a le sentiment d'une vérité dont on n'a pas l'opinion, et alors il est possible qu'on dirige sa conduite d'après ce qu'on sent, et non d'après ce qu'on pense. Il est même de très-graves matières et des questions fort importantes où les idées décisives doivent venir des sentiments ; si elles viennent d'ailleurs, tout se perdra.

XLVIII.

Les idées claires servent à parler ; mais c'est presque toujours par quelques idées confuses que nous agissons ; ce sont elles qui mènent la vie.

XLIX.

Il est un grand nombre de décisions où le jugement n'intervient pas. On décide sans évidence, de lassitude, avec précipitation, pour terminer un examen qui ennuie, ou pour faire cesser en soi une incertitude qui tourmente ; on décide enfin par volonté, et non par intelligence.

L.

La raison peut nous avertir de ce qu'il faut éviter ; le cœur seul dit ce qu'il faut faire. Dieu est dans notre conscience, mais non dans nos tâtonnements. Quand nous raisonnons, nous marchons seuls et sans lui.

LI.

La raison est dans l'homme le supplément universel de l'impuissance de la nature.

LII.

Penser ce que l'on ne sent pas, c'est mentir à soi-même. Tout ce qu'on pense, il faut le penser avec son être tout entier, âme et corps.

LIII.

Faire les plus petites choses par les plus grands motifs, et voir dans les plus petits objets les plus grands rapports, voilà le grand moyen de perfectionner en soi l'homme sensible et l'homme intellectuel.

LIV.

La règle doit être droite comme un fil, et non pas comme une barre de fer. Le cordeau indique la ligne, même lorsqu'il fléchit; l'inflexion ne le fausse pas. Toute règle bien faite est souple et droite; les esprits durs la font de fer.

LV.

Toute règle a sa raison, qui en est l'esprit, et quand, en observant la règle, on doit s'écarter de sa raison, c'est à celle-ci qu'il faut se conformer. En toutes choses donc, suis la règle, ou mieux encore la raison de la règle, si tu la connais.

LVI.

* Opposer la nature à la loi, sa raison à l'usage et sa conscience à l'opinion, ce n'est qu'opposer l'incertain au certain, l'inconnu au connu, le singulier à l'universel.

LVII.

Le but n'est pas toujours placé pour être atteint, mais pour servir de point de mire. Tel le précepte de l'amour des ennemis.

LVIII.

On ne doit placer la règle suprême ni en soi ni autour de soi, mais au-dessus de soi.

LIX.

Il faut, quand on agit, se conformer aux règles, et quand on juge, avoir égard aux exceptions.

LX.

Qui vit sans but et, comme on dit, à l'aventure, vit tristement. Dans la vie morale, pour avoir du plaisir, il faut se proposer un but et l'atteindre; or, tout ce qui est but est limite. Non-seulement il n'y a pas de vertu où il n'y a pas de règle et de loi, mais il n'y a pas même de plaisir. Les jeux des enfants eux-mêmes ont des lois, et n'existeraient pas sans elles; ces règles sont toujours gênantes, et cependant, plus on les observe strictement, plus on s'amuse.

LXI.

Il y a, dans la règle, un repos qui attache, à toute autorité qui établit l'ordre, la reconnaissance de ceux qu'elle y soumet. L'homme aime naturellement son guide, celui qui l'instruit, lui commande et le dresse.

LXII.

Gardons-nous bien de faire une proposition de ce qui est un précepte, une règle, un commandement.

LXIII.

Dans les temps où l'on n'a pas de règles, les gens de bien mêmes valent moins. La vie alors est un pont sans parapets, d'où les emportés se précipitent dans le vice, quand ils le veulent, et les gens ivres, sans le vouloir. On est, dans les bons temps, meilleur que soi-même, et pire dans les temps mauvais.

LXIV.

Il faut que chaque homme ait en soi une force qui fasse plier ses actions, même les plus secrètes, à la règle, et qu'il dirige sur lui-même sa pensée et son action, les regards de son intelligence et la main de sa volonté. Chacun doit être le magistrat, le roi, le juge de soi-même.

LXV.

Notre goût juge de ce que nous aimons, et notre jugement décide de ce qui convient : voilà leurs fonctions respectives, et ils doivent s'y tenir. Il faut qu'il y ait entre eux la même différence qu'entre l'inclination et la raison.

LXVI.

Nos qualités ne sont qu'un ordre sans lumière, une régularité sans règle, une droiture sans cordeau, un équilibre sans aplomb, une harmonie dont rien ne nous bat la mesure, un instinct de ce qu'il faut être, et non pas de ce qu'il faut faire. Sans le devoir et son idée, point de solidité dans la vertu.

LXVII.

Si les sensations sont la règle des jugements, un coup de vent, un nuage, une vapeur changent la règle.

LXVIII.

Notre nature se compose de sa faiblesse et de ses forces, de son étendue et de ses limites. Il nous faut des doctrines convenables à notre faiblesse, sinon nous ne pouvons les supporter, les retenir, les conserver; convenables à notre force, sinon nous ne pouvons les admettre ou nous en contenter.

LXIX.

Le devoir! à l'égard de nous-mêmes, c'est l'indépendance des sens, et, à l'égard d'autrui, c'est l'assiduité à l'aide, au support; aide au bien-être, au bien-faire, au bien-vouloir, au bien-souhaiter; aide par le concours et la résistance, par le don et par le refus, par la rigueur et la condescendance, par la louange et par le blâme, par le silence et les paroles, par la peine et par le plaisir. Habitants de la même terre, voyageurs du même moment et compagnons de la même route, nous devons tous nous entr'aider, et, lorsque nous arriverons au gîte, il faudra d'abord rendre compte de ce que nous aurons fait les uns pour le bonheur des autres, pour le bonheur ou la vertu. Un souris nous sera payé.

LXX.

Nous avons beau faire, nous n'aurons jamais en propre que la pénétration dont le ciel nous a doués. Tout le reste n'est qu'une apparence trompeuse, un mensonge qui cache notre nullité. Mais par le cœur et par les actions, nous pouvons devenir tous les jours meilleurs.

LXXI.

Comme instruments, nous avons une destination ; comme créatures morales, nous avons une liberté. La vie et la mort, par lesquelles nous entrons dans le monde ou nous en sortons ; les richesses et la pauvreté, qui nous y assignent une place ; la gloire et la honte, l'élévation ou l'abaissement, qui nous y font jouer un rôle, tiennent au train général des affaires humaines, et font partie de notre destinée. Dieu s'en est réservé la répartition ; il en distribue, à son gré, une mesure à chaque individu. Le bien et le mal, au contraire, sont dans nos mains, ou, comme dit l'Écriture, dans les mains de notre conseil, parce qu'ils font nos mérites et nos démérites. De même donc que nous sommes assujettis à deux mouvements, celui de la terre et le nôtre, de même nous sommes dominés par deux volontés, la nôtre et celle de la Providence ; auteurs de la première, et instruments de celle-ci ; maîtres de nos œuvres, pour mériter la récompense assignée à la vertu, et machines pour tout le reste. Être meilleurs ou pires dépend de nous ; tout le reste dépend de Dieu.

LXXII.

Il serait facile de prouver la liberté par le crime, qui est une résistance au penchant de notre nature vers le bien-faire, et par les actes de vertu, qui sont une déviation de notre penchant vers le bien-être.

LXXIII.

Il faut que les hommes soient les esclaves du devoir, ou les esclaves de la force.

LXXIV.

Quand une fois l'idée exacte du devoir est

entrée dans une tête étroite, elle n'en peut plus sortir.

LXXV.

Sans le devoir, la vie est molle et désossée ; elle ne peut plus se tenir.

LXXVI.

Il ne faut pas regarder le devoir en face, mais l'écouter et lui obéir les yeux baissés. Il y a de l'impudence à laisser sans voiles, à ses propres yeux, ce qui est sacré.

LXXVII.

Toujours occupé des devoirs des autres, jamais des siens, hélas !

LXXVIII.

L'homme véritablement vertueux remplit ses devoirs dans leur ordre, et fait céder les petits aux grands.

LXXIX.

Il faut sacrifier son humeur à son rôle, et ses vertus mêmes à son devoir.

LXXX.

Les devoirs ont une loi qui en règle l'accomplissement. Aucun bon sentiment ne doit excéder le cercle de son ordre propre. Point d'empressement sans mesure ; point d'élan qui soit trop subit ; que la force ait de la souplesse ; que l'égalité soit dominante ; qu'on ait l'empire de soi-même, et que, par cet empire, on soit maître de ses vertus, en leur imposant l'à-propos.

LXXXI.

Heureux ceux qui ont une lyre dans le cœur, et dans l'esprit une musique qu'exécutent leurs actions ! Leur vie entière aura été une harmonie conforme aux nômes éternels.

TITRE X.

DE L'ORDRE ET DU HASARD, DU BIEN ET DU MAL.

I.

L'ordre est la coordination du moyen au but, des parties au tout, du tout à la destination, de l'action au devoir, de l'ouvrage au modèle, de la récompense au mérite.

II.

Le bien-être est la loi des corps animés ou vivants; mais l'ordre est la loi des esprits.

III.

L'ordre est à l'arrangement ce que l'âme est au corps, ce que l'esprit est à la matière. L'arrangement sans ordre est un corps sans âme.

IV.

Imaginez l'ordre universel. Tout ce qui y

est conforme dans les idées, dans les images, dans les sentiments, dans les institutions, est beau ; tout ce qui y est conforme dans les actions, dans les projets, dans les entreprises, est bon. Voilà la règle.

V.

Se tromper sur l'ordre est à l'esprit ce que se tromper sur le beau est au goût.

VI.

Partout où il n'y a pas d'ordre et d'harmonie, il n'y a plus la marque de Dieu. Il y a désert, et il y a eu dégradation.

VII.

La régularité semble ne pouvoir partir que d'un dessein, d'une pensée. Quand elle est l'effet du hasard, ce hasard ressemble à une prévoyance.

VIII.

Tous sont nés pour observer le bon ordre, et peu sont nés pour l'établir.

IX.

La faiblesse qui ramène à l'ordre vaut mieux que la force qui en éloigne.

X.

Il n'y a rien qui dure toujours ; mais ce qui dure le plus, c'est l'ordre, parce que c'est ce qu'il y a de plus convenable et de mieux assorti à la nature des choses.

XI.

Il est impossible de chanter et de danser juste sans plaisir, tant l'observation de toute mesure vraie est naturellement agréable. L'ordre moral est également mesure et harmonie ; il est impossible aussi de vivre bien, sans un secret et un très-grand plaisir.

XII.

Les esprits qui n'ont pu goûter les charmes de l'ordre, ou que ce charme n'a pu fixer, sont de mauvais esprits.

XIII.

Le plaisir qu'on éprouve à être juste contre soi-même vient d'un retour à l'ordre par la vérité.

XIV.

L'homme dans l'ordre, et en harmonie avec

lui-même, éprouve la joie et le repos que ces choses-là donnent, et les voit sans les distinguer. Au sentiment de la clarté douce et diffuse, qui pénètre intimement toutes ses facultés, se joint celui d'une chaleur dont son âme est secrètement et paisiblement remuée.

XV.

Toute idée sage tient l'homme à sa place dans l'univers, la lui fait sentir et la lui fait aimer, comme un lieu natal, aisé, commode, accoutumé.

XVI.

Exceller dans le rang où la Providence nous a fait naître et le garder, c'est là certes la meilleure des ambitions, et la seule conforme à l'ordre.

XVII

Les changements subits de fortune ont un grand inconvénient : les enrichis n'ont pas appris à être riches, et les ruinés à être pauvres.

XVIII.

Quand vous ôtez un homme médiocre d'une

condition modeste, vous en faites un *insolent*, dans le sens étymologique du mot; il ne pourra jamais s'assortir et se conformer à une position si différente à la fois de son naturel et de ses habitudes.

XIX.

Heureux celui qui n'est propre qu'à une chose! En la faisant, il remplit sa destination.

XX.

Il faut aimer sa place, c'est-à-dire la bassesse ou la supériorité de son état. Si tu es roi, aime ton sceptre; si tu es valet, ta livrée.

XXI.

La pauvreté est un des moyens dont la Providence se sert pour maintenir l'ordre du monde, en réprimant par ce frein quelques méchants, et en contenant leurs murmures par l'exemple de quelques bons qui souffrent comme eux.

XXII.

O exemples! ô modèles!... Voyez ce pauvre homme : quatre ou cinq sensations par jour lui suffisent pour se trouver heureux et pour bénir la Providence. De la paille pour s'y coucher, du pain trois fois par jour et quelques prises de tabac en font un roi.

XXIII.

Le hasard est une part que la Providence s'est réservée dans les affaires de ce monde, part sur laquelle elle n'a pas même voulu que les hommes pussent se croire aucune influence.

XXIV.

Le hasard est ordinairement heureux pour l'homme prudent.

XXV.

La prudence et le succès, les semailles et la moisson, les vertus et le bonheur se suivent naturellement, mais non indissolublement. L'essence des choses les unit, mais souvent le train du monde les sépare.

XXVI.

Le succès sert aux hommes de piédestal ; il les fait paraître plus grands, si la réflexion ne les mesure.

XXVII.

Si la fortune veut rendre un homme estimable, elle lui donne des vertus ; si elle veut le rendre estimé, elle lui donne des succès.

XXVIII.

Dans la gloire il y a toujours du bonheur.

XXIX.

Les maux viennent de la nécessité et de l'ordre, et les biens de la seule volonté de Dieu.

XXX.

Pensez aux maux dont vous êtes exempt.

XXXI.

Ne vous exagérez pas les maux de la vie, et n'en méconnaissez pas les biens, si vous cherchez à vivre heureux.

XXXII.

Il est des maux qui sont la santé de l'âme, maux préférables à cette force du corps qui endurcit les organes, qui opprime l'âme et qui accable l'esprit.

XXXIII.

Il n'y a pour l'âme qu'un moyen d'échapper aux maux de la vie, c'est d'échapper à ses plaisirs et de chercher les siens plus haut.

XXXIV.

Il ne faut s'occuper des maux et des malheurs du monde que pour les soulager : se borner à les contempler et à les déplorer, c'est les aigrir en pure perte. Quiconque les couve des yeux en fait éclore des tempêtes.

XXXV.

Ni l'amour ni l'amitié, ni le respect ni l'admiration, ni la reconnaissance ni le dévouement ne doivent nous ôter la conscience et le discernement du bien et du mal. C'est un bien qu'il nous est défendu de vendre, et que rien ne saurait payer.

XXXVI.

En toutes choses, quiconque corrompt l'idée que les hommes doivent se faire de la perfection, corrompt le bien dans ses premières sources.

XXXVII.

Le bien vaut mieux que le mieux. Tout ce qui est le meilleur ne dure guère.

XXXVIII.

* Tout est bien dans le bien : le présent, le passé et l'avenir. On en jouit par la perspective, la réalité et le souvenir, triple espèce de possession. La simple idée de quelque bien est un bien.

XXXIX.

Il faut faire le bien par le bien, et le vouloir dans les moyens et dans la fin, dans les expédients et dans le but. Un bien qu'on a fait par le mal est un bien altéré, empoisonné, et qui produira le mal dont on a mis en lui le germe; c'est une eau que les canaux ont corrompue.

XL.

Peut-être, par une juste disposition de la Providence, les forfaits multiplient les maux qu'ils veulent prévenir. Peut-être, si Caligula n'avait pas été tué, par un coup et une conspiration qui d'abord paraissent louables,

Claude n'aurait pas régné, ni Néron, ni Domitien, ni Commode, ni Héliogabale. Caligula, après quelques crimes, aurait vécu son âge, serait mort dans son lit, et la succession des empereurs romains aurait pris un autre cours, et un cours plus heureux. Peut-être ce qui est mal, ou entaché de mal, ne produit jamais que du mal. Dieu se réserve les malheurs pour les infliger à propos. Nous sommes chargés de bien faire, et de bien faire uniquement; c'est là notre tâche.

TITRE XI.

DE LA VÉRITÉ, DE L'ILLUSION ET DE L'ERREUR.

I.

La vérité est la réalité dans les choses intelligibles. Il en est de plusieurs sortes : la vérité universelle, et la vérité particulière ; la vérité de fait ou de simple existence, et la vérité de nature ou d'existence nécessaire. *L'homme est un animal religieux :* voilà une vérité de nature et de nécessité. *Les hommes sont avides et intéressés :* voilà une vérité de simple fait, qui, pouvant être ou n'être pas, peut être ignorée, sans dommage pour l'esprit. La connaissance de la vérité universelle, de la vérité de nature, est en effet d'une grande importance, pour le bon ordre et pour la lumière de l'esprit ; mais celle des vérités particulières n'est nécessaire ou même n'est utile qu'à nos affaires.

II.

Les vérités générales sont les vérités de Dieu. Les vérités particulières ne sont que des opinions de l'homme. Le nom de vérité devrait n'être donné qu'à ce qui regarde les natures, les essences, et n'appartenir à rien de ce qu'il est permis d'ignorer. Les vérités qui éclairent le cœur et règlent les actions sont seules dignes de ce beau nom. Quand on l'applique aux choses matérielles, on en obscurcit la clarté. Tout ce qui n'est pas abstraction et maxime ne mérite que le nom de fait.

III.

La vérité! Dieu seul la voit. Que dirait-on et que penserait-on là-haut? C'est en cela que consiste la vérité. Elle consiste à imaginer les choses comme Dieu et les saints les voient, comme on les voit au delà du monde, quand on y jette les yeux. On ne voit rien au vrai, si on ne le voit de haut. Il faut qu'on puisse dire : Cela est vrai sur la terre, cela est vrai dans le ciel.

IV.

La vérité ne vient pas et ne peut pas venir de nous. Dans tout ce qui est spirituel, elle vient de Dieu, ou des esprits amis de Dieu auxquels sa lumière a lui, et, dans ce qui est matériel, des choses où Dieu l'a placée. Il faut donc consulter Dieu d'abord, puis les sages et son propre esprit, pour tout ce qui est spirituel, et fouiller dans le fond des choses, pour ce qui est matériel.

V.

Étudiez les sciences dans la vérité, c'est-à-dire en regardant Dieu, car elles doivent montrer la vérité, c'est-à-dire Dieu partout. N'écrivez rien, ne dites rien, ne pensez rien dont vous ne puissiez croire que cela est vrai devant Dieu.

VI.

Il y a des vérités inférieures qui servent à la vie et à ses usages; des vérités moyennes qui exercent l'esprit, et qui lui donnent quelque satisfaction; enfin des vérités supérieures qui éclairent l'âme, la nourrissent et font son bonheur. Il faut toujours lier les inférieures aux supérieures par les moyennes.

VII.

La vérité historique, hors des affaires, n'intéresse que l'érudit ; la vérité physique n'intéresse que notre corps ; mais la vérité morale intéresse toute notre âme, notre vie et notre mort. Qu'importe donc la vérité historique, où est la vérité morale ? Si la première compromet la seconde, il faut s'en défier, et en attendre l'explication.

VIII.

Les vérités suprêmes ont une si grande beauté, que les erreurs mêmes qui nous occupent d'elles ont quelque chose de ravissant, et les ombres qui les voilent je ne sais quoi de lumineux.

IX.

Nos moments de lumière sont des moments de bonheur ; quand il fait clair dans notre esprit, il y fait beau.

X.

Cherchons nos lumières dans nos sentiments. Il y a là une chaleur qui contient beaucoup de clarté.

XI.

Nous aimons tellement le repos d'esprit,

que nous nous arrêtons à tout ce qui a quelque apparence de vérité, et nous nous endormons sur les nuages.

XII.

Dans la lumière il y a deux points : le point qui éclaire et le point qui égare. Il faut s'en tenir au premier.

XIII.

La vérité ressemble au ciel, et l'opinion à des nuages.

XIV.

Ce qui est vrai à la lampe n'est pas toujours vrai au soleil.

XV.

* Toute vérité a deux visages, toute règle deux surfaces, tout précepte deux applications.

XVI.

« La vérité », dit-on, « est toujours utile à « la société. » Il serait donc toujours permis de publier ce que l'on croit la vérité ? C'est ce que prétendaient les sophistes, et ce que prétendent encore quelques philosophes. Ils font consister la vérité à ne rien dire qu'ils ne puissent prouver. Ils l'aiment et la considèrent comme une prérogative, une dignité, une sorte d'affranchissement personnel. Persuadés que tous leurs sentiments sont la vertu même, et toutes leurs pensées la vérité, ils se croient magistrats nés, législateurs par nature, et, comme tels, non-seulement autorisés, mais obligés à répandre leurs opinions. Oui, la vérité de Dieu est toujours utile à la société, parce qu'elle est toujours vérité; mais la vérité de l'homme n'est souvent qu'erreur, parce que l'esprit de l'homme est faillible. Tout honnête homme, s'il a des opinions nouvelles, ne doit se permettre de publier que celles qui, éprouvées par l'avis des esprits bien faits, sont évidemment innocentes et évidemment utiles par elles-mêmes. L'utilité surtout peut fixer son indécision, car elle est un des caractères de la vérité; elle en est le corps, comme la clarté en est l'ombre.

XVII.

La clarté dans une opinion est la manifestation visible de la vérité; l'utilité en est la manifestation palpable.

XVIII.

Toute vérité n'est pas bonne à dire, car dite seule et isolée, elle peut conduire à l'erreur et à de fausses conséquences; mais toutes les vérités seraient bonnes à dire, si on les disait ensemble, et si l'on avait une égale facilité de les persuader toutes à la fois. *Savez-vous, en effet, d'où vient qu'il y en a de pernicieuses? c'est qu'elles ne sont pas offertes à l'esprit avec celles qui pourraient leur servir de contrepoison. Aussi n'est-il sage de dire une vérité aux hommes que lorsqu'on peut leur en dire deux. Tant qu'on n'en a trouvé qu'une, il faut la tenir en réserve, et attendre que la vérité, sa compagne, vienne, en s'unissant à elle, produire l'utilité. Imitons cette intelligence amie des hommes qui, ayant, dit-on, imaginé le vin, ne voulut le leur faire connaître qu'après avoir aussi imaginé l'eau destinée à le tempérer. Si nous faisons quelque découverte, ne la communiquons aux autres que lorsque nous pourrons leur offrir ensemble l'eau et le vin de la vérité.

XIX.

Si ce qui est rigoureusement vrai, comme

conséquence, n'a pas isolément et en soi une vérité qui contente l'esprit, cela n'est pas assez vrai, ou d'une vérité assez utile. Pour qu'une proposition ait une vérité bonne, il faut qu'elle soit vraie comme principe et comme conséquence.

XX.

Le temps et la vérité sont amis, quoiqu'il y ait beaucoup de moments contraires à la vérité.

XXI.

Quand on aime le vrai, on a toujours quelque plaisir à entendre un homme dire ce qu'il pense, et quelque plaisir même à voir un homme faire ce qu'il a voulu.

XXII.

Il n'est pas toujours nécessaire que les accessoires de la vérité soient vrais; il suffit qu'ils puissent l'orner et la rendre plus propre à toucher le cœur.

XXIII.

Quand on frappe inutilement à la porte de certaines vérités, il faut essayer d'y entrer par la fenêtre.

XXIV.

Il est des préjugés naturels et non acquis, qui précèdent le jugement, et le conduisent où il faut nécessairement qu'il aille, et par les chemins qu'il doit suivre pour faire de justes progrès. On s'égare, si l'on se refuse à de tels guides. Le philosophe doit s'y conformer en exposant la vérité ; il peut même emprunter quelquefois aux préjugés de son temps leur langage, pourvu qu'il ne leur emprunte jamais leur égarement.

XXV.

Le soin de bien dire la vérité et d'apprivoiser l'attention est un devoir, une fonction du sage et une marque de sa bonté.

XXVI.

Éclaircir une vérité, la rendre plus intelligible, la montrer sous un jour plus beau et qui attire l'attention, lui donner enfin un lustre nouveau, c'est là répandre la lumière.

XXVII.

Une goutte de lumière vaut mieux à donner ou à recevoir qu'un océan d'obscurités.

XXVIII.

On rend presque démontré ce qu'on parvient à rendre sensible, et presque sensible ce que l'on rend imaginable. C'est donc un grand service à rendre aux vérités que de les rendre imaginables.

XXIX.

Ce qui est ingénieux est bien près d'être vrai.

XXX.

La joie que causent la vérité et les belles pensées, se fait sentir dans les paroles avec lesquelles on les exprime.

XXXI.

* L'évidence a quelque chose de poétique, car elle descend des régions de la lumière. Son langage ne doit-il pas s'en ressentir?

XXXII.

Celui qui illumine une question, dore et colore la vérité.

XXXIII.

Il y a des vérités qu'on a besoin de colorer

pour les rendre visibles. Tout ce qui tient à l'imagination surtout ne peut avoir d'existence extérieure que par les formes et les couleurs. Il faut en entourer la vérité, afin qu'elle soit regardée.

XXXIV.

Ayez un esprit où la vérité puisse entrer nue, pour en sortir parée.

XXXV.

La vérité prend le caractère des âmes où elle entre. Rigoureuse et rude dans les âmes arides, elle se tempère et s'adoucit dans les âmes aimantes.

XXXVI.

La grâce de la vérité est d'être voilée. Les sages ont toujours parlé en énigmes, et les énigmes d'un moment sont un grand moyen d'instruction; nous aimons celle qui en résulte, parce que nous l'avons produite; le mot appartient au lecteur qui l'a cherché, comme à l'auteur qui l'a placé. Toute vérité nue et crue n'a pas assez passé par l'âme, pas assez roulé dans notre tête; l'intelligence ne l'a pas assez épurée, le cœur assez imbibée de ses sucs, l'imagination assez parée de ses livrées. L'esprit n'a fait que l'écarrir, comme une pièce de bois que la première main a dégrossie. La vérité, ou plutôt la matière où elle se trouve, doit être maniée et remaniée, jusqu'à ce qu'elle devienne clarté, air, lumière, forme, couleur.

XXXVII.

Gardez-vous de traiter comme contesté, ce qui doit être regardé comme incontestable. Ne rendez pas justiciable du raisonnement ce qui est du ressort du sens intime. Exposez et ne prouvez pas les vérités de sentiment. Il y a du danger dans les preuves; car, en argumentant, il est nécessaire de supposer problématique ce qui est en question; or, ce qu'on s'accoutume à supposer problématique, finit par paraître douteux. Dans ce qui est visible et palpable, ne prouvez jamais ce qui est cru; dans ce qui est certain et caché, par sa grandeur et sa nature, faites croire et ne prouvez pas; dans ce qui est de pratique et de devoir, ordonnez et n'expliquez pas. « Crains Dieu » a rendu des hommes pieux; les preuves de l'existence de Dieu ont fait beaucoup d'athées. Les défis font naître l'attaque; tout plaidailleur rend chicaneur, et l'on passe presque toujours, du désir de contredire le docteur, au désir de contredire la doctrine. L'audace avec laquelle on défend la vérité, excite une audace contraire ; les bravades de ses champions lui ont fait beaucoup d'ennemis. Parez-la et ne l'armez pas : on lui fera bien moins la guerre.

XXXVIII.

Il est d'imposantes maximes qui portent, dans leur propre sens, la raison de leur certitude, ce qui fait leur autorité. Or, cette raison très-puissante, qui fait la force du précepte, n'en peut pas être séparée. Elle tourne, en quelque manière, dans ce cercle qu'elle remplit, sans en excéder les limites, s'y concentre et n'en sort jamais. On sent qu'elle y est répandue, mais on n'oserait l'en abstraire, ni la dégager de la place qu'elle occupe dans notre esprit, et de la vague profondeur qui semble être sa sûreté. Elle s'y maintient hors d'atteinte, et pour ainsi dire, hors de prise, élevée au-dessus du doute, et à la fois inaccessible aux objections et à la preuve : signes complets de transcendance qu'on n'a pas encore observés ou clairement déterminés. Ainsi la terre et tous ces globes qui qui se balancent dans le vide, et roulent en nous éclairant, tiennent renfermés dans leur sphère leur gravitation toute entière et le principe qui la cause, sans en laisser rien déborder ; c'est là ce qui fait leur indépendance, et sert à leur conservation. On trouve aisément des exemples de ces vérités suprêmes qui se soutiennent sans appui, de ces vérités nécessaires qui se font croire de plein droit, de ces vérités éternelles qui ne peuvent pas être neuves, mais qui, pour paraître nouvelles, n'ont pas besoin d'être ignorées.

XXXIX.

L'illusion est une partie intégrante de la réalité ; elle y tient essentiellement, comme l'effet tient à la cause.

XL.

L'illusion étant le seul point de contact par lequel la matière pût toucher l'âme, Dieu la créa. Il fit d'abord, pour l'opérer, une matière subtile, insaisissable à tous les sens, et qui cependant pût les pénétrer. Il la plaça entre les aliments et le palais, et il en naquit les saveurs ; entre les fleurs et l'odorat, et il en naquit le parfum ; entre l'ouïe et les sons, et il en naquit l'harmonie, la mélodie ; entre les yeux et les objets, et il en naquit les couleurs, la perspective et la beauté. Si l'organe est vicié, ou l'objet altéré dans ses parties constitutives, l'illusion ne peut plus s'opérer, parce qu'une des deux parties manque de fournir son enjeu. L'illusion, en effet, est un jeu de la nature qui s'amuse à nous donner quelques plaisirs par quelque évaporation. Elle ne peut être produite que par ces subtiles émanations, ces effluvions invisibles, qui entretiennent des courants perpétuels entre les différents êtres.

XLI.

Dieu se sert de tout, même de nos illusions.

XLII.

On peut donner aux hommes des idées justes, en employant des procédés trompeurs, et produire la vérité par l'erreur et l'illusion.

XLIII.

Les illusions viennent du ciel, et les erreurs viennent de nous.

XLIV.

L'illusion est dans les sensations et l'erreur dans les jugements. On peut à la fois jouir de l'illusion et connaître la vérité.

XLV.

* Ce qu'il faut appeler erreur n'est pas une simple déception, mais un dogme, une doctrine qui nous trompent sur l'existence ou la nature de quelque essence principale.

XLVI.

La présomption apporte autant d'erreurs que la crédulité; or, il vaut mieux se tromper de l'erreur d'autrui que de la sienne propre; d'où je conclus que la crédulité est encore préférable à la présomption.

XLVII.

On se trompe par supériorité et par médiocrité.

XLVIII.

* La crédulité qui vient du cœur ne fait aucun mal à l'esprit.

XLIX.

L'erreur qui parle par sentences émet des oracles trompeurs. Une assertion hardie nous trompe avec autorité.

L.

Il y a des erreurs invincibles qu'il ne faut jamais attaquer.

LI.

Ce qu'il y a de pire dans l'erreur, ce n'est pas ce qu'elle a de faux, mais ce qu'elle a de volontaire, d'aveugle et de passionné.

LII.

Quelque erreur s'attache toujours aux grandes vérités qui courent le monde, et quelque fable aux grands événements qui ont fortement occupé l'attention de la multitude. Comme il y a toujours quelque chimère dans quelque esprit, il se rencontre toujours quelque esprit qui attache sa chimère à ce qui passe par lui. Ainsi point de réalité qui n'ait son merveilleux, si elle a circulé en tous lieux et passé de bouche en bouche.

LIII.

On répète encore longtemps, par habitude, ce que l'on ne croit plus; car les mauvais bruits survivent aux opinions, et le mensonge, plus vivace que l'erreur, la sème, même après l'avoir perdue.

LIV.

Une des plus utiles sciences est de savoir qu'on s'est trompé, et une des plus délicieuses découvertes, de découvrir son erreur. « Capable de se détromper ».: belle louange et belle qualité!

LV.

On peut tomber dans la contradiction par l'erreur. Il est beau d'y tomber par la vérité, et alors il faut s'y jeter à corps perdu.

LVI.

Dieu fit du repentir la sagesse autant que la vertu des mortels. La rétractation est à nos erreurs ce que la confession est à nos fautes, un devoir, un remède, une expiation. L'esprit du sage a, comme sa conscience, ses examens, ses afflictions, sa honte et ses fermes propos.

LVII.

Ceux qui ne se rétractent jamais s'aiment plus que la vérité.

LVIII.

Malheur à qui se trompe tard! il ne se détrompera pas.

LIX.

« Douter », dit M. de Servan, « c'est sortir « d'une erreur. » Il aurait dû ajouter que c'était aussi souvent sortir d'une vérité.

LX.

Quand l'esprit est rentré dans une vérité dont il était sorti, il ne la quitte plus.

LXI.

Il y a des choses que l'homme ne peut connaître que vaguement : les grands esprits se contentent d'en avoir des notions vagues ; mais cela ne suffit point aux esprits vulgaires. Accablés d'ignorances par la nature et la nécessité, ils ne veulent, dans leur dépit puéril, en supporter aucune. Il faut, pour leur repos, qu'ils se forgent ou qu'on leur offre des idées fixes et déterminées sur les objets même où toute précision est erreur. Ces esprits communs n'ont point d'ailes; ils ne peuvent se soutenir dans rien de ce qui n'est que de l'espace; il leur faut des points d'appui, des fables, des mensonges, des idoles. Mentez-leur donc, et ne les trompez pas.

LXII.

On ne peut sortir de certaines erreurs que par le haut, c'est-à-dire en élevant son esprit au-dessus des choses humaines.

LXIII.

Expliquer toujours le monde moral par le monde physique n'est pas sûr, car nous prenons souvent, dans celui-ci, les apparences pour des réalités, et nos conjectures pour des faits. Nous risquons ainsi d'avoir deux erreurs au lieu d'une, en appliquant à un monde les fausses dimensions que nous donnons à l'autre.

LXIV.

L'abus de l'expérience est de conclure de quelques unités à la multitude, ou de la multitude à l'universalité.

LXV.

Il ne faut pas chercher aux événements humains des causes invisibles, quand il y en a de palpables, ni des causes douteuses, quand il y en a de certaines, à moins de recourir aux causes supérieures, par un de ces élans de notre esprit qui va se reposer dans le ciel, quand il s'est fatigué sur la terre.

LXVI.

Ce n'est pas du vrai et du faux qu'il faut s'occuper avant toutes choses, mais du mal et du bien; car c'est moins l'erreur qu'il faut craindre que le mal.

LXVII.

Il est encore plus facile de se tromper sur le vrai que sur le beau.

LXVIII.

Il y a des esprits qui vont à l'erreur par toutes les vérités; il en est de plus heureux qui vont aux grandes vérités par toutes les erreurs.

LXIX.

Les esprits simples et sincères ne se trompent jamais qu'à demi.

LXX.

Presque toutes les erreurs des bons esprits

ne sont qu'un déplacement, une mauvaise application de quelque vérité. C'est par méprise qu'ils se trompent.

LXXI.

* En se bandant l'esprit trop fortement, il n'est guère d'erreurs que l'homme ne puisse se donner de bonne foi; mais, dans ces cas même, on peut souvent admirer l'arc et sa force, tout en méprisant le trait.

LXXII.

Il y a souvent plus d'esprit et de perspicacité dans une erreur que dans une découverte.

LXXIII.

L'erreur agite; la vérité repose.

TITRE XII.

DE LA PHILOSOPHIE,
DE LA MÉTAPHYSIQUE, DES ABSTRACTIONS, DE LA LOGIQUE,
DES SYSTÈMES.

I.

Je, d'où, où, pour, comment? c'est toute la philosophie : l'existence, l'origine, le lieu, la fin et les moyens.

II.

Les deux philosophies, celle qui s'occupe des corps et celle qui s'occupe des esprits, sont toutes les deux bonnes, utiles, nécessaires. Il faut étudier la matière avec les sens et l'expérience de la matière, comme il faut étudier l'esprit avec la vue interne et l'expérience de soi-même. Le raisonnement et l'imagination, la patience et l'enthousiasme, la réflexion et le sentiment, sont des instruments dont l'usage est également indispensable dans nos recherches. L'âme n'a pas trop de son tact et de sa sagacité, de son goût et de sa mémoire, de ses pieds et de ses ailes, pour atteindre à la vérité.

III.

La philosophie doit rechercher les erreurs pour les combattre : voilà son seul emploi ; mais comme la vérité ressemble à l'erreur, et que souvent elles sont mêlées, elle a tué des vérités.

IV.

Il est une philosophie pleine de fleurs, d'aménité et d'enjouement, science gaie autant que sublime.

V.

En bonne philosophie, le beau est toujours le plus vrai, ou du moins le plus approchant de la vérité.

VI.

Ne confondez pas ce qui est spirituel avec ce qui est abstrait, et souvenez-vous que la philosophie a une muse, et ne doit pas être une simple officine à raisonnement.

VII.

Que faire avec cette philosophie qui bannit la spiritualité des systèmes du monde, et la piété de la morale? C'est s'interdire, en un calcul, des quantités indispensables, des portions intégrales dans une énumération.

VIII.

Spiritualiser les corps, c'est aller droit à leur essence; il faut en faire un mérite plutôt qu'un reproche à ceux qui l'ont tenté avec quelque succès.

IX.

La métaphysique est une espèce de poésie; la dévotion en est l'ode.

X.

Comme la poésie est quelquefois plus philosophique même que la philosophie, la métaphysique, est, par sa nature, plus poétique même que la poésie.

XI.

*La curiosité de connaître l'âme n'existe avec ténacité que dans les temps et dans les lieux où les arts sont connus. Chose singulière! la métaphysique et la mécanique ont une époque d'existence simultanée.

XII.

La métaphysique plaît à l'esprit parce qu'il y trouve de l'espace; il ne trouve ailleurs que du plein. L'esprit a besoin d'un monde fantastique où il puisse se mouvoir et se promener; il s'y plaît, non pas tant par les objets que par l'espace qu'il y trouve. C'est ainsi que les enfants aiment le sable et l'eau, et tout ce qui est fluide ou flexible, parce qu'ils en disposent à leur gré.

XIII.

Le vide, dans le monde métaphysique, est nécessaire à l'esprit et à ses évolutions, surtout si l'esprit a des ailes. Cette lumière diffuse, sans montrer aucun objet, et sans donner aucun savoir, perfectionne la vue, nourrit la perspicacité et augmente l'intelligence. C'est une région lumineuse, où l'erreur même est transparente, et n'obscurcit jamais l'esprit.

XIV.

La pratique est grave, mais la théorie récrée; l'âme s'y égaie et s'y rajeunit dans les joies de l'intelligence.

XV.

Ce qui nous trompe en morale, c'est l'amour excessif du plaisir. Ce qui nous arrête et nous retarde en métaphysique, c'est l'amour de la certitude.

XVI.

Dans les questions de métaphysique, il faut se décider par la clarté, et, dans les questions de morale et de pratique, par l'utilité. Dès qu'on peut dire : *il est avantageux au genre humain,* on a prouvé ce qu'il faut faire, de même que, lorsqu'on a conçu nettement, on a trouvé ce qu'il faut croire.

XVII.

La métaphysique est à la morale ce que les mathématiques sont à la mécanique, la physique à la médecine, la chimie à la pharmacie : elle doit fournir des motifs, par ses clartés, comme les autres sciences, par leurs théories, doivent fournir des machines, des procédés, des mélanges. Malheureusement on ne l'a employée jusqu'ici qu'au service de sa servante, c'est-à-dire à perfectionner le langage de la logique; à peu près comme un grammairien qui ne sait trouver, dans les vers de la plus haute poésie, que des règles et des exemples de constructions.

XVIII.

La métaphysique rend l'esprit singulièrement ferme; voilà pourquoi rien n'est si cruel quelquefois qu'un métaphysicien.

XIX.

La métaphysique est bonne pour ceux qui s'égarent dans les régions supérieures; ceux qui ne quittent pas la terre n'en ont pas besoin : la morale leur en tient lieu.

XX.

La religion est la seule métaphysique que le vulgaire soit capable d'entendre et d'adopter.

XXI.

Les métaphysiciens pratiques, ce sont les dévots.

XXII.

Quiconque ne sent pas quelle différence on doit mettre entre ces mots : *le beau* et *la beauté*, *le vrai* et *la vérité*, *l'idéal* et *l'abstrait*, est mauvais métaphysicien.

XXIII.

La véritable métaphysique ne consiste pas à rendre abstrait ce qui est sensible, mais à rendre sensible ce qui est abstrait, apparent ce qui est caché, imaginable, s'il se peut, ce qui n'est qu'intelligible, intelligible enfin ce qui se dérobe à l'attention.

XXIV.

Où le spiritualiste emploie les mots de *Dieu, création, volonté, lois divines*, le raisonneur matérialiste est perpétuellement obligé de se servir d'expressions abstraites, telles que *la nature, l'existence, les effets*. Il ne nourrit son esprit que de spectres sans traits, sans couleur, sans beauté.

XXV.

Défiez-vous, dans les livres métaphysiques, des mots qui n'ont pas pu être introduits dans le monde, et ne sont propres qu'à former une langue à part.

XXVI.

L'incertitude des idées rend le cœur irrésolu. Aussi faudrait-il n'user des termes abstraits qu'avec une extrême sobriété. Non-seulement ils ne sont l'appellation d'aucun être véritable ; mais ils n'expriment même aucune idée fixe, et, en accoutumant l'esprit à ne pas s'entendre, ils accoutument bientôt la conscience à ne pas nous juger. Plus le style a de corps, plus il est moral. S'il arrive que la langue se perfectionne tellement qu'elle devienne toute physique, cette révolution en causera une importante dans les mœurs.

XXVII.

Affirmons hardiment qu'il n'y a souvent que des expressions figurées qui soient propres à représenter et à faire concevoir exactement l'état de l'âme, et ce qui se passe en elle, c'est-à-dire, la vérité. Hobbes a beau vouloir qu'on les bannisse de l'argumentation : il faut, ou nous interdire beaucoup d'explications, ou les y admettre. Non-seulement notre entendement, mais aussi la nature des choses le demande. Quand l'âme, s'entretenant avec elle-même, se donne le spectacle de ses propres pensées, elle les revêt de figures, et se parle par images. Ce langage est vraiment intime. Celui de l'esprit pur, que les malebranchistes ont tant recommandé, dépouille la pensée de sa pâte et de ses couleurs, pour n'en représenter que les plus secs linéaments. C'est l'art du névrologue ou du géomètre. L'âme ne se borne pas là : elle se peint tout et le peint; l'esprit pur n'est qu'un de ses aides.

XXVIII.

Quand, isolant sa faculté *rationatrice* de toutes ses autres facultés, on parvient à rendre abstrait, aux yeux de son esprit, ce qu'il y a de plus réel et même de plus solide dans le monde, et pour les sens et pour le cœur, tout est douteux, tout devient problématique, et tout peut être contesté. Que parle-t-on d'ordre, de beauté? Il n'y a, pour la faculté *rationatrice* isolée, que des non ou des oui, des absences ou des existences, des unités ou des nullités.

XXIX.

On a beau dire, les métaphores ne sont pas moins nécessaires à la métaphysique que les abstractions. Ayez donc recours à l'abstraction, quand la métaphore vous manque, et à la métaphore, quand l'abstraction est en défaut. Saisissez l'évidence, et montrez-la comme vous pourrez : voilà tout l'art et toutes les règles.

XXX.

Le grand abus des abstractions est de prendre, en métaphysique, les êtres de raison, tels que *la pensée*, pour des êtres réels, etc., et de traiter, en politique, les êtres réels, tels que *le pouvoir exécutif,* comme des êtres de raison.

XXXI.

Avant que l'abstraction soit devenue pour l'esprit une chose qu'il puisse se représenter, et même concevoir, que de temps il lui faut! Par combien de retouches il faut fortifier cette ombre!

XXXII.

Combien de gens se font abstraits pour paraître profonds! La plupart des termes abstraits sont des ombres qui cachent des vides.

XXXIII.

Tous ces métaphysiciens prétendus n'apprennent rien qu'à ne rien croire en métaphysique; et tout leur savoir à eux-mêmes se bornait là. O métaphysicaille!

XXXIV.

La logique opère, la métaphysique contemple.

XXXV.

Dans ses opérations, la logique part d'une définition, et la métaphysique d'une idée. L'une a pour but la conviction; l'autre la clarté et l'assentiment. L'une appartient au judiciaire; l'autre au démonstratif. La première, comme l'arithmétique, n'emploie dans ses opérations qu'une espèce de calcul; la seconde est essentiellement persuasive, expositive : l'âme y prend part. Il y a entre elles la différence d'un axiome avec une idée, d'un principe avec une notion.

XXXVI.

La logique est à la grammaire ce que le sens est au son dans les mots.

XXXVII.

Le raisonnement est une espèce de machine intellectuelle, à l'aide de laquelle on conclut, c'est-à-dire, on enferme, dans une opinion déjà adoptée, une autre opinion qui souvent n'y entre pas naturellement.

XXXVIII.

L'utilité la plus assurée du syllogisme est d'être une espèce d'escrime, de gymnastique qui délie l'esprit de ceux qu'on y exerce.

XXXIX.

Ce choix de mots qui, vous offrant d'abord des images dont vous conviendrez, vous engage insensiblement à en admettre d'autres dont vous ne seriez pas convenu, c'est un raisonnement caché. Il a la force et la puissance d'un raisonnement véritable, et n'en a pas la dureté, l'impérieux, le rebutant.

XL.

Il se fait dans l'esprit une perpétuelle circulation d'insensibles raisonnements.

XLI.

La justesse de raisonnement a ses règles et sa physionomie. La justesse de conception n'en a pas; mais elle est bien supérieure à l'autre.

XLII.

Qu'est-ce que définir? C'est décrire, c'est dessiner avec des mots ce que l'esprit seul aperçoit; c'est donner des extrémités à ce qui n'en a pas pour l'œil; c'est peindre ce qu'on ne saurait voir; c'est circonscrire, en un espace qui n'a pas de réalité, un objet qui n'a pas de corps. Et qu'est-ce que bien définir? C'est représenter nettement l'idée que tous les esprits se font, en eux-mêmes et malgré eux, de l'objet dont on veut parler, quand ils y pensent au hasard.

XLIII.

La haute logique n'a pas besoin d'arguments; elle convainc par la seule tournure qu'elle sait donner à ses raisons.

XLIV.

Tâchez de raisonner largement. Il n'est pas nécessaire que la vérité se trouve exactement dans tous les mots, pourvu qu'elle soit dans la pensée et dans la phrase. Il est bon, en effet, qu'un raisonnement ait de la grâce: or, la grâce est incompatible avec une trop rigide précision. Le raisonnement sec est un squelette qu'on fait jouer aux osselets, pour amener le coup annoncé.

XLV.

Sortir du raisonnement pour entrer dans

le sens intime, du sujet pour parcourir la matière, des arguments pour prendre haleine, en se livrant au sentiment, est très-permis, très-utile et très-convenable dans les discussions de bonne foi. Il ne faut pas qu'elles soient méthodiques au point de ne pouvoir être ingénues.

XLVI.

L'extrême subtilité peut se trouver dans les idées, mais ne doit pas se trouver dans le raisonnement. Les idées font l'office de la lumière, et participent de sa nature; mais le raisonnement est un bâton, et présente une espèce de tâtonnement où doit se trouver quelque chose de très-palpable.

XLVII.

Dès qu'un raisonnement attaque l'instinct et la pratique universels, il peut être difficile à réfuter, mais à coup sûr il est trompeur. Quoiqu'on ne puisse pas parvenir à y répondre, il ne faut pas moins s'obstiner à y résister. L'homme sage s'en affranchit en gardant l'opinion commune.

XLVIII.

Examiner le principe par les conséquences,

est permis par la saine logique et ordonné par la saine raison.

XLIX.

Toutes les fois qu'une idée est claire, quelque embarrassante que soit l'objection qui l'attaque, cette objection est fausse; s'y arrêter est une duperie.

L.

Combattre des objections, ce n'est souvent détruire que des fantômes; on n'éclaircit rien par là; seulement on rend muets ceux qui obscurcissent.

LI.

La conviction est, pour l'esprit, une espèce de *gehenne*, dont il se tire par l'aveu. Dupe de sa propre douleur, il y échappe en confessant ce qu'il ne croit pas. L'art de convaincre, dont j'ai vu des gens si fiers, employé sur les hommes simples, n'est pas plus merveilleux que celui de serrer les pouces à un enfant. Avec un habile, ce n'est que l'art du rétiaire entre les gladiateurs. Dans la pratique journalière, quand on en use avec empire, avec orgueil et tout de bon, c'est-à-dire en contraignant les autres à y conformer leurs actions, leurs goûts, leurs discours et leur vie, c'est véritablement un art de bourreau, l'art de Bronte, le questionnaire.

LII.

Le sophiste se contente des apparences; le dialecticien de la preuve; le philosophe veut connaître par inspection et par évidence.

LIII.

Le sophisme est un fantôme, une apparence de bon raisonnement et de raison.

LIV.

Un système est une doctrine absolument personnelle à celui qui l'invente. Si elle contredit toutes les autres, le système est mauvais; si elle les illumine, il est bon, au moins comme système.

LV.

Souvent un système n'est qu'une erreur nouvelle, qu'on ne sait comment réfuter, parce qu'elle n'avait pas encore existé, et qu'on n'a pas eu le temps de se dresser à la combattre.

LVI.

Tout système est un artifice, une fabrique qui m'intéresse peu ; j'examine quelles richesses naturelles il contient, et ne prends garde qu'au trésor. D'autres, au contraire, ne se soucient que du coffre ; ils en connaissent les dimensions, et savent s'il est de sandal ou d'aloès, d'acajou ou de noyer. Les vers à soie ont besoin, pour filer, de brins de bois disposés d'une certaine manière ; il faut les leur laisser, les leur fournir ; mais ce n'est pas à la quenouille qu'il faut regarder, c'est à la soie.

LVII.

Si les systèmes sont des toiles d'araignées, qu'au moins elles soient faites avec des fils de soie.

TITRE XIII.

DE L'ESPACE, DU TEMPS, DE LA LUMIÈRE,
DE L'AIR, DE L'ATMOSPHÈRE, DES CHAMPS, DES ANIMAUX,
DES FLEURS, ETC.

I.

L'espace est la stature de Dieu.

II.

Les idées de l'éternité et de l'espace ont quelque chose de divin, ce que n'ont pas celles de la pure durée et de la simple étendue.

III.

L'espace est au lieu ce que l'éternité est au temps.

IV.

> Le temps, cette image mobile
> De l'immobile éternité,

mesuré ici-bas par la succession des êtres, qui sans cesse changent et se renouvellent, se voit, se sent, se compte, existe. Plus haut, il n'y a point de changement ni de succession, de nouveauté ni d'ancienneté, d'hier ni de lendemain : tout y paraît, et tout y est constamment le même.

V.

Le temps est du mouvement sur de l'espace.

VI.

Il y a du temps dans l'éternité même ; mais ce n'est pas un temps terrestre et mondain, qui se compte par le mouvement et la succession des corps ; c'est un temps spirituel, incorruptible, qui se mesure par les affections des esprits et par la succession des pensées qui sont leurs mouvements. Il ne détruit rien : il achève. Ses changements sont des améliorations, des développements. Il consume le mal pour le bien, et efface le bien par le mieux. Il offre à Dieu ses spectacles, et les lui offrira toujours.

VII.

*L'année est une couronne qui se compose de fleurs, d'épis, de fruits et d'herbes sèches.

VIII.

La rondeur assure à la matière qu'elle embrasse une plus facile durée : le temps ne sait par où la prendre.

IX.

Toute machine a été mise en jeu par un esprit qui s'est retiré.

X.

La lumière est comme une humidité divine.

XI.

* La lumière vient de Dieu aux astres, et des astres à nous.

XII.

La lumière est l'ombre de Dieu; la clarté, l'ombre de la lumière.

XIII.

Rien ne peut être beau dans la matière que par l'impression de la pensée ou de l'âme, excepté la lumière, belle par elle-même ou plutôt par l'impression de son principe immédiat, qui est Dieu.

XIV.

Le reflet est pour les couleurs ce que l'écho est pour les sons.

XV.

Les vrais et les faux diamants ont les mêmes facettes, la même transparence; mais il y a, dans la lumière des premiers, une liberté, une joie qui ne se trouvent pas dans la lumière des seconds : le vrai y manque. Rien n'est beau que le vrai.

XVI.

L'âme du diamant est la lumière.

XVII.

La première clarté du jour est plus réjouissante que celle des heures qui la suivent. Elle a, à proprement parler, un caractère essentiel d'hilarité, dont elle teint toutes nos humeurs, sans notre participation.

XVIII.

Remerciez le ciel quand il vous donne de beaux songes. « Le sage », disaient les stoïciens, « a des songes ingénieux et sa-
« ges. »

XIX.

La flamme est un feu humide.

XX.

Le feu, dit-on, fait compagnie; c'est qu'il fait réfléchir. En physique surtout, il n'est pas de spectacle plus inspirateur. L'attitude, le silence, le lieu, et l'espèce de rêverie où l'on est toujours, quand on se chauffe, contribuent à donner à l'esprit plus d'attention et d'activité. Le foyer est un Pinde, et les muses y sont.

XXI.

L'or est le soleil des métaux.

XXII.

On enlève aux orages une de leurs utilités, en ôtant aux hommes la crainte religieuse qu'ils en ont naturellement partout.

XXIII.

L'air est sonore, et le son est de l'air lancé, vibré, configuré, articulé.

XXIV.

Le bruit est un son écrasé, informe. Il fend l'air et le trouble; le son s'y soutient et l'enchante. L'un nous agite, l'autre nous calme;

nous sommes des instruments que le son met d'accord et que le bruit désorganise.

XXV.

Le son du tambour dissipe les pensées ; c'est par cela même que cet instrument est éminemment militaire.

XXVI.

Le son est au vent ce que la flamme est à la chaleur.

XXVII.

L'écho est le miroir du son et une image du bruit.

XXVIII.

Le bruit qui vient d'un seul lieu fait paraître déserts ceux qui sont à l'entour. Quand il vient de plusieurs, il peuple jusqu'aux intervalles.

XXIX.

Sans l'accompagnement du chant de la cigale, le tremblottement de l'air, en été, au soleil et pendant la grande chaleur, est comme une danse sans musique.

XXX.

Il y a, pendant la pluie, une certaine obscurité qui allonge tous les objets. Elle cause, d'ailleurs, par la disposition où elle oblige notre corps à se placer, une sorte de recueillement qui rend l'âme plus sensible. Le bruit qu'elle produit, en occupant continuellement l'oreille, éveille l'attention et la tient en haleine. L'espèce de teinte brune qu'elle donne aux murailles, aux arbres, aux rochers, ajoute encore à l'impression causée par ces objets. Enfin, la solitude et le silence qu'elle étale autour du voyageur, en obligeant les animaux et les hommes à se taire et à se tenir à l'abri, achèvent de rendre pour lui les sensations plus distinctes. Enveloppé dans son manteau, la tête recouverte, et cheminant dans des sentiers déserts, il est frappé de tout, et tout est agrandi devant son imagination ou ses yeux. Les ruisseaux sont enflés, les herbes plus épaisses, les minéraux plus apparents; le ciel est plus près de la terre, et tous les objets, renfermés dans un horizon plus étroit, semblent avoir plus de place et plus d'importance.

XXXI.

Les odeurs sont comme les âmes des fleurs : elles peuvent être sensibles dans le pays même des ombres.

XXXII.

La tulipe est une fleur sans âme; mais il semble que la rose et le lys en aient une.

XXXIII.

* Les fleurs portent leurs parfums comme les arbres portent leurs fruits.

XXXIV.

Il faudrait qu'on ne recueillît rien de ce qui croît dans nos cimetières, et que leur herbe même eût une inutilité pieuse.

XXXV.

Les lieux meurent comme les hommes, quoiqu'ils paraissent subsister.

XXXVI.

Les monuments sont les crampons qui unissent une génération à une autre. Conservez ce qu'ont vu vos pères.

XXXVII.

L'agriculture produit le bon sens, et un bon sens d'une nature excellente.

XXXVIII.

On jouit, par le jardinage, des pures délicatesses de l'agriculture.

XXXIX.

Nos jardins, à Paris, sentent le renfermé.

XL.

*Je n'aime point ces arbres toujours verts. Il y a quelque chose de noir dans leur verdure, de froid dans leur ombrage, de pointu, de sec et d'épineux dans leurs feuilles. Comme d'ailleurs ils ne perdent rien et n'ont rien à craindre, ils me paraissent insensibles, et par conséquent m'intéressent peu.

XLI.

Les chemins produisent, sur le côteau, le même effet que la rivière dans la plaine.

XLII.

*Les rochers sont l'excuse et l'ornement de la stérilité.

XLIII.

Les ailes du papillon sont des feuilles colorées qui le soutiennent sur les fleurs.

XLIV.

* Qu'a donné Dieu au roitelet? il l'a rendu content.

XLV.

J'imagine que les reptiles sont les plus prudents des animaux, qu'ils ont des notions presque toujours claires et vraies, beaucoup d'ignorances et peu d'erreurs.

XLVI.

Les poissons doivent être, comme les oiseaux de proie, fins et bornés.

XLVII.

* Les poissons qui sont sans voix s'entendent sans doute et communiquent entre eux par les mouvements et les configurations qu'ils donnent au fluide dont ils sont environnés. L'eau remuée frappe leur ouïe.

XLVIII.

Les animaux carnassiers aiment non-seulement la proie, mais la chasse. Elle est leur jeu, leur passe-temps, leur plaisir. Tous, en effet, chassent gaîment, et en riant, pour ainsi dire.

XLIX.

Le plaisir de la chasse est le plaisir d'atteindre.

L.

Il serait utile de rechercher si les formes que donne à son nid un oiseau, qui n'a jamais vu de nid, n'ont pas quelque analogie avec sa constitution intérieure. L'instinct, dans tous les cas, n'est-il pas l'effet des impressions nécessaires que produisent certaines sensations? N'est-il pas un pur mécanisme? La rapidité même avec laquelle nous agissons, par ce qu'on nomme instinct, ne nous permet pas de nous observer dans ce moment. C'est peut-être pour cela que plus un animal est pourvu d'instinct, moins il est pourvu de raison.

TITRE XIV.

DES GOUVERNEMENTS ET DES CONSTITUTIONS.

I.

La politique est l'art de connaître et de mener la multitude ou la pluralité; sa gloire est de la mener, non pas où elle veut, mais où elle doit aller.

II.

Le plus grand besoin d'un peuple est d'être gouverné; son plus grand bonheur, d'être bien gouverné.

III.

La multitude aime la multitude, ou la pluralité dans le gouvernement; les sages y aiment l'unité. Mais, pour plaire aux sages et pour avoir sa perfection, il faut que l'unité ait pour limites celles de sa juste étendue, et que ses limites viennent d'elle; ils la veulent éminente et pleine, semblable à un disque, et non pas semblable à un point.

IV.

Ceux qui veulent gouverner aiment la république; ceux qui veulent être bien gouvernés n'aiment que la monarchie.

V.

Placer la puissance où la force n'est pas, et lui donner des contre-poids, c'est le secret du monde politique. Plus il y a, dans un état, de puissance ou de force morale, en opposition avec la force réelle ou physique, plus cet état est habilement constitué. Il n'y a point d'art, point d'équilibre et de beauté politique, chez un peuple où la force et la puissance se trouvent dans les mêmes mains, c'est-à-dire dans celles du grand nombre. Aussi l'histoire des démocraties n'a-t-elle d'éclat et d'intérêt que lorsque la force se déplace réellement, par l'effet de l'ascendant de quelque homme vertueux sur les mouvements de la multitude, qui seule est forte par elle-même et sans fiction. De la fiction! il en faut partout. La politique elle-même est une espèce de poésie.

VI.

La multitude n'a pas besoin de tenir des lois et des conventions une puissance qu'elle tient de sa force. C'est la puissance qui ne vient que du consentement, qui a besoin d'être déclarée. Il est nécessaire, dans le mécanisme politique, que la multitude oublie ses droits, et que le chef oublie sa faiblesse.

VII.

Dans les gouvernements qui obéissent à la supériorité du nombre, c'est une dignité de statique ou d'arithmétique, une prépondérance grossière ou de quantité, qui juge des choses humaines.

VIII.

Quoi qu'on fasse, le pouvoir est un partout, nécessairement, inévitablement, indispensablement un, et homme. C'est bien la peine de se tant tourmenter, pour donner à cette unité une apparence multiple et trompeuse !

IX.

La souveraineté appartient à Dieu, et à Dieu seul. Il la pose, il la maintient, il la retire, il la suspend et la promène à son gré.

X.

Ne dégoûtez pas les rois de leur rôle, car c'est un rôle nécessaire.

XI.

C'est parce que les maîtres préposés sont les égaux de leurs subordonnés, qu'il est besoin de les environner de pompe. En toutes choses, il faut embellir les rois, pour leur bonheur et pour le nôtre.

XII.

Un roi doit toujours être un législateur armé, et ne se mettre en tutèle, comme disait Henri IV, que l'épée au côté.

XIII.

* Les princes sont plus sensibles aux offenses qui tendent à leur ôter l'autorité, qu'aux services qui la leur donnent.

XIV.

Un roi sans religion paraît toujours un tyran.

XV.

Le châtiment des mauvais princes est d'être crus pires qu'ils ne sont.

XVI.

Comme le sauvage sacrifie sa subsistance à sa faim, le despote sacrifie sa puissance à son pouvoir; son règne dévore le règne de ses successeurs.

XVII.

Toute autorité légitime doit aimer son étendue et ses limites.

XVIII.

Action et ministère dans le pouvoir, pouvoir et volonté dans le ministère, sont un désordre qui annonce dans l'état, barbarie dans le premier cas, et affaiblissement, dégradation dans le second.

XIX.

Les gouvernements sont une chose qui s'établit de soi-même; ils se font, et on ne les fait pas. On les affermit, on leur donne la consistance, mais non pas l'être. Tenons pour assuré qu'aucun gouvernement ne peut être une affaire de choix; c'est presque toujours une affaire de nécessité.

XX.

Les constitutions politiques ont besoin d'élasticité; elles la perdent, lorsque tout y est réglé par des lois fixes, et, pour ainsi dire, inflexibles.

XXI.

La nature de l'homme est souple et s'ajuste à tout; on doit y avoir égard dans les lois ou déclarations de la morale publique; mais, dans la constitution des gouvernements, il faut avoir égard aux circonstances du passé et du présent. Les constitutions ont été, sont, et ne sauraient être que filles du temps.

XXII.

Une constitution à faire est un édifice à élever; mais songez surtout à la clef de voûte; qu'elle soit tellement solide qu'autour d'elle rien ne puisse être abaissé, et qu'elle-même ne puisse jamais ni descendre ni s'exhausser.

XXIII.

Tout se fait et doit se faire par une sorte de transaction dans les nouveautés politiques.

XXIV.

Donner un nouveau gouvernement à une vieille nation, c'est mettre du jeune sang dans un vieux corps; c'est le rajeunissement de Pélias.

XXV.

En fait de gouvernement, il faut toujours la justice en avant; il ne la faut pas toujours en arrière. Ce qui peut en consoler et porter à s'y résigner, c'est la considération d'une vérité triste, qu'il faut rarement rappeler, mais qu'il faut savoir; la voici : en tous lieux et dans tous les temps, tout établissement politique a commencé par quelque injustice; et les bonnes lois, chez tous les peuples, ont commencé par consolider ce qui existait.

XXVI.

Maintenir et réparer, belle devise! la plus belle des devises pour un sage gouvernement au sortir des révolutions.

XXVII.

Un des plus sûrs moyens de tuer un arbre est de le déchausser et d'en faire voir les racines. Il en est de même des institutions; il ne faut pas trop déserrer l'origine de celles qu'on veut conserver. Tout commencement est petit.

XXVIII.

En toutes choses, gardons-nous de fouiller sous les fondements.

XXIX.

Il n'y a de bon dans les innovations, que ce qui est développement, accroissement, achèvement.

XXX.

En poésie, en éloquence, en politique, rien de nouveau, s'il n'est évidemment meilleur et par conséquent éprouvé par la pratique et l'examen.

XXXI.

Imitez le temps : il détruit tout avec lenteur ; il mine, il use, il déracine, il détache, et n'arrache pas.

XXXII.

Il est une nouveauté, fille du temps, qui fait les développements ; il en est une autre, fille des hommes, fille du mouvement, des passions, des fantaisies, qui dérange tout, brouille tout, et ne permet à rien de s'achever et de durer; elle abolit toute antiquité; elle est la mère du désordre, des destructions et du malheur.

XXXIII.

Lorsque, par les réformes que l'on projette, on ne cherche à introduire dans les opinions que de la nouveauté, dans les religions que de la variété, dans les lois que des relâchements, dans les mœurs que de l'insolence, dans les fortunes que de l'agrandissement et dans les usages que de la commodité, on travaille à tout rendre pire.

XXXIV.

Parler toujours de prospérité et de commerce, c'est parler comme un négociant, et non pas comme un philosophe. Ne tendre qu'à enrichir les peuples, c'est opérer en banquier, et non pas en législateur.

XXXV.

Cherchez par les sciences à rendre la subsistance meilleure, et, par là, la vertu plus facile, l'âme mieux disposée à tout ce qui est bien; c'est là leur souveraine utilité.

XXXVI.

La faiblesse qui conserve vaut mieux que la force qui détruit.

XXXVII.

La douceur qui succède à la force est une douceur qui se ressent de sa force passée : *robur pristinum redolet*.

XXXVIII.

Les hommes naissent inégaux. Le grand bienfait de la société est de diminuer cette inégalité autant qu'il est possible, en procurant à tous la sûreté, la propriété nécessaire, l'éducation et les secours.

XXXIX.

Tous ceux à qui il est permis de se placer et de vivre dans le repos sont comme assis au timon, et ont pour devoir et pour fonctions de gouverner et de diriger ceux qui sont obligés de vivre dans l'action et le mouvement.

XL.

Gouvernements, la guerre et la paix, l'abondance publique et la tranquillité générale sont votre affaire. Vous êtes établis pour débarrasser de ces grands soins les hommes privés. Il ne doit y avoir de soucieux, à cet égard, dans un état bien administré, que ceux qui dirigent. L'arbre qui protége est leur emblème. A la vérité, il importe extrêmement, pour débarrasser les particuliers de ces soins, d'avoir un gouvernement qui en soit capable, c'est-à-dire, dont les parties se correspondent tellement, que ses fonctions soient faciles et sa durée assurée. Un peuple sans cesse inquiet est un peuple qui bâtit toujours; son abri n'est qu'une tente : il est campé, non établi.

XLI.

N'élevez pas ce qui est fragile.

XLII.

Si l'on donne quelque exclusion aux hommes sans patrimoine, ce n'est pas qu'on doive penser qu'ils aimeraient moins la patrie ou la vertu : cette opinion ferait aux richesses trop d'honneur ; mais c'est que chacun peut se convaincre, par son expérience personnelle, que l'homme en butte aux flots du sort, à la tourmente du hasard, est moins le maître de soi-même, et risque d'être exagéré, parce qu'il n'a pas pour se recueillir et régler ses sentiments et ses pensées, assez de calme, de loisir et de bonheur. Il est moins sage, non par sa faute, mais par celle de sa position. C'est à ce titre seul qu'on peut, jusqu'à ce que cette position soit changée, refuser l'administration des affaires publiques à celui qui n'a pas eu d'affaires personnelles à manier.

XLIII.

Combien d'épaules sans force ont demandé de lourds fardeaux !

XLIV.

Conforme-toi à ta nature; elle veut que tu sois médiocre, sois médiocre; cède aux plus sages, adopte leurs opinions, et ne trouble pas le monde, puisque tu ne saurais le gouverner.

XLV.

La lie a beau faire, elle retombe au fond par sa propre grossièreté.

XLVI.

On supporte aisément une puissance qu'on espère exercer un jour.

XLVII.

Peu d'hommes, dans les grands drames politiques, sont propres à inventer un rôle; beaucoup le sont à le jouer.

XLVIII.

Les uns ne sont que les valets de la Providence; d'autres en sont les ministres. Ce sont ceux qui, en exécutant ses décrets, joignent leur volonté avec sa volonté, leur pensée avec sa sagesse.

XLIX.

Tous les grands hommes se sont crus plus ou moins inspirés.

L.

Les grands hommes de certains temps et de certaines circonstances ne sont que des hommes plus fortement entêtés que tous les autres de l'opinion qui domine et qu'on veut faire triompher.

LI.

Tous les conquérants ont eu quelque chose de commun dans leurs vues, dans leur génie et dans leur caractère.

LII.

Les hommes d'état s'enivrent de la vapeur du vin qu'ils versent, et leur propre mensonge les déçoit.

LIII.

L'homme d'état est un messager à qui le temps présent est remis en dépôt, pour être rendu, tel qu'il est ou meilleur, au temps à venir.

LIV.

Il faut décerner aux généraux victorieux des honneurs éminents, solides, durables et perpétuellement renouvelés, non-seulement par gratitude et par justice, mais par esprit d'institution, afin que ces décorations augmentent encore l'opinion qu'on a de leur mérite, et qu'ils en soient plus grands, plus dignes d'être obéis aux yeux des citoyens, et plus redoutables à l'étranger.

LV.

Les grenades et les baguettes d'honneur, les insignes et les décorations sont une monnaie morale excellente. Peu d'entre les forts ont cette imagination qui s'étend haut et loin. Il leur faut des gloires présentes et des prix qu'ils portent sur eux, qui les touchent, les distinguent et les parent; une gloire qui saute aux yeux, pour ainsi dire, et qui s'incorpore avec eux. Décernez aux chefs des honneurs, mais revêtez-en les soldats.

TITRE XV.

DE LA LIBERTÉ, DE LA JUSTICE ET DES LOIS.

I.

Les droits du peuple ne viennent pas de lui, mais de la justice. La justice vient de l'ordre, et l'ordre vient de Dieu lui-même.

II.

C'est la force et le droit qui règlent toutes choses dans le monde; la force, en attendant le droit.

III.

Le droit et la force n'ont entre eux rien de commun par leur nature. En effet, il faut mettre le droit où la force n'est pas, la force étant par elle-même une puissance.

IV.

Il y a bien un droit du plus sage, mais non pas un droit du plus fort.

V.

Demandez des âmes libres, bien plutôt que des hommes libres. La liberté morale est la seule importante, la seule nécessaire; l'autre n'est bonne et utile qu'autant qu'elle favorise celle-là.

VI.

Il faut qu'il n'y ait en rien une liberté sans mesure, dans un état bien gouverné, même dans les habits et dans le vivre. Une liberté sans mesure, en quoi que ce soit, est un mal sans mesure. L'ordre est dans les dimensions; la dimension dans les limites. Si tout doit être règle, rien ne doit être libre. Demander une liberté illimitée, sur quoi que ce soit, c'est demander l'arbitraire; car il y a arbitraire partout où la liberté est sans limites.

VII.

Point de liberté, si une volonté forte et puissante n'assure l'ordre convenu.

VIII.

La liberté doit être comme dans une urne, et l'urne dans les mains du prince, pour la déverser à propos.

IX.

Il faudrait que le respect envers le prince ôtât seul la liberté.

X.

Quand la Providence divine livre le monde à la liberté humaine, elle laisse tomber sur la terre le plus grand de tous les fléaux.

XI.

La liberté est un tyran gouverné par ses caprices.

XII.

Que gagnent à la liberté les sages et les gens de bien, ceux qui vivent sous l'empire de la raison, et sont esclaves du devoir? Peut-être ce que le sage et l'homme de bien ne peuvent jamais se permettre, ne devrait-il être permis à personne.

XIII.

La liberté publique ne peut s'établir que par le sacrifice des libertés privées. Dans cette admirable institution, il faut que les forts cèdent une partie de leurs forces, et les faibles une partie de leurs espérances. Le despote seul est libre souverainement. On ne partage la liberté avec personne, sans en céder et en perdre une portion. Une liberté diminuée, communiquée et répandue, vaut mieux que celle qui est entière et concentrée. Rappelons-nous le mot d'Hésiode : « La moitié vaut mieux que « le tout »; l'intensité vaut moins que l'étendue.

XIV.

La subordination est plus belle que l'indépendance. L'une est l'ordre et l'arrangement; l'autre n'est que la suffisance unie à l'isolement. L'une offre un tout bien disposé; l'autre n'offre que l'unité dans sa force et sa plénitude. L'une est l'accord, l'autre le ton; l'une est la part, l'autre l'ensemble.

XV.

Liberté! liberté! En toutes choses justice, et ce sera assez de liberté.

XVI.

La justice est la vérité en action.

XVII.

La justice est le droit du plus faible. Elle est

en nous le bien d'autrui, et dans les autres notre bien.

XVIII.

La justice sans force, et la force sans justice : malheurs affreux !

XIX.

Il y a des crimes que la fortune ne pardonne jamais.

XX.

Ordinairement, l'innocence est moindre que l'apologie, la faute moindre que l'accusation, et le mal moindre que la plainte.

XXI.

Tout châtiment, si la faute est connue, doit être non-seulement médicinal, mais exemplaire. Il doit corriger ou le coupable ou le public.

XXII.

Il est dans l'ordre qu'une peine inévitable suive une faute volontaire.

XXIII.

La peine du talion n'est pas toujours équitable, quand elle égalise ; mais elle est toujours atroce, quand elle excède. « C'est la justice des « injustes », disait saint Augustin ; nous pouvons ajouter, des ignorants et des barbares.

XXIV.

* L'indulgence est une partie de la justice.

XXV.

* Il ne faut pas que l'indulgence parle trop haut de peur d'éveiller la justice.

XXVI.

Il y a des actes de justice qui corrompent ceux qui les font.

XXVII.

* Quand on a, soit en ses mains, soit dans son esprit, quelque autorité, il faut être non-seulement juste ou équitable, mais justicier, c'est-à-dire punisseur ou récompenseur.

XXVIII.

On pensait autrefois que la justice ne devait pas naître de la loi, mais la loi de la justice.

XXIX.

Il y a des lois et des décrets. On ne peut appeler loi que ce qui paraît le plus juste, le plus sage, le plus moralement obligatoire, le plus conforme à la volonté de Dieu. Destinées à régner toujours, les lois doivent porter l'empreinte d'une raison élevée au-dessus de tous les cas particuliers. Les décrets, au contraire, n'ont que les circonstances en vue; ils sont rendus par le législateur, non en tant que législateur, mais en tant qu'administrateur de la cité. Faits pour un temps, pour un moment, ils n'ont pas besoin d'être, comme la loi, l'expression de la raison éternelle : il suffit qu'ils soient commandés par la prudence. Les lois se taisent dans les troubles; c'est alors que les décrets parlent. Les lois brillent dans les beaux jours, et les décrets dans les jours nébuleux. Ils voilent la loi comme, en de certains moments où l'adoration est suspendue, on voile, dans nos temples, ce qu'on y honore, pour en éviter la profanation.

XXX.

Les meilleures lois naissent des usages.

XXXI.

Les premières lois n'ont été que les premières pratiques rendues immuables par l'injonction de l'autorité publique. Tout ce qui devient loi, avait d'abord été *coutume*, et l'histoire de notre droit coutumier fut celle du droit de tous les peuples. Les lois de Solon se firent comme la coutume de Sens. Des lois ainsi faites ne sont pas les pires, et l'esprit de choisir, d'accommoder, de corriger, de rédiger avec perfection, n'est pas le moindre.

XXXII.

Oter aux lois leur vétusté, c'est les rendre moins vénérables : si on est réduit à en substituer de nouvelles aux anciennes, il faut leur donner un air d'antiquité; il faut qu'il y ait de vieilles désinences dans les mots qui les expriment, et quelque chose qui réponde aux *untor* et *unto* des latins.

XXXIII.

En Grèce, les sages avaient égard, dans leurs lois, à la commodité des peuples dont ils évitaient de contrarier les habitudes et les mœurs. Ils les faisaient propres à plaire, et comme ils auraient fait des vers. Il faut bien, en effet, que les lois s'ajustent, jusques à un certain point, aux habitudes et aux mœurs, et qu'elles soient bonnes, comme disait Solon, pour le peuple qui les reçoit; mais il faut qu'elles soient meilleures que lui. On doit avoir égard, peut-être, à la grossièreté des esprits, mais non à leur dépravation ; car il s'agit de redresser, et il y a dans les hommes une chose qui est éternellement flexible : ce sont leurs vices. *Nos in rectum genitos natura juvat, si emendari volumus.*

XXXIV.

Les lois sont de simples écriteaux placés souvent dans des recoins où personne ne peut les lire. Si vous voulez que le public ne passe pas par un chemin, fermez-le par une barrière qui arrête, dès le premier pas, l'homme même le plus distrait. L'impossibilité éloigne mieux que la défense des choses qui sont interdites.

XXXV.

Nécessité qui vient des choses nous soumet ; nécessité qui vient des hommes nous révolte. Mettez donc dans des choses insensibles, impassibles et inflexibles, telles que la loi et la règle, les nécessités que vous avez besoin d'imposer aux autres ou à vous-mêmes.

XXXVI.

On peut plaider des causes, mais il ne faut

pas plaider les lois. Plaider publiquement les lois, c'est en mettre le germe à nu. La source en doit être sacrée, et, par cette raison, cachée ; et vous l'exposez au grand air, au grand jour ! Quelle horrible profanation ! Quand les lois naissent de la discussion, elles ne viennent plus d'en haut, ni du secret de la conscience : elles naissent justiciables de la chicane.

XXXVII.

Depuis l'établissement des parlements, tout le monde, dans la plupart des causes, était jugé par les mêmes juges. Hors de l'administration de la justice, les juges n'étaient, à proprement parler, les supérieurs de personne. On était donc jugé par ses pairs, mais par des pairs plus savants que soi.

XXXVIII.

Passer des jurisconsultes aux pairs, c'est descendre et rétrograder.

XXXIX.

Pour bien présider un corps d'hommes médiocres et mobiles, il faut être médiocre et mobile comme eux.

XL.

Un corps vaut mieux qu'une assemblée, parce qu'il est moins pressé d'agir, de constater son existence, et que lorsqu'il s'égare et qu'il se trompe, il a le temps de se reconnaître et de s'amender.

XLI.

Il faut placer dans le temple des sages, et non pas sur les bancs des opinants, ceux dont l'opinion est d'une grande autorité. On doit les employer à décider, mais non pas à délibérer. Leur voix doit faire loi et non pas faire nombre. Comme ils sont hors de pair, il faut les tenir hors des rangs.

TITRE XVI.

DES MŒURS PUBLIQUES ET PRIVÉES; DU CARACTÈRE DES NATIONS.

I.

Les mœurs se composent de coutumes et d'habitudes. Les coutumes font les mœurs publiques, et les habitudes les mœurs individuelles. Si les mœurs publiques sont bonnes, les mœurs individuelles comptent pour peu, parce que la diffamation, qui les punit, en arrête les inconvénients. Mais, quand les mœurs publiques sont mauvaises, les bonnes mœurs particulières acquièrent une importance extrême. Elles en deviennent la censure, et quelquefois le correctif. Elles sauvent les principes par une sorte de protestation contre le siècle; elles conservent le feu sacré, et le transmettent, comme un dépôt, à la génération qui suit.

II.

Les mœurs publiques sont un chemin que les successeurs trouvent frayé dans la course de la vie. Où il n'y a pas de mœurs, il n'y a pas de chemin; chacun alors est obligé de frayer le sien, et, au lieu d'arriver, il s'épuise à chercher la route.

III.

L'erreur principale ou la principale faute de la morale, comme doctrine veillant sur les institutions et les habitudes de la société, consiste à laisser subsister comme innocent ce qui est funeste aux mœurs publiques.

IV.

Les mœurs poétiques conviennent à l'individu isolé, les mœurs patriarcales à la famille, les mœurs graves à l'homme public, et les mœurs saintes au prêtre, au vieillard, au malade et au chrétien. Les mœurs poétiques sont celles de l'âge d'or; les mœurs patriarcales celles de la Bible, les mœurs graves ou austères celles de l'histoire, les mœurs saintes ou religieuses celles des légendes. Si donc nous voulons connaître tout ce qui est digne d'être imité, il faut faire des légendes une partie de nos études et de nos observations. Les merveilles de la vie des saints ne sont pas leurs miracles, mais leurs mœurs. Ne croyez pas à leurs miracles, si vous le voulez, mais croyez du moins à leurs mœurs, car rien n'est mieux attesté.

V.

Il y a des mœurs et des coutumes attachées à la nature humaine, et qui se trouveront toujours partout. On dit de tel usage qu'il est grec, romain ou barbare; moi, je dis qu'il est humain, et que les hommes s'en avisent et l'inventent partout où ils en ont besoin.

VI.

Le genre humain est, dans sa masse, une chose mobile qui cherche à se mettre de niveau.

VII.

Il s'agit, en histoire, d'apprécier les hommes; en politique, de pourvoir aux besoins de l'âme et du corps; en morale, de se perfectionner; en littérature, de réjouir et d'embellir son esprit par les clartés, les figures et les couleurs de la parole; en religion, d'aimer le ciel; en toutes choses, de connaître et d'améliorer toutes choses en soi. Cherchez donc dans l'histoire des hommes ce qui est vrai et ce qui ne l'est pas; dans la politique, ce qui est utile et ce qui ne l'est pas; dans la morale, ce qui est juste et ce qui ne l'est pas; dans la littérature, ce qui est beau et ce qui ne l'est pas; dans les matières religieuses, ce qui est pieux et ce qui ne l'est pas; en toutes choses enfin, ce qui rend meilleur ou ce qui rend pire.

VIII.

Les temps sont pour nous comme les lieux; nous vivons dans les uns comme dans les autres; nous en sommes environnés; ils nous touchent, nous emboîtent, et font toujours sur nous quelque impression. Des lieux malsains et des temps corrompus nous infectent de leur contagion.

IX.

Il faut être caillou dans le torrent, garder ses veines, et rouler sans être ni dissous, ni dissolvant.

X.

Nous sommes tous plus ou moins échos, et nous répétons, malgré nous, les vertus, les défauts, les mouvements et le caractère de ceux avec qui nous vivons.

XI.

L'exemple descend et ne monte pas.

XII.

Nous avons reçu le monde comme un héritage qu'il n'est permis à aucun de nous de détériorer, mais que chaque génération au contraire est obligée de laisser meilleur à la postérité.

XIII.

Peu d'hommes sont dignes de l'expérience. La plupart s'en laissent corrompre.

XIV.

Demander la nature humaine infaillible, incorruptible, c'est demander du vent qui n'ait point de mobilité.

XV.

Attacher ses pensées à des événements passagers, qui les emportent avec eux, c'est graver sur le sable, écrire sur les ondes, et bâtir sur l'aile des vents.

XVI.

Les véritables opinions et les véritables sentiments des hommes se forment lentement, de quelque chose d'habituel, et non pas de quelque chose de subit. La contrainte, ou, pour mieux dire, la retenue, est très-propre à les rendre plus sincères, plus vives, plus complètes et plus durables.

XVII.

L'expérience de beaucoup d'opinions donne à l'esprit beaucoup de flexibilité, et l'affermit dans celles qu'il croit les meilleures.

XVIII.

Dans l'embarras de savoir quelle est l'opinion la plus vraie, il faut choisir la plus honnête.

XIX.

Il y a des opinions qui viennent du cœur, et quiconque n'a aucune opinion fixe, n'a pas de sentiments constants.

XX.

N'ayons que les opinions compatibles avec d'excellents sentiments. Le sentiment est juge en bonne logique, même dans les choses intellectuelles.

XXI.

Il y a uniformité dans les mœurs, quand les proverbes sont cités, avec la même révérence, par les prudents de toutes les classes de la société.

XXII.

Le peuple est capable de vertu, mais incapable de sagesse. Plus infaillible dans son estime que dans ses préférences, il sait connaître, mais ne sait pas choisir. Il y a plus de sens qu'on ne croit dans cette épigramme contre un boucher qui, ayant besoin d'un avocat, se rendit au palais, en la grand'salle, et y fit choix du plus gras.

XXIII.

« Je pense comme ma terre », disait un propriétaire; mot plein de sens, et dont on peut faire l'application chaque jour. Les uns pensent en effet comme leur terre, les autres comme leur boutique, quelques uns comme leur marteau, quelques autres comme leur bourse vide et qui aspire à se remplir.

XXIV.

Le vrai bourgeois est, par caractère, possesseur paisible et paresseux de ce qu'il a ; il est toujours content de lui, et facilement content des autres.

XXV.

Dans les classes sans éducation, les femmes valent mieux que les hommes : dans les classes distinguées, au contraire, on trouve les hommes supérieurs aux femmes. C'est que les hommes sont plus susceptibles d'être riches en vertus acquises, et les femmes en vertus natives.

XXVI.

Le public vertueux et judicieux est seul le véritable public, le seul dont les suffrages puissent compter, et dont les jugements fassent loi.

XXVII.

* La voix du peuple n'a d'autorité que lorsqu'elle est celle d'un peuple contenu.

XXVIII.

*L'idée de la perfection est plus nécessaire aux hommes que les modèles, je ne veux pas dire seulement dans les arts, mais aussi dans les mœurs.

XXIX.

Il faudrait qu'il y eût, pour le peuple, une histoire secrète des bienfaits des rois, et, pour ceux-ci, une histoire secrète des justes châtiments que les peuples ont quelquefois infligés aux rois. Les rois ne devraient lire que celle-ci, et les peuples que celle-là.

XXX.

Jamais les hommes, même malgré d'immenses bienfaits, n'aiment invariablement ceux qui les dépravent.

XXXI.

Le peuple hait ses vices dans les grands; mais il aime dans les rois une bonté qui ressemble à la sienne. C'est que la sienne est la meilleure, comme ses vices sont les pires.

XXXII.

On veut que le pauvre soit sans défauts;

c'est que peut-être il lui serait facile d'être parfait. La misère éteint les passions, et l'abondance les nourrit. Les petits n'ont guère que des besoins.

XXXIII.

Une belle conduite est plus aimable avec des hommes innocents, comme une belle voix a plus d'éclat dans les lieux où il y a de l'écho.

XXXIV.

Il convient aux hommes savants d'être populaires, comme cela convient aux rois.

XXXV.

L'opposé des défauts de chaque siècle plaît dans ce siècle-là, lors même que c'est un défaut.

XXXVI.

Toujours prête à condamner ses défauts dans les autres, la grossièreté ne pardonne qu'aux vices raffinés.

XXXVII.

Le luxe des petits ruine l'État.

XXXVIII.

Tout luxe corrompt ou les mœurs ou le goût.

XXXIX.

Ce n'est pas le désir des vrais biens qui déprave l'homme, mais le désir de ceux qui sont faux. Jamais un peuple ne s'est corrompu, pour avoir du blé, des fruits, un air pur, des eaux meilleures, des arts plus parfaits, des femmes plus belles; mais pour avoir de l'or, des pierreries, des sujets, de la puissance, un faux renom et une injuste supériorité.

XL.

Une idée de paix, aussi bien que d'intelligence, se mêle à celle de l'étude, qui la fait respecter et presque envier comme une félicité par les hommes même grossiers.

XLI.

Rien n'est beau, après les armes, que l'étude ou la piété.

XLII.

Quand on vous dira qu'un peuple est savant, examinez toujours à quel point il connaît le beau dans les arts.

XLIII.

Un peuple qui veut se distinguer par les lettres, quand il n'est pas très-ingénieux, est naturellement porté à se jeter dans le savoir; c'est sa ressource. La nature donne plus de patience aux esprits qu'elle a créés moins pénétrants.

XLIV.

Plus un peuple est humoriste, plus il est vif et brusque, plus il a d'accent. Son accent annonce en quoi il est peu contenu. Les courtisans, habitués à se contraindre, n'ont point d'accent. Des âmes toujours égales, toujours calmes, toujours élevées, expriment aussi sans accent leurs sentiments et leurs pensées. Jamais homme éminent n'a gardé pur, c'est-à-dire entier, l'accent de ses compatriotes.

XLV.

Quand les peuples ont perdu cette heureuse disposition de l'enfance à craindre et honorer les pouvoirs qui sont invisibles, et qu'une audace d'esprit excessive les a mis au-dessus de toute crédulité, ils sont alors sortis de la sphère de l'ordre accoutumé; ils ont dépassé les bornes en-deçà desquelles leur nature est bonne; ils deviennent méchants.

XLVI.

Les peuples qui ont perdu la vertu et le vrai savoir, ne peuvent plus les recouvrer. Personne, à l'exception des véritables sages, ne veut retourner en arrière, même pour reprendre le bon chemin.

XLVII.

Tout ce qui se corrompt fermente.

XLVIII.

Il y a des destructions fatales. Notre sagesse en cherche le remède, et c'est un de nos devoirs. Mais quand le remède est trouvé, il survient d'autres maux. Le ciel fait ce qu'il veut et ce qu'il faut.

XLIX.

Le même sang-froid qui nous fait dire: « L'État est vieux, et il doit périr », serait propre à nous faire dire aussi : « Mon père est âgé, et il doit mourir. » C'est un sang-froid qui n'est pas permis.

L.

Il y a dans chaque siècle, même dans les siècles les plus éclairés, ce qu'on peut, à juste titre, appeler l'esprit du temps, sorte d'atmosphère qui passera, mais qui, pendant sa durée, trompe tout le monde sur l'importance et sur la vérité même de la plupart des opinions dominantes.

LI.

Le peuple veut voir le prince au visage, c'est-à-dire examiner le lot qui lui est échu dans la loterie des destinées.

LII.

Il y a des hommes qui respectent la puissance, comme d'autres respectent la vertu; ceux qui en sont revêtus, leur inspirent la même estime, le même amour, la même admiration.

LIII.

Le pouvoir est une beauté; il fait aimer aux femmes la vieillesse même.

LIV.

La noblesse est une dignité due à la présomption que nous ferons bien, parce que nos pères ont bien fait.

LV.

Il y a, dans le naturel des hommes et des peuples, quelque chose de querelleur. Quand cet esprit de dispute et de contestation s'exerce sur des minuties, pourquoi gémir? Ce sont là les siècles heureux. Le mal à craindre est celui qui attaque et qui dérange ce qu'il y a de fondamental dans l'ordre de la société.

LVI.

En politique, il faut toujours laisser un os à ronger aux frondeurs.

LVII.

Il semble que les peuples aiment les périls, et que lorsqu'ils en manquent, ils s'en créent.

LVIII.

Il s'exhale de tous les cris et de toutes les plaintes une vapeur; de cette vapeur il se forme un nuage, et de ce nuage il sort des foudres et des tempêtes.

LIX.

Les révolutions sont des temps où le pauvre

n'est pas sûr de sa probité, le riche de sa fortune, et l'innocent de sa vie.

LX.

Établissez la communauté, et vous aurez bientôt un peuple chasseur, guerrier, dévastateur, et une agriculture abandonnée aux esclaves.

LXI.

Ce qui rend les guerres civiles plus meurtrières que les autres, c'est qu'on se résout plus facilement à avoir son ennemi pour contemporain que pour voisin : on ne veut pas risquer de garder la vengeance si près de soi.

LXII.

Flatter le peuple dans les tempêtes politiques, c'est dire aux flots de gouverner le vaisseau, et au pilote de céder aux flots.

LXIII.

Ce qui vient par la guerre s'en retournera par la guerre; toute dépouille sera reprise; tout butin sera dispersé; tous les vainqueurs seront vaincus, et toute ville pleine de proie sera saccagée à son tour.

LXIV

Il s'établit toujours de grandes liaisons entre les peuples qui se font de longues guerres. La guerre est une espèce de commerce qui lie ceux même qu'elle désunit.

LXV.

Les Français naissent légers, mais ils naissent modérés. Ils ont un esprit leste, agréable et peu imposant. Parmi eux, les sages mêmes, dans leurs écrits, semblent être de jeunes hommes.

LXVI.

Hors des affections domestiques, tous les longs sentiments sont impossibles aux Français.

LXVII.

Il n'y a pas de peuple au monde qui fasse le mal avec aussi peu de dignité que nous. Notre cupidité n'a que de l'étourderie, et nos apprêts de ruse ne sont qu'une fanfaronnade. Dès que nous nous écartons de la droiture et de la générosité, nous sommes ridicules et déplaisants; nos mesures sont étroites, nos projets mal concertés, notre maintien même devient aigrefin. Les autres nations, plus graves, plus réfléchies, plus profondément émues, font bientôt de nous leur dupe ; on nous bafoue et l'on se moque de nous tant qu'on veut. La vertu seule nous sied bien ; nous l'exerçons avec grâce, et presque en nous jouant ; nous faisons les plus nobles actions et les plus hauts sacrifices avec aisance, simplicité, grandeur. Mais il faut que nous soyons abandonnés à notre instinct ; si l'on veut nous faire agir par des voies étrangères à notre naturel, nous devenons mesquins, intrigants sans succès, jouets de tous et dignes de mépris. C'est pour cela que l'histoire de nos armées est si belle, et celle de nos compagnies si misérable. Voyez le sort de nos établissements dans les Indes. Nous avons bien pu, à main armée, chasser les nations rivales d'un poste qu'elles occupaient, et nous faire, par notre humeur, plus d'amis qu'elles en ces contrées. L'Amérique et l'Inde n'ont point à nous redemander le sang injustement versé, et nous n'avons à redouter ni leur vengeance ni leur haine ; mais nous avons eu souvent à rougir de leur juste dédain ; jamais nous n'avons su y supplanter le commerce d'aucune nation, et souvent elles ont chassé nos commis avec ignominie, comme des friponneaux maladroits, assez impudents pour se mêler d'être trompeurs, sans industrie et sans vocation. Il faut à la mauvaise foi des combinaisons, des précautions, du secret, de la lenteur; le Français n'y est pas propre. Il ne réussit bien qu'aux sentiments qui exigent du jet, et au commerce qui demande du goût, de la hardiesse et de la célérité.

LXVIII.

Les journaux et les livres sont plus dangereux en France qu'ailleurs, parce que tout le monde y veut avoir de l'esprit; et que ceux qui n'en ont pas, en supposent toujours beaucoup à l'auteur qu'ils lisent, et se hâtent de penser ou de parler comme lui.

LXIX.

Mettez la poésie d'Homère ou l'éloquence de Démosthènes à la mode, les Français en feront, et même ils y excelleront.

LXX.

En France, il semble qu'on aime les arts pour en juger bien plus que pour en jouir.

LXXI.

Il faut ménager le vent aux têtes françaises, et le choisir, car tous les vents les font tourner.

LXXII.

Les Français sont les hommes du monde les plus propres à devenir fous, sans perdre la tête. Ils ne se trompent guère que méthodiquement, tant ils sont peu faits pour la méthode. Leur raison va toujours plus droit et plus vite que leur raisonnement.

LXXIII.

Les Français étaient un peuple *moral*, par leurs vices mêmes, qui les attachaient peu à la matière; tandis que les Hollandais, par exemple, étaient un peuple *matériel*, même par leurs vertus, l'amour du travail et l'esprit d'épargne. Nous avons encore en France, une expression bourgeoise qui est un reste et un signe de la noblesse et du désintéressement ordinaires en nos mœurs passées. On dit, dans nos petites villes, d'un homme qui aime à entasser : *Il tient à la matière*, expression très-philosophique, et qui certes fait honneur à la nation où elle est en usage.

LXXIV.

La sagesse de Bonaparte était dans ses pensées, et la folie dans ses passions.

LXXV.

Dans les hommes du midi, la méchanceté s'évapore en paroles et en pensées. Moins subtile et plus grave chez ceux du nord, elle ne peut se contenter que par des actes.

LXXVI.

Dire vivement et avec feu des choses froides, est une coutume des méridionaux. C'est que leur vivacité ordinaire vient du sang, non de l'âme.

LXXVII.

Les affaires d'Angleterre vont bien; mais sa tranquillité va mal. Je ne vois là qu'un peuple qui croit ne pouvoir acheter ses richesses à trop haut prix. Otez-lui son commerce : il trouvera demain ses anxiétés politiques insupportables, et ne voudra plus les souffrir. Une vie toute paisible lui rendrait sa constitution odieuse. Son gouvernement est pour lui un sujet d'inquiétude et de défiance, non d'amour, de repos et de sécurité.

LXXVIII.

C'est de l'Angleterre que sont sorties, comme des brouillards, les idées métaphysiques et politiques qui ont tout obscurci.

LXXIX.

Les Anglais sont gens de bien pour leur propre compte, et gens sans foi pour le compte de leur pays.

LXXX.

Le peuple anglais est tranquille, toutes les fois qu'il n'est pas agité violemment : son caractère lui tient lieu de police. Il est d'une humeur posée, qui donne aux passions le temps de s'amasser lentement et de croître; aussi ses sentiments sont-ils forts.

LXXXI.

Les Anglais sont élevés dans le respect des choses sérieuses, et les Français dans l'habitude de s'en moquer.

LXXXII.

En Angleterre, le parlement est roi, et le roi ministre, mais ministre héréditaire, perpétuel, inviolable. C'est un monarque mutilé, borgne, boiteux et manchot, mais honoré.

LXXXIII.

Fox était, dans toutes les acceptions de notre mot français, un homme qui savait se montrer; il ne savait pas autre chose.

LXXXIV.

Le mot de Louis XIV : « Il n'y a plus de Py-« rénées », manque de justesse. Ce n'est pas là ce qui a rendu l'Espagne et la France amies; c'est plutôt la conquête de la Franche-Comté qui, n'ayant plus laissé, entre les deux nations, aucun sujet de discorde, a fait rentrer l'Espagne dans les limites naturelles où nous n'avions rien à lui envier. L'Espagne et la France sont donc et doivent rester unies, parce qu'il y a des Pyrénées.

LXXXV.

L'orgueil est le caractère dominant du peuple espagnol. Jusque dans sa passion pour l'or, il y a plus d'orgueil que de cupidité. C'est l'éclat de ce métal, sa pureté, sa grandeur, et, pour ainsi dire, sa gloire, qui le lui rendent si cher. Il le regarde comme le roi des métaux, et se croit, comme la nation la plus noble de la terre, seul digne de le posséder. Aussi a-t-il été impitoyable envers les Indiens, pour leur arracher cette matière souveraine, qui lui semblait captive entre les mains d'un peuple nu.

LXXXVI.

Les Espagnols ont, dans leurs sentiments, l'enflure qu'on trouve dans leurs livres; enflure d'autant plus déplorable qu'elle couvre une force de caractère et une grandeur réelles. Ils se sont rendus odieux et criminels par un faste insensé, et souffrent encore aujourd'hui de l'horreur que nous inspirent les conquérants de l'Inde. Cet exemple doit enseigner aux autres peuples à prendre plus de soin de l'honneur de leur nom, et à le maintenir sans tache; car, malgré soi, on départ sur les individus, dans les rapports même de l'intimité, l'opinion qu'on a conçue des mœurs et du caractère général de leur nation.

LXXXVII.

Donner à ses souverains de nouveaux empires, et trouver l'occasion de devenir et de se montrer savant, tel était le double but qu'ambitionnait Améric Vespuce, et qui l'honorait à ses yeux. Il trouvait beau de se gouverner, sur la mer et dans des pays inconnus, par les règles de l'astronomie, science alors peu répandue et peu avancée. Il avait de l'élévation dans l'esprit et de la hardiesse dans le caractère; mais aucun grand principe de morale ne le dirigea jamais. Dans ses relations, il veut toujours paraître imbu des bonnes lettres; mais il écrit plutôt en homme à qui sa mémoire rappelle de belles descriptions, qu'en voyageur à qui son imagination représente de beaux objets.

LXXXVIII.

Anson voyagea avec faste, suivi pompeusement d'une nombreuse escorte. Byron se promena sur la mer, en homme qui voulait la connaître, parce qu'il devait s'y battre; Carteret, en marin qui aime son métier; Wallis, en gentilhomme qui veut étudier les coutumes et les lieux; M. de Bougainville, en militaire français qui prépare une relation piquante; Cook, en navigateur qui veut acquérir un grand nom et laisser une longue mémoire chez les nations polies et chez les sauvages.

LXXXIX.

Frédéric II. Ce roi sans femmes, ne sera jamais mon héros. Sa fameuse tactique a déjà démenti toute l'estime qu'on en faisait, lorsqu'elle a voulu, dans ces derniers temps, se mesurer avec notre impétuosité française. Ces Prussiens si vantés étaient toujours battus avant d'avoir achevé de se mettre en garde, en déroulant leurs longues évolutions. Si ses institutions militaires ont déjà peu réussi, que sera-ce de sa morale, ou, pour mieux dire, de ses influences de toute espèce, qui ont porté dans les esprits prussiens tant d'indifférence pour tout ce qui est grave et sérieux, hors du travail et de la guerre ? Il rendit son pays plus riche, plus belliqueux ; il ne le rendit pas meilleur.

XC.

La politesse dans les manières, et la barbarie dans les mœurs ; la faiblesse par l'ignorance, et la présomption par les succès ; l'imperfection par nature, et l'excellence par emprunt ; des vices qui ont mille ans et seront éternels, parce qu'ils sont de race, d'habitude et de climat ; des vertus qui n'ont qu'un jour et dureront peu, parce qu'elles sont de culture et non d'essence; un peuple enfin dont on a fait ce qu'il ne peut pas être, et qui est condamné à redevenir ce qu'il était : tels sont les Russes.

XCI.

Il y a, dans les flatteries des Orientaux, plus d'admiration que de crainte.

XCII.

Les Chinois sont-ils dans un état aussi imparfait qu'on le prétend, et y a-t-il au monde un seul peuple où le pouvoir, le ministre et le sujet soient plus fortement et plus distinctement unis, séparés, établis? « Ils ont été souvent vaincus », dit-on; mais faut-il rendre les institutions d'une nation responsables des hasards et des événements de la guerre? Ils ont été souvent vaincus! Oui, leurs empereurs, mais jamais leurs mœurs. Et la durée n'est-elle pas un signe de l'excellence, dans les lois, comme l'utilité et la clarté sont un caractère de vérité, dans les systèmes? Or, quel peuple eut jamais des lois plus anciennes, qui aient moins varié, et qui aient été plus constamment honorées, aimées, étudiées?

XCIII.

Voici comment on pourrait diviser le commerce des nations, d'après leur caractère : L'Espagnol, joaillier, orfèvre, lapidaire; l'Anglais, manufacturier; l'Allemand, marchand de papiers; le Hollandais, marchand de vivres, et le Français marchand de modes. Dans la navigation, le premier est courageux, le second habile, le troisième savant, le quatrième industrieux, et le cinquième hasardeux. Il faut donner à un vaisseau un capitaine espagnol, un pilote anglais, un contre-maître allemand et des matelots hollandais; le Français ne marche que pour son compte. Il faut proposer au premier une conquête; une entreprise au second, des recherches au troisième, au quatrième du gain, et un coup de main au cinquième. Le premier veut de grands voyages, le second des voyages importants, le troisième des voyages utiles, le quatrième des voyages lucratifs, et le cinquième des voyages rapides. Le premier s'embarque pour aller, le second pour agir, le troisième pour voir, le quatrième pour gagner, et le cinquième pour arriver. La mer enfin est pour l'Espagnol un chemin, pour l'Anglais un lieu;

pour l'Allemand un cabinet d'étude, pour le Hollandais une voie de transport, et pour le Français une chaise de poste.

TITRE XVII.

DE L'ANTIQUITÉ.

I.

Trois choses attachaient les anciens à leur sol natal, les temples, les tombeaux et les ancêtres. Les deux grands liens qui les unissaient à leur gouvernement, étaient l'habitude et l'ancienneté. Chez les modernes, l'espérance et l'amour de la nouveauté ont tout changé. Les anciens disaient *nos ancêtres,* nous disons *la postérité;* nous n'aimons pas comme eux la patrie, c'est-à-dire le pays et les lois de nos pères; nous aimons plutôt les lois et le pays de nos enfants; c'est la magie de l'avenir, et non pas celle du passé, qui nous séduit.

II.

Le mot *patria,* chez les anciens, voulait dire *terre paternelle,* et avait pour eux un son qui allait au cœur. Celui de *patrie* n'étant lié à aucun autre mot connu, ne s'entend que par réflexion; il n'a pour nous qu'un son muet, un sens obscur, et ne peut exciter dans notre âme les mêmes affections. Devenu substantif dans nos idiomes, cet adjectif ne dénomme qu'une chose morale, et par conséquent, il est froid.

III.

Beaucoup de mots ont changé de sens. Le mot de *liberté*, par exemple, avait, au fond, chez les anciens, le même sens que celui de *dominium*. *Je veux être libre*, signifiait chez eux : *je veux gouverner ou administrer la cité*, et signifie parmi nous : *je veux être indépendant*. *Liberté*, chez nous, a un sens moral, et avait, chez eux, un sens tout politique.

IV.

Les anciens, que tout matérialisait dans leurs institutions, étaient spiritualisés par leur poésie. Ils disaient qu'il y avait une Muse qui présidait à la science du gouvernement.

V.

Les anciens avaient besoin de la vertu, et, n'y étant pas portés par le précepte, ils s'y menaient, pour ainsi dire, eux-mêmes par des raisonnements et des considérations légères.

VI.

Les anciens apprenaient au pied des autels de leurs dieux, en ne leur adressant que d'agréables et douces paroles, à être doux, ornés, polis dans leurs discours avec les hommes. Ils faisaient cette prière à Vénus : « Accordez-nous de ne rien dire que d'agréable « et de ne rien faire qui ne plaise. »

VII.

La politesse athénienne était supérieure à la nôtre. Elle avait presque le langage de la galanterie. Socrate, dans le banquet de Platon, disait à Alcibiade : « Les yeux de l'esprit de« viennent plus perçants, à l'âge où les yeux « du corps s'affaiblissent, et vous êtes encore « loin de cet âge. » Quelle grâce dans la contradiction !

VIII.

On demandait un jour à la fille d'Aristote, nommée Pythias, quelle couleur lui plaisait davantage. Elle fit réponse que c'était celle qui naissait de la pudeur sur le visage des hommes simples et sans malice.

IX.

Dinarque disait aux Athéniens : « Vous avez
« fait mourir Menon, le meûnier, parce qu'il
« avait retenu dans son moulin un enfant libre
« de Pellène. Vous avez puni de mort Thé-
« mistius, parce qu'il avait insulté, pendant
« les fêtes de Cérès, une musicienne de Rho-
« des ; et Euthymaque, parce qu'il avait pro-
« stitué une jeune fille d'Olynthe.... » Quelle
idée une telle sévérité donne à notre esprit de
la douceur de mœurs et de la bonté naturelle
des Athéniens! Quelquefois, en effet, des lois
rigides annoncent un peuple qui est bon.

X.

* Le mépris des injures particulières était un
des caractères des mœurs antiques.

XI.

Les anciens vantent toujours la fermeté
comme une qualité héroïque et rare. Il fallait
qu'ils fussent naturellement bien éloignés de
notre sécheresse de cœur et de mœurs. Il y
avait dans l'âme des anciens une sensibilité
et des tendresses que nous n'avons plus. Des
idées plus justes nous ont rendus, même

envers les héros, des juges plus sévères.

XII.

On reprochait à Euripide d'avoir fait Ménélas méchant sans nécessité; cette censure était honorable aux critiques ; ils regardaient comme une chose absurde la méchanceté gratuite.

XIII.

Aux Grecs, et surtout aux Athéniens, le beau littéraire et civil; aux Romains, le beau moral et politique; aux Juifs, le beau religieux et domestique; aux autres peuples, l'imitation de ces trois-là.

XIV.

Les Grecs aimaient la vérité, mais ils ne pouvaient se refuser au désir de la parer, et à l'occasion de l'embellir; ils aimaient à la dire, même solide, avec des paroles flottantes.

XV.

Les Athéniens et les Grecs prenaient grandement garde à la beauté du naturel. La pénétration d'esprit, la douceur et le courage faisaient la perfection de l'homme, aux yeux de Socrate et de Platon : la douceur, qui rend l'homme pacifique dans la cité et agréable aux citoyens ; le courage, qui le rend ferme dans les maux, modéré dans les plaisirs même, et redoutable aux ennemis ; la pénétration d'esprit qui le rend délicieux à ses amis, dans la conversation, et parfait dans sa propre vie, en lui faisant toujours apercevoir et faire ce qui est le mieux.

XVI.

Converser et connaître : c'était en cela surtout que consistait, selon Platon, le bonheur de la vie privée.

XVII.

Il me semble beaucoup plus difficile d'être un moderne que d'être un ancien.

XVIII.

Quand je parle d'antiquité, j'entends la saine antiquité, car il y en eut une malade et délirante, comme celle de Porphyre et de Iamblique.

XIX.

Les Athéniens étaient délicats par l'esprit et par l'oreille. Ils n'auraient pas supporté un mot propre à déplaire, même quand on ne l'aurait que cité. On dirait qu'ils étaient toujours de bonne humeur en écrivant. Ils désapprouvaient dans le style l'austérité qui annonce des mœurs difficiles, âpres, tristes ou sévères.

XX.

La force naît de l'exercice, et l'exercice de l'obstacle. C'est ainsi que, dans les anciennes républiques, où les travaux étaient livrés aux esclaves, les citoyens, pour n'être pas énervés par la mollesse, introduisirent la lutte, le ceste, le pugilat. C'est ainsi que les Grecs, pour qui le passé était une table rase, inventèrent leur versification, leur dialectique, leur rhétorique, c'est-à-dire des entraves à la raison, à l'esprit et à la parole, pour se rendre l'esprit agile, la raison pénétrante et le style parfait.

XXI.

*Il est étonnant combien les anciens avaient eu d'idées ingénieuses, combien même ils avaient découvert de vérités, en supposant, par exemple, qu'une chose avait toujours son contraire ou son opposé, et en le cherchant;

qu'elle était première, moyenne ou dernière, et en supposait deux autres qu'ils essayaient aussi de déterminer. Cette méthode leur ouvrait des voies qui souvent les ont conduits très-loin.

XXII.

Dans le style des premiers écrivains de l'antiquité, les mots sont nets, nobles ou graves, et renferment chacun un sens complet. La phrase a peu de membres, peu de jointures, et se lit d'un coup d'œil, comme elle se comprend par un seul mouvement d'attention. Tout y est intelligible en soi. On dirait des gouttes lumineuses que l'œil pénètre d'un seul regard.

XXIII.

Les anciens se servaient ordinairement du mot vague le plus voisin du mot précis, afin de causer plus de plaisir à l'attention. Ils interdisaient le style ennemi de l'ampleur, les traits vifs qui disent tout, et qui rendent ainsi une longue éloquence impossible.

XXIV.

Dieu, ne voulant pas départir la vérité aux Grecs, leur donna la poésie.

XXV.

Les anciens ne savaient presque jamais bien nettement ce qu'ils pensaient ; ils fouillaient peu dans leur esprit. Occupés du soin de bien dire, ils se contentaient du plaisir que leur faisaient leurs propres mots, ne cherchant dans la réflexion que ce qu'ils pouvaient se procurer de beauté par elle. On parle de leur imagination : c'est de leur goût qu'il faut parler ; lui seul réglait toutes leurs opérations, en appliquant leur discernement à ce qui était beau et convenable. Leurs philosophes mêmes n'étaient que de beaux écrivains, dont le goût était plus austère.

XXVI.

Les anciens disaient qu'un discours trop orné n'avait pas de mœurs, c'est-à-dire n'exprimait pas le caractère et les inclinations de celui qui parlait. Toutes nos recherches, en effet, ne peuvent montrer que nos richesses, notre art, nos habitudes littéraires.

XXVII.

Les Grecs se plaisaient à parler leur langue, et à la sentir couler ou sous leur plume ou de leur bouche; elle les charmait. C'est que leur langue était aisée; et elle était aisée, parce que les constructions élégantes y étaient triviales; le peuple et les auteurs la parlaient avec la même pureté. Aussi les allusions aux proverbes populaires sont-elles fréquentes dans les écrivains les plus polis; Platon en est plein. Or, les allusions sont ce qui donne le plus de magie au style et d'amusement à l'esprit. Il s'y égaie, s'y délasse et s'y ranime. En France, nous avons dit que les maximes étaient les proverbes des honnêtes gens. A Athènes, les maximes des honnêtes gens et les proverbes de la halle étaient une même chose.

XXVIII.

Le rhythme s'opère par des cadences, comme l'harmonie par des sons. C'étaient des cadences et non des sons, du rhythme et non de l'harmonie, qu'opéraient les accents et la mesure des syllabes longues ou brèves, dans la langue des Grecs et des Latins.

XXIX.

Les Latins s'écoutaient parler, et les Grecs

se regardaient dire, car ils voulaient que leurs paroles ressemblassent à leurs pensées. Les premiers aspiraient au nombre, à la pompe, à la dignité, à l'éloquence; les seconds à la clarté et à la grâce.

XXX.

Il y a de la rudesse dans les Latins. Une modération noble et de bon goût distingue les Grecs, et surtout les Athéniens.

XXXI.

Ces fiers Romains avaient une oreille dure, et qu'il fallait caresser longtemps, pour la disposer à écouter les belles choses. De là ce style oratoire qu'on trouve même dans leurs plus sages historiens. Les Grecs, au contraire, étaient doués d'organes parfaits, faciles à mettre en jeu, et qu'il ne fallait qu'atteindre pour les émouvoir. Aussi, la plus simple parure suffisait à une pensée élégante, pour leur plaire, et la vérité pure les satisfaisait dans les descriptions. Ils observaient surtout la maxime : *Rien de trop*. Beaucoup de choix et de netteté dans les pensées ; des paroles assorties et belles de leur propre harmonie ; enfin, la sobriété nécessaire pour que rien ne retardât une impression, forment le caractère de leur bonne littérature. Ce n'est que chez les Grecs gâtés par la vie romaine, que vous trouverez cette abondance de discours opposée à la pureté. Jamais une expression oratoire ne se présente dans leurs meilleurs historiens; et l'éloquence, dans leurs grands orateurs, est plus voisine de l'histoire que, dans leurs bons conteurs, l'histoire n'est voisine de l'éloquence.

XXXII.

* Les anciens, dans leurs compositions, avaient l'esprit plus à l'aise que nous. Ils n'étaient pas embarrassés de mille égards auxquels nous sommes forcés envers une foule d'ouvrages que nos lecteurs connaissent, et que nous ne pouvons nous dispenser de combattre ou de rappeler perpétuellement. Obligés ainsi de nous tenir en harmonie ou de nous mettre en désaccord avec tous les livres qui existent, nous faisons notre partie au sein de la cacophonie; eux chantaient en paix leur solo.

XXXIII.

C'est surtout du langage des anciens qu'il faut être scrutateur studieux.

XXXIV.

Les livres des anciens sont une encyclopédie de style, où l'on trouve en exemples l'art de tout dire avec délicatesse, avec bon goût, avec beauté; car ils parlent de tout avec un accent doux et un beau langage. Leurs ouvrages, même les médiocres, sont tous empreints d'un beau type. Ils n'avaient pas plus de génie que nous, mais leur art valait mieux que le nôtre; il y avait dans leur pays un meilleur goût, et ils avaient hérité d'habitudes meilleures.

XXXV.

Il est oratoire d'employer dans le discours l'autorité des anciens, et moral de la respecter. La philosophie qui s'en sert dans ses raisonnements est plus douce, plus persuasive et plus propre à rendre meilleur. * Un esprit de sagesse s'exhale de la lecture des anciens, et pénètre l'âme ravie.

XXXVI.

La lie même de la littérature des Grecs, dans sa vieillesse, offre un résidu délicat.

XXXVII.

Il faut lire les anciens lentement : on a besoin de beaucoup de patience, c'est-à-dire de beaucoup d'attention, pour avoir beaucoup de plaisir, quand on parcourt les beaux ouvrages.

XXXVIII.

L'antiquité! J'en aime mieux les ruines que les reconstructions.

XXXIX.

Les anciens avaient remarqué de la prolixité dans Euripide, et des inégalités dans Sophocle ; mais ils ne s'étaient pas permis de le leur reprocher, regardant, en quelque sorte, les fautes des grands écrivains comme un accident plutôt que comme un défaut. Leurs livres sont de beaux volumes où il n'y a que des taches d'eau.

XL.

« Ce n'est pas l'auteur qui a fait la faute, « c'est le temps », disait Aristarque, en parlant de ces beautés des vieux écrits auxquelles les générations postérieures ne peuvent plus être sensibles; prétendant ainsi, et avec raison, que les mets et leurs saveurs n'avaient pas changé, mais les goûts.

XLI.

Les anciens se laissaient plus éprendre que déprendre. Jamais leur esprit ne regimbait contre son plaisir, et ne contestait ce qui était ingénieux. Il semble que, chez eux, les lettres qu'ils appelaient humaines étaient en effet plus humaines que parmi nous. Leur critique était plus indulgente, plus douce, plus favorable que la nôtre; elle était plus disposée à approuver. Ils admettaient trois genres : le sublime, le simple et le tempéré. « Tous ceux », dit Cicéron, « qui se sont distingués chez les « Grecs, dans quelqu'un de ces genres, ont « acquis un grand nom. » Ces hommes, qui faisaient de si grandes choses avec la parole, et pour qui l'art de parler était une si grande puissance, n'accordaient peu d'estime à aucun ouvrage où la parole était employée avec habileté. Ils admiraient l'art avant tout, et tout ouvrage dont ils pouvaient dire : L'art y surpasse la matière, était à leurs yeux un chef-d'œuvre; ils ne le mettaient au-dessous de rien, et le plaçaient à côté de tout. Et, en effet, pour la pratique et pour l'utilité, l'art, dans un ouvrage, est fort au-dessus du sujet. C'est l'art qui instruit; c'est de lui qu'il est permis de s'enrichir. On peut enlever ses beautés et les placer ailleurs, sans rien ôter aux ouvrages où elles se trouvent. Les pots de terre des Étrusques nous ont appris à modeler l'or et l'argent.

XLII.

Nous ne savons rien dire sans le brouiller et le chiffonner. Les anciens, au contraire, déplissaient et déployaient tout.

XLIII.

* Les anciens soutenaient que dans toute œuvre littéraire, même dans une harangue, il devait se trouver une gauche et une droite, un côté d'où partît le mouvement, un autre où il allât aboutir et d'où il revînt, par une circulation qui s'étendît à tout et qui passât par tous les points.

XLIV.

Dans nos écrits, la pensée semble procéder par le mouvement d'un homme qui marche et qui va droit. Dans les écrits des anciens, au contraire, elle semble procéder par le mouvement d'un oiseau qui plane, et avance en tournoyant. Ils cherchaient plus la grâce, « *quid deceat, quid non* », que la force et l'exactitude. Remarquez la liberté d'esprit et d'imagination particulière aux Grecs. Nous avons, en comparaison, dans nos écrits, l'air de forçats attachés à la chaîne, d'esclaves à la tâche, d'idiots en extase.

XLV.

Les anciens avaient dans l'esprit beaucoup moins de mouvement et plus de dignité que nous. De là vient la modération de leurs discours et l'excellence de leur goût.

XLVI.

Les Athéniens avaient l'esprit naturellement noble et pathétique, comme les Français l'ont naturellement plaisant.

XLVII.

Les anciens n'avaient pas l'esprit dressé comme nous à la contention, à l'effort. Ils en étaient d'autant plus propres à faire passer leurs idées dans les esprits vulgaires, incapables en général d'une attention très-soutenue, ou peu propres à soutenir une attention pénible.

XLVIII.

Le style pathétique, élevé, harmonieux, et propre à l'éloquence de la tribune, était aussi facile à un Grec ou à un Romain, que le style spirituel et poli, vif et court, badin et flatteur, est facile à un Français. Le génie de la vie intérieure et sociale domine parmi nous, comme celui de la vie publique dominait chez les anciens. Ils étaient instruits, dès l'enfance, et exercés, dès la jeunesse, à parler à la multitude; nous le sommes à parler aux individus. Ils avaient un langage abondant en figures et en paroles solennelles; le nôtre abonde en mots à double face et en tournures ingénieuses. Il leur était aisé de faire longuement des discours graves et touchants, comme il nous l'est de dire longtemps des choses agréables. Les lettres de Cicéron sont extrêmement courtes, et il s'y trouve très-peu d'agréments. Ses oraisons, au contraire, en offrent une source inépuisable; son esprit s'y montre toujours varié, fécond, et semble n'être jamais las. Il eût été aussi difficile à Cicéron d'écrire une lettre comme Voltaire, qu'à Voltaire de faire un discours comme Cicéron. Il aurait même fallu de grands efforts à un Romain, homme d'esprit, pour écrire une lettre telle que celles que Caraccioli prête à Clément XIV. Jamais une Romaine, Véturie, mère de Coriolan, par exemple, ne fût parvenue à contrefaire un billet digne de madame de Sévigné. Peut-être, pourtant, une bouquetière d'Athènes y aurait-elle réussi. Chaque langue, dit-on fort bien, a son caractère; mais, comme toutes les autres richesses des peuples, les richesses de chaque langue proviennent du commerce que les hommes en ont fait entre eux.

TITRE XVIII.

DU SIÈCLE.

I.

Civilisation! grand mot dont on abuse, et dont l'acception propre est ce qui rend civil. Il y a donc civilisation par la religion, la pudeur, la bienveillance, la justice; car tout cela unit les hommes; et incivilisation, ou retour à la barbarie, par l'esprit de contestation, l'irréligion, l'impudence, l'audace, l'ambition de tous, l'amour constant de son bien-être, l'ardeur du gain; car tout cela désunit les hommes, et ne nous attache qu'à nous-mêmes.

II.

Nous vivons dans un siècle où les idées superflues surabondent, et qui n'a pas les idées nécessaires.

III.

Quand je vois des jeunes gens tels que ceux de nos jours, je dis que le ciel veut perdre le monde.

IV.

Faire de son humeur la règle de ses jugements, et de ses fantaisies le mobile de ses actions, est une affreuse habitude du siècle.

V.

La coutume et l'autorité étant détruites, chacun se fait des habitudes et des manières selon son naturel; grossières, s'il a le naturel grossier. Déplorables époques que celles où chaque homme pèse tout à son propre poids, et marche, comme dit la Bible, à la lumière de sa lampe !

VI.

Peu d'idées et beaucoup d'appréhensions; beaucoup d'émotions et peu de sentiments; ou, si vous l'aimez mieux, peu d'idées fixes et beaucoup d'idées errantes; des sentiments très-vifs et point de sentiments constants; l'incrédulité aux devoirs et la confiance aux nouveautés; des esprits décidés et des opinions flottantes; l'assertion au milieu du doute; la confiance en soi-même et la défiance d'autrui; la science des folles doctrines et l'ignorance des opinions des sages : tels sont les maux du siècle.

VII.

Pourquoi sommes-nous tous si sensibles à l'impression des choses agréables ou pénibles? Nos pères l'étaient moins. C'est que notre esprit est plus vide, et notre faiblesse plus grande. Nous sommes plus désoccupés de sentiments sérieux ou de solides pensées. L'homme qui n'a que son devoir en vue et qui y court, prend moins garde à ce qui est sur son chemin.

VIII.

*Les esprits propres à gouverner, non-seulement les grands états, mais même leur propre maison, ne se rencontrent presque plus. Aucun temps ne les vit si rares.

IX.

Il n'y a plus aujourd'hui d'inimitiés irréconciliables, parce qu'il n'y a plus de sentiments désintéressés : c'est un bien né d'un mal.

X.

On a aujourd'hui non-seulement la cupidité, mais l'ambition du gain.

XI.

Le même esprit de révolution a dirigé les hommes dans la littérature, dans l'État et dans la religion. Les philosophes ont voulu substituer leurs livres à la Bible, comme les jacobins leur autorité à celle du roi.

XII.

Chacun, dans ce siècle, a voulu se mêler de toutes choses, et la populace, partageant les ambitions de la philosophie, est venue faire avec les mains ce qu'il faut faire avec la tête. Pendant que les uns mettaient en avant leurs abstractions, les autres se servaient de leurs outils. Tout était renversé, jusque-là que l'instrument du supplice des innocents se forgeait d'après les dessins et sous l'inspection de la chirurgie.

XIII.

Le siècle est travaillé de la plus terrible des maladies de l'esprit, le dégoût des religions.

Ce n'est pas la liberté religieuse, mais la liberté irréligieuse qu'il demande.

XIV.

On a rompu les chemins qui menaient au ciel et que tout le monde suivait; il faut se faire des échelles.

XV.

L'hérésie est moins à craindre aujourd'hui que l'irréligion; l'église a changé d'ennemis et de dangers; elle doit changer de sollicitudes et de combats.

XVI.

L'irréligion n'est plus dans le monde qu'un préjugé; car s'il en est qui viennent des hommes et du temps, il en est d'autres qui naissent des livres et de la nouveauté.

XVII.

La politique appartient à la prudence plutôt qu'à la science, à la faculté élective plus qu'à la rationatrice, au judiciaire plus qu'au démonstratif. Ainsi, dans la manière dont elle est traitée aujourd'hui, on se trompe sur sa nature, sur son genre, sur son classement, et l'on se sert d'une méthode et d'un instrument non convenables.

XVIII.

Le philosophe, chez les Grecs, était le métaphysicien; en France, dans l'acception que l'on donne à ce mot, c'est le réformateur; c'est un homme qui aspire à se conduire par sa propre raison, et jamais par la raison d'autrui; qui érige, dans son esprit, un tribunal où il fait comparaître tout ce que les hommes respectent, et qui préfère ses pensées particulières et les réglements qu'il s'impose, aux mœurs, aux lois et aux usages qu'il trouve établis.

XIX.

L'esprit philosophique du dernier siècle n'a été qu'un esprit de contradiction, appliqué aux mœurs et aux lois. L'esprit de contradiction éloigne de toute étude approfondie; il est commode, car il n'exige aucun travail; mais en même temps, il est funeste, destructeur. L'esprit d'assentiment demande bien plus d'intelligence, d'examen et de savoir; il est pénible, mais bienfaisant, conservateur, réparateur.

XX.

Nos réformateurs ont dit à l'expérience : *Tu radotes*, et au temps passé : *Tu es un enfant.*

XXI.

Presque tout ce que nous appelons un abus fut un remède dans les institutions politiques.

XXII.

Les salons ont perdu les mœurs. La plaisanterie a perdu le monde et le trône.

XXIII.

La commodité a détruit la religion, la morale et la politesse.

XXIV.

Toutes les fois que les mots *autel, tombeaux, héritage, terre natale, mœurs anciennes, nourrice, maître, piété,* sont entendus ou prononcés avec indifférence, tout est perdu.

XXV.

Nous sommes gouvernés par des erreurs et des prestiges : erreurs dans les opinions, prestiges dans les hommes. La liberté, le jury, l'utilité supposée des représentations nationales sont des erreurs. Mirabeau et Napoléon lui-même furent des prestiges. Il plut au ciel d'envoyer le prestige au secours de l'erreur.

XXVI.

Il y a dans tous nos plans d'amélioration ou de réforme, une perpétuelle hyperbole d'intention, qui nous fait viser au-dessus et au delà du but.

XXVII.

Rempli d'un orgueil gigantesque, et, comme les géants, ennemi des dieux, ce siècle a eu, dans toutes ses ambitions, des proportions colossales; vrai Léviathan entre les siècles, il a voulu les dévorer tous.

XXVIII.

Nous vivons dans des conjonctures si singulières, que les vieillards n'y ont pas plus d'expérience que les jeunes gens. Nous sommes tous novices, parce que tout est nouveau.

XXIX.

Tout ce à quoi on nous défie, nous le faisons et au delà ; et, comme de vrais écoliers, nous avons tout brisé chez nous, pour montrer que nous étions les maîtres.

XXX.

Nous ressemblons un peu à des gens qui, lorsqu'on met le feu à la maison, s'occupent à admirer la torche et la bonne mine de l'incendiaire, et bornent là leur prudence.

XXXI.

Il est dans le monde beaucoup de gens qui ont de mauvaises opinions, et qui sont faits pour en avoir de bonnes ; et d'autres qui ont de bonnes opinions, et qui sont faits pour en avoir de mauvaises.

XXXII.

Le pathétique outré est pour les hommes une source funeste d'endurcissement. Les tableaux trop énergiques de l'humanité souffrante rendent les cœurs inhumains, et la haine du mal même, quand elle est trop forte, peut rendre les hommes méchants. Ainsi, de la haine du mal qu'inspiraient les livres du dernier siècle, en n'offrant à notre attention que les malheurs attachés à quelques abus, vinrent les événements monstrueux dont nous avons été témoins, et les plus grandes inhumanités qui aient souillé l'histoire des hommes. Un excès en amène un autre. A cette opinion : tout accusé est innocent, succéda bientôt celle-ci : tout accusateur est vertueux.

XXXIII.

Quand on a accoutumé les esprits à des idées de crime, on y accoutume bientôt les mœurs.

XXXIV.

On craint aujourd'hui l'austérité de mœurs et d'opinions dans le prince, plus qu'on n'y craindrait la rapacité, la cruauté, la tyrannie.

XXXV.

Nous sommes, en politique, presque tous remplis d'un feu qui ne fait que nous agiter, et d'une lumière qui ne fait que nous éblouir.

XXXVI.

Pouvoir législatif, exécutif, etc., ce ne sont là que des chiffres. On a porté dans la politique, et jusque dans la morale, les procédés et presque le langage de l'algèbre; on se sert de mots abstraits au lieu de lettres; on les combine, et l'on croit s'entendre et s'éclairer, parce qu'on a remué des ombres. Et, en effet, ces mots nouveaux, ces notions obscures ne sont pour l'esprit que des ombres sans corps, sans réalité, sans beauté. Dans les démonstrations géométriques, du moins, si l'axiome est dans notre tête, la figure est devant nos yeux, et, entre elle et nos yeux, il y a la lumière de tout le soleil pour éclairer les erreurs que nous pourrions commettre, en appliquant le principe au fait. Mais dans les prétendues démonstrations politiques, nous ne voyons le fait que dans notre esprit, ou dans notre mémoire, puisqu'il est historique, et nous ne le voyons qu'à notre lumière, lumière vague et tremblotante.

XXXVII.

C'est un grand malheur quand la moitié d'une nation est méprisée par l'autre; et je ne veux pas seulement parler du mépris des grands pour les petits, mais du mépris des petits pour les grands.

XXXVIII.

Être capable de respect est aujourd'hui presque aussi rare qu'en être digne.

XXXIX.

Il serait politique d'embellir les grandes familles, en forçant leurs héritiers à n'épouser que de belles femmes. Les nôtres n'eurent pas ce soin. Nos grands n'avaient plus même sur le peuple ces avantages de la bonne mine qui donnent tant d'autorité.

XL.

Où le siècle tombe, il faut l'appuyer.

XLI.

Ce sont les erreurs de l'esprit qui seules ont fait tous nos maux. Les plus entêtés ont été les plus scélérats.

XLII.

Ces Grecs et ces Romains étaient de grands personnages sans doute ; mais en admirant leurs actions, leurs paroles, leurs gestes et leurs attitudes, n'envions pas leur sort ; n'aspirons pas à nous faire une histoire qui nous rende semblables à eux ; traitons-les comme ces acteurs dont on aime le jeu, mais dont on n'aime pas le métier. Savez-vous ce que vous désirez, à votre insu, dans l'établissement d'un corps législatif? Vous désirez un théâtre, et vous voulez vous faire acteurs. Avec le meilleur gouvernement représentatif possible, vous n'aurez encore qu'un mauvais peuple et un sot public.

XLIII.

Ayons le mérite du siècle, si nous en avons les défauts; frappés du mal, aimons les dédommagements.

XLIV.

Il faut opposer aux idées libérales du siècle, les idées morales de tous les temps.

XLV.

Le siècle a cru faire des progrès en allant dans des précipices.

XLVI.

Sans l'ignorance qui s'approche, nous deviendrions bientôt un peuple absolument ingouvernable.

XLVII.

Si les peuples ont leur vieillesse, qu'au moins elle soit grave et sainte, et non frivole et déréglée.

XLVIII.

Malheureux le sage qui vivrait au milieu d'un peuple vieilli dans ses habitudes perverses, gâté, flatté, endurci, incorrigible ! Il serait privé du plus grand de tous les plaisirs, celui d'aimer et d'estimer la multitude. Les vices des rois donnent aux grands hommes de saintes et vives colères; mais ceux du peuple les désolent, quand ce peuple est son propre maître, et qu'on ne peut s'en prendre qu'à lui de ses malheurs et de ses fautes.

XLIX.

Il est lâche et tyrannique d'attaquer, dans des temps et dans des lieux où personne ne peut les défendre, des opinions qui ont régné et servi longtemps de trophée à la sagesse des temps anciens. C'est se battre à jeu sûr, et chercher un triomphe honteux.

L.

Si vous appelez vieilli tout ce qui est ancien; si vous flétrissez d'un nom qui porte avec lui une idée de décadence et un sentiment de dédain, tout ce qui a été consacré et rendu plus fort par le temps, vous le profanez et l'affaiblissez ; la décadence vient de vous.

LI.

Ayons une philosophie amie de l'antiquité, et non pas de la nouveauté, qui se propose l'utilité plus que l'éclat, et qui aime mieux être sage que hardie. La présomption est toujours en faveur de ce qui a été; car s'il a été, s'il a subsisté, il y a eu quelque raison de son existence et de sa durée, et cette raison n'a pu être que sa convenance avec ce qui existait déjà, ou un besoin du temps, ou un besoin de la nature, quelque nécessité enfin qui le ramènera, si on le détruit, ou qui en fera sentir l'absence par quelque grave inconvénient.

LII.

Il ne peut y avoir de bon temps à venir que celui qui ressemblera aux bons temps passés.

LIII.

Le temps nous entraîne et, avec nous, nos bonnes mœurs, nos bons usages, nos bonnes manières, et nos bonnes opinions. Pour ne pas les perdre et ne pas nous perdre nous-mêmes, il faut nous attacher à quelque époque dont nous puissions ambitionner de faire revivre en nous les mœurs, les opinions, les usages et les manières.

LIV.

Dieu a laissé engendrer les sciences physiques aux temps; mais il s'est réservé les autres : lui-même a créé la morale, la poésie, etc. Les premiers germes, récemment produits par ses mains, furent déposés par lui dans les âmes et dans les écrits des premiers hommes. Delà vient que l'antiquité, plus voisine de toutes les créations, doit nous servir de modèle dans ces choses dont elle avait reçu et nous a transmis les principes plus purs. Il faut, pour ne pas nous égarer, mettre les pieds dans les traces des siens, *insistere vestigiis*.

LV.

Une voix trompeuse a perdu le monde et les arts, en nous criant : *Invente, et tu vivras*. Ce qui était ancien n'a plus suffi au genre humain; il a voulu des nouveautés, et s'est forgé des monstres qu'il s'obstine à réaliser.

LVI.

En littérature, rien ne rend les esprits si imprudents et si hardis, que l'ignorance des temps passés et le mépris des anciens livres.

LVII.

On demande sans cesse de nouveaux livres, et il y a, dans ceux que nous avons depuis longtemps, des trésors inestimables de science et d'agréments qui nous sont inconnus, parce que nous négligeons d'y prendre garde. C'est le grand inconvénient des livres nouveaux : ils nous empêchent de lire les anciens.

LVIII.

On n'aime dans ce siècle, en littérature, ni le simple bon sens, ni l'esprit tout seul, ni le raisonnement soutenu. On veut plus que du bon sens ; on n'aime que l'esprit colossal, et, quant au raisonnement, il a trompé tout le monde; on s'en souvient, et l'on s'en défie.

LIX.

Les anciens étaient éloquents parce qu'ils parlaient à des peuples ignorants et avides de savoir. Mais qu'espérer de persuader et d'apprendre à des hommes qui croient tout connaître? C'est à des critiques armés que nous parlons, plutôt qu'à des auditeurs bénévoles.

LX.

Le jugement littéraire de nos pères était plus timide et plus tardif que le nôtre; mais, nourri de graves maximes, leur sens moral était plus tôt formé. Ils ne savaient bien juger ni d'un air, ni d'un édifice, ni d'un tableau; mais ils savaient ce qu'il fallait faire. On parle aujourd'hui : on agissait alors; on s'entretient des arts : alors on s'occupait des mœurs.

LXI.

Nous n'avons plus de bonhomie dans la pensée.

LXII.

Nos pères jugeaient des livres par leur goût, par leur conscience et leur raison : nous en jugeons par les émotions qu'ils nous causent. Ce livre peut-il nuire ou peut-il servir? est-il propre à perfectionner les esprits, ou à les corrompre? fera-t-il du bien ou du mal? Grandes questions que se faisaient nos devanciers! Nous demandons : fera-t-il plaisir?

LXIII.

Il fut un temps où le monde agissait sur les

livres. Maintenant ce sont les livres qui agissent sur lui.

LXIV.

Après la *Nouvelle Héloïse*, les jeunes gens eurent des prétentions à être amants, comme ils en avaient auparavant à être buveurs ou bretteurs. C'est à la honte du siècle, plus qu'à l'honneur des livres, qu'il arrive que des romans exercent un tel ascendant sur les habitudes et les mœurs.

LXV.

Les auteurs français pensent, écrivent, parlent, jugent et imaginent trop vite. Et cela vient du vice radical de nos mœurs : nous sommes trop pressés de vivre et de jouir ; nous jouissons et nous vivons trop vite.

LXVI.

Nous n'écrivons pas nos livres quand ils sont faits; mais nous les faisons en les écrivant. Aussi, ce qu'ils ont de meilleur est-il masqué d'échafaudages. Ils sont pleins de ce qu'il fallait prendre et de ce qu'il fallait laisser.

LXVII.

Notre éloquence a pris l'habitude de parler

en l'air. On entend, dans tous nos discours, une voix qui s'enfle et qui se perd.

LXVIII.

Le style de la plupart des écrivains du jour est bon pour les affaires et pour la controverse; mais il ne va pas au delà. Il est civil, et non pas littéraire.

LXIX.

Je vois partout dans les livres la volonté, je n'y vois pas l'intelligence. — Des idées! qui est-ce qui a des idées? on a des approbations et des improbations; l'esprit opère avec ses consentements ou ses refus; il juge, mais il ne voit pas.

LXX.

Nous avons trop l'habitude et trop la facilité des abstractions; notre esprit se paie de mots qui, comme une espèce de papier monnaie, ont une valeur convenue, mais n'ont aucune solidité. Voilà pourquoi il y a si peu d'or dans notre style et dans nos livres.

LXXI.

Toutes les choses qui sont aisées à bien dire

ont été parfaitement dites ; le reste est notre affaire ou notre tâche : tâche pénible !

LXXII.

Pendant le siècle dernier, les écrivains médiocres s'exprimaient trop lentement ; le contraire arrive aujourd'hui. Les uns parlent trop bas ; d'autres trop vite ; quelques-uns semblent s'exprimer en termes trop menus. Notre style a plus de fermeté, mais il a moins de grâce : on s'exprime plus nettement et moins agréablement. On articule trop distinctement, pour ainsi dire.

LXXIII.

Presque tout le monde excelle aujourd'hui aux raffinements du style ; c'est un art devenu commun. L'exquis est partout, le satisfaisant nulle part. « Je voudrais sentir du fu-« mier », disait une femme d'esprit.

LXXIV.

Le style frivole a depuis longtemps atteint parmi nous sa perfection.

LXXV.

En littérature, aujourd'hui, on fait bien la

maçonnerie, mais on fait mal l'architecture.

LXXVI.

Nous ne prenons plus garde, dans les livres, à ce qui est beau ou à ce qui ne l'est pas, mais à ce qui nous dit du bien ou du mal de nos amis et de nos opinions.

LXXVII.

On ne saurait dire à quel point l'esprit est devenu sensuel, en littérature. On veut toujours quelque beauté, quelque appât dans les écrits les plus austères. On confond ainsi ce qui plaît avec ce qui est beau.

LXXVIII.

Le style philosophique, né parmi nous déclamatoire et violent, est demeuré depuis emphatique ou enflé. Même quand il se borne à disserter, il participe de ces défauts; seulement, son emphase est plus froide et son enflure plus sèche. Il y a, dans toutes nos dissertations, l'accent de la querelle, et un ton hargneux déguisé.

LXXIX.

Au lieu de ce langage poétique et mathématique tout à la fois, qu'on doit employer dans les matières métaphysiques, et dont les anciens nous ont laissé quelques exemples, nos idéologues modernes se sont fait une espèce de style géographique et catalogique, avec lequel ils assignent à ce qui est spirituel une position et des dimensions fixes. Malheureux, qui durcissent tout et changent l'âme elle-même en pierre !

LXXX.

L'école avait trouvé l'art d'embrouiller avec des mots, et nous avons l'art d'embrouiller avec des pensées. Nos devanciers se trompaient avec du vide ; nous nous trompons avec du plein et de fausses solidités.

LXXXI.

Ce qui fait que nous n'avons pas de poëtes, c'est que nous pouvons nous en passer. Ils ne sont pas nécessaires à notre goût, parce qu'ils ne le sont ni à nos mœurs, ni à nos lois, ni à nos fêtes politiques, ni à nos plaisirs domestiques.

LXXXII.

Les premiers poëtes ou les premiers auteurs rendaient sages les hommes fous. Les auteurs modernes cherchent à rendre fous les hommes sages.

LXXXIII.

Les dramatiques modernes ont fait de leur art un jeu où, pour remporter le prix, ou se trouver hors de perte, il faut observer certaines règles, certaines formules difficiles et inutiles, dont ils sont convenus entre eux.

LXXXIV.

Le goût, en littérature, est devenu tellement domestique, et l'approbation tellement dépendante du plaisir, qu'on cherche d'abord dans un livre l'auteur, et, dans l'auteur, ses humeurs et ses passions. Nous voulons que l'âme des écrivains se montre avec la force et les faiblesses, le savoir et les erreurs, la sagesse et les illusions, qui peuvent rendre les hommes propres à notre usage, et que nous aimons à trouver dans les liaisons que nous formons. Ce n'est plus un sage que nous demandons, mais un amant, un ami, ou du moins un acteur qui se représente lui-même, et dont le rôle et le jeu charment nos goûts, beaucoup plus que notre raison. Nous voulons que les livres nous rendent, non pas meilleurs, mais plus contents; que ceux qui les ont faits excitent en nous une sorte de goût sensible; qu'ils aient, enfin, de la chair et du sang. Nous ne saurions plus admirer de purs esprits. Cependant, la lumière est le bien des yeux; et, comme nous sommes sensibles, si quelque intelligence céleste venait à nous inonder tout à coup de ses rayons, peut-être nous trouverions des délices inconnues dans le jour plus éclatant qu'elle ferait luire devant nous.

LXXXV.

Un des maux de notre littérature, c'est que nos savants ont peu d'esprit, et que nos hommes d'esprit ne sont pas savants.

LXXXVI.

Des esprits rudes, et pourvus de robustes organes, sont entrés tout à coup dans la littérature, et ce sont eux qui en pèsent les fleurs.

LXXXVII.

La multitude des paroles qui remplit nos livres, annonce notre ignorance et les obscurités dont nos savoirs sont remplis.

LXXXVIII.

Les anciens critiques disaient : *Plus offendit nimiùm quàm parùm*. Nous avons presque retourné cette maxime en donnant des louanges à toute abondance.

LXXXIX.

On ne trouve presque partout que des paroles qui sont claires et des pensées qui ne le sont pas.

XC.

Il est des découvertes où l'on ne peut arriver que par un détour. Les modernes s'obstinent à procéder par leurs lignes droites; les circuits platoniciens étaient une méthode plus sûre.

XCI.

Je suis las de ces livres où il n'est jamais question que de la matière. On dirait que les sciences ne sont étudiées et traitées que par des exploiteurs de mines, des maçons, des charpentiers, des tisserands, des arpenteurs ou des banquiers. Je ne sais si cette manière de s'instruire et d'instruire les autres, est favorable à la prospérité des arts ; mais à coup sûr elle est funeste à l'élévation de l'esprit et pernicieuse aux mœurs.

XCII.

La physique, aujourd'hui, a une telle étendue et occupe une telle place, dans l'esprit qui veut l'étudier, qu'elle en remplit toutes les capacités et en absorbe toutes les pensées.

XCIII.

Que de savants forgent les sciences, cyclopes laborieux, ardents, infatigables, mais qui n'ont qu'un œil !

XCIV.

La science confond tout ; elle donne aux fleurs un appétit animal ; elle ôte aux plantes mêmes leur chasteté.

XCV.

« Progrès des sciences » ! dit-on sans cesse ; et l'on ne s'occupe pas, on ne dit rien de la possibilité et du danger de leur dégénération. Des lueurs utiles et qui dirigent vers le gîte, valent mieux que des lumières éclatantes, qui nous éloignent du chemin. Le siècle des lumières ! Souhaitons le siècle des vertus.

XCVI.

Dans le luxe de nos écrits et de notre vie, ayons du moins l'amour et le regret de cette simplicité que nous n'avons plus, et que peut-être nous ne pouvons plus avoir. En buvant dans notre or, regrettons les coupes antiques. Enfin, pour ne pas être corrompus en tout, chérissons ce qui vaut mieux que nous-mêmes, et sauvons du naufrage, en périssant, nos goûts et nos jugements.

TITRE XIX.

DE L'ÉDUCATION.

I.

L'idée de l'ordre en toutes choses, c'est-à-dire de l'ordre littéraire, moral, politique et religieux, est la base de toute éducation.

II.

Les enfants n'obéissent aux parents que lorsqu'ils voient les parents obéir à la règle. L'ordre et la règle, une fois établis et reconnus, sont la plus forte des puissances.

III.

Les enfants ont plus besoin de modèles que de critiques.

IV.

On peut appliquer à l'enfance ce que M. de Bonald dit qu'il faut faire pour le peuple : peu pour ses plaisirs; assez pour ses besoins; et tout pour ses vertus.

V.

L'éducation doit être tendre et sévère et non pas froide et molle.

VI.

Les enfants doivent avoir pour amis leurs camarades, et non pas leurs pères et leurs maîtres. Ceux-ci ne doivent être que leurs guides.

VII.

La crainte trempe les âmes, comme le froid trempe le fer. Tout enfant qui n'aura pas éprouvé de grandes craintes, n'aura pas de grandes vertus ; les puissances de son âme n'auront pas été remuées. Ce sont les grandes craintes de la honte qui rendent l'éducation publique préférable à la domestique, parce que la multitude des témoins rend le blâme terrible, et que la censure publique est la seule qui glace d'effroi les belles âmes.

VIII.

La crainte fixe l'amour, au moins dans les enfants. Il y a, dans le premier de ces sentiments, quelque chose d'austère qui empêche l'autre de s'évaporer.

IX.

Trop de sévérité glace nos défauts et les fixe; souvent l'indulgence les fait mourir. Un bon approbateur est aussi nécessaire qu'un bon correcteur.

X.

* Quand on applique la sévérité où il ne faut pas, on ne sait plus l'appliquer où il faut.

XI.

Apprenez aux enfants à être vertueux, mais non pas à être sensibles. On peut être raisonnable de la raison d'autrui, et bienfaisant par maximes, car la vertu s'acquiert; mais la sensibilité d'emprunt est une hypocrisie odieuse : elle donne un masque pour un visage.

XII.

Souvenons-nous-en bien, l'éducation ne

consiste pas seulement à orner la mémoire et à éclairer l'entendement; elle doit surtout s'occuper à diriger la volonté.

XIII.

Le discernement vaut mieux que le précepte, car il le devine et l'applique à propos. Donnez donc aux enfants la lumière qui sert à distinguer le bien du mal, en toutes choses, sans leur vouloir enseigner tout ce qui est mal et tout ce qui est bien, détail immense et impossible; ils le distingueront assez.

XIV.

Il faut que les enfants aient un gouverneur en eux-mêmes : il y est mieux placé et plus assidu qu'à leurs côtés. Tous sont disposés à le recevoir, et il y a dans leur conscience une place toujours prête pour lui.

XV.

Ni en métaphysique, ni en logique, ni en morale, il ne faut placer dans la tête ce qui doit être dans le cœur ou dans la conscience. Faites de l'amour des parents un sentiment et un précepte; mais n'en faites jamais une thèse, une simple démonstration.

XVI.

On pourrait tellement préparer l'éducation de l'homme que tous ses préjugés seraient des vérités, et tous ses sentiments des vertus.

XVII.

Il faut rendre les enfants raisonnables, mais non les rendre raisonneurs. La première chose à leur apprendre, c'est qu'il est raisonnable qu'ils obéissent, et déraisonnable qu'ils contestent. L'éducation, sans cela, se passerait en argumentations, et tout serait perdu, si tous les maîtres n'étaient pas de bons ergoteurs.

XVIII.

Quand les enfants demandent une explication, qu'on la leur donne et qu'ils ne la comprennent pas, ils se contentent néanmoins, et leur esprit demeure en repos. Et cependant qu'ont-ils appris? Que ce qu'ils ne voulaient plus ignorer est très-difficile à connaître; or, cela même est un savoir; ils attendent, ils patientent, et avec raison.

XIX.

L'éducation se compose de ce qu'il faut dire

et de ce qu'il faut taire, de silences et d'instructions. Il y a partout des *verenda, nefanda, silenda, tacenda, alto premenda.*

XX.

Conservons un peu d'ignorance, pour conserver un peu de modestie et de déférence à autrui : sans ignorance point d'amabilité. Quelque ignorance doit entrer nécessairement dans le système d'une excellente éducation.

XXI.

Rien de trop terrestre et de trop matériel ne doit occuper les jeunes filles. Il ne faut entre leurs mains que des matières légères. Comme la nature les dégage, en quelque sorte, de la terre et les forme élancées pour les faire belles, il faut que l'éducation fasse pour leur âme ce que la nature a fait pour leur corps. Tout ce qui exerce pleinement le tact, principalement sur les choses qui ont de la vie, est peu convenable à leur pureté et la détruirait. Elles le sentent si bien par instinct qu'elles regardent beaucoup et touchent peu ; elles ne touchent même les choses les plus délicates que de l'extrémité de leurs doigts. Elles ressemblent à l'imagination et ne doivent qu'effleurer comme elle. Ce qu'il y a de moins virginal entre nos sens, en effet, c'est le tact. Aussi remarquez qu'une fille ne touche rien comme une femme, ni une femme chaste en son âme comme celle qui ne l'est pas.

XXII.

On ne voit dans les jeunes gens que des étudiants; moi j'y vois de jeunes hommes. Soufflez sur eux une molle indulgence, et faites fleurir leurs passions! ils en recueilleront des fruits amers.

XXIII.

En élevant un enfant, songez à sa vieillesse.

XXIV.

Il n'est pas bon d'apprendre la morale aux enfants en badinant. S'il doit y avoir, dans la vie humaine, quelque chose d'immuable et d'indépendant de nos goûts, de nos fantaisies, de notre volonté, c'est le devoir. C'est là le terme qu'il ne faut jamais remuer, le rocher où l'on se sauve, et où le flux et le reflux de nos inclinations doit venir se briser, même dans les orages de la fortune et des passions. Il nous importe d'accoutumer notre esprit à le considérer comme ne devant jamais changer ni de solidité, ni de place. Cependant, dans la plupart de leurs leçons badines, nos derniers moralistes font du devoir une espèce de jouet avec lequel ils prétendent exercer la jeunesse à bien faire. Ils lui donnent mille faces, et, l'asseyant sur le sable mouvant de notre imagination ou de notre sensibilité, ils veulent en faire l'objet de ce qu'il y a de plus léger et de plus variable en nous, notre plaisir. Ce n'est pas ainsi qu'il faut traiter cette grande affaire de la vie, d'où dépend toute la vertu. Il est essentiel de la conduire avec une gravité profonde, constante, uniforme; et cela importe non-seulement au bonheur des hommes, mais aux plaisirs mêmes de l'enfance. Il y a, dans l'âme humaine, dès le moment où elle se forme, une partie sérieuse, aussi bien qu'il en est une légère et frivole. Les enfants participent à la fois de l'impulsion qui les jeta où ils sont venus et du progrès qui les entraîne où ils doivent aller. Ils sentent leur destination éloignée, plus encore qu'ils ne se ressentent de leur origine si proche. S'il y a autour d'eux un mouvement qui les distrait, il y a devant eux une lumière qui les attire, lumière si convenable à leur nature, que, sans qu'ils la distinguent nettement, tout ce qui en participe les charme. Le sublime de tous les genres, celui des mots, celui des sentiments, leur cause toujours du plaisir; tous lui paient le tribut d'une admiration aveugle. Vous ne sauriez donc satisfaire à tous leurs besoins, en cherchant à les amuser par un éternel badinage. Leur esprit veut s'en reposer; et, quand vous leur présentez comme plaisant ce qui par sa nature est sérieux; quand vous leur faites pratiquer, en se jouant et comme un divertissement, ce qui doit être pratiqué posément et comme un sacrifice, ils sentent, malgré eux et malgré vous, dans leur conduite, le malaise secret et le mécontentement involontaire d'une fausse position.

XXV.

Ne montrez aux enfants rien que de simple, de peur de leur gâter le goût, et rien que d'innocent, de peur de leur gâter le cœur. Éloignez d'eux cette morale qui ressemble à une eau qui n'a pas de source, et ne leur faites boire que des eaux vives.

XXVI.

Le mot *sage* dit à un enfant, est un mot

qu'il comprend toujours, et qu'on ne lui explique jamais.

XXVII.

Ce qu'on regrette de l'ancienne éducation, c'est ce qu'elle avait de moral, et non ce qu'elle avait d'instructif; c'est le respect qu'on avait pour les maîtres, et celui qu'ils avaient pour eux-mêmes ; c'est le spectacle de leur vie et de l'idée qu'on s'en faisait; c'est l'innocence de ce temps, et la piété qu'on inspirait à l'enfance pour les hommes et pour le ciel : bonheur de l'homme à tous les âges !

XXVIII.

Everso succurrere seclo, devrait être la devise de l'Université.

XXIX.

Pour enseigner la vertu, dont il est tant parlé dans Platon, il n'y a qu'un moyen : c'est d'enseigner la piété.

XXX.

C'est au prêtre seul à instruire les enfants dans la religion. Le maître d'école ne doit leur apprendre qu'à prier Dieu.

XXXI.

Le soin du corps et l'apprentissage des arts, la négligence de l'esprit et l'ignorance des devoirs, sont les caractères de l'éducation nouvelle.

XXXII.

Il ne faut ni que les pères, ni que les maîtres paraissent se mêler de l'animalité des jeunes gens. Renvoyez cette sale et importante matière au confesseur, qui peut seul la traiter sans souillure pour l'élève et pour lui, parce que Dieu intervient et se place entre eux.

XXXIII.

Il faut regretter, pour la jeunesse, les leçons de piété que jadis ses regards rencontraient partout, jusque sur les vitraux des cloîtres, dans l'aspect des monastères, et à la vue de ces prie-dieu au pied d'un crucifix, qui formaient, dans chaque maison, à la tête du lit du maître, une chapelle domestique. Des écoles de piété! elles nous paraîtraient, si nous étions sages, indispensables à cet âge qui a besoin qu'on le dresse à aimer le devoir, car il va aimer le plaisir.

XXXIV.

La direction de notre esprit est plus importante que son progrès.

XXXV.

Il faut laisser à chacun, en se contentant de les perfectionner, sa mesure d'esprit, son caractère et son tempérament. Rien ne sied à l'esprit que son allure naturelle; de là son aisance, sa grâce et toutes ses facilités réelles ou apparentes. Tout ce qui le guinde lui nuit; en forcer les ressorts, c'est le perdre. Nous portons tous quelques indices de nos destinations. Il ne faut pas les effacer, mais les suivre, sans quoi nous aurons inévitablement une fausse et malheureuse destinée. Il faut que ceux qui sont nés délicats, vivent délicats, mais sains; que ceux qui sont nés robustes, vivent robustes, mais tempérants; que ceux qui ont l'esprit vif, gardent leurs ailes, et que les autres gardent leurs pieds.

XXXVI.

Les secours donnés à l'esprit pour le rendre plus attentif et plus étendu, sont une force prétendue, une industrie acquise, qui le trompent également sur sa nature et sur ses forces naturelles : erreur grave et funeste.

XXXVII.

Rien ne corrige un esprit mal fait : triste et fâcheuse vérité, qu'on apprend tard et après bien des soins perdus.

XXXVIII.

N'avoir reçu que l'éducation commune aux autres hommes, est un grand avantage pour ceux qui leur sont supérieurs, parce qu'ils leur sont plus semblables.

XXXIX.

Aux enfants, en littérature, rien que de simple. La simplicité n'a jamais corrompu le goût; tout ce qui est poétiquement défectueux est incompatible avec elle. C'est ainsi que la limpidité de l'eau se détruit par le mélange de matières trop terrestres. Notre goût alimentaire se corrompt par des saveurs trop fortes, et notre goût littéraire, pur dans ses commencements, par les expressions trop prononcées. *Ménagez, égayez la vue de ces jeunes esprits; donnez-leur des auteurs qui la reposent et la réjouissent.

XL.

Ne donnez aux enfants que des modèles de bonhomie et de bon goût; ne mettez entre leurs mains que des auteurs où leur âme trouve à la fois un mouvement et un repos perpétuels, qui les occupent sans efforts et dont ils se souviennent sans peine.

XLI.

Il faut donner pour exemples, aux enfants, des phrases où l'accord entre l'adjectif et le substantif soit non-seulement grammatical, mais moral. L'épithète est un jugement, et le plus insinuant de tous, car il se glisse avec le mot; et si rien n'est plus important que les idées saines, rien n'est plus important aussi que cet accord. Je dirai donc à nos faiseurs de thèmes : joignez toujours aux substantifs des adjectifs qui expriment l'idée et le sentiment qu'il faut avoir de chaque chose; mettez tout à sa place dans l'esprit, en laissant tout à sa place dans le monde.

XLII.

Il faut apprendre aux enfants le terme propre, et leur laisser trouver le terme figuré.

XLIII.

La préférence exclusive qu'on accorde aux mathématiques, dans l'éducation, a de grands inconvénients. Les mathématiques rendent l'esprit juste en mathématiques, tandis que les lettres le rendent juste en morale. Les mathématiques apprennent à faire des ponts, tandis que la morale apprend à vivre.

XLIV.

Les sciences sont un aliment qui enfle ceux qu'il ne nourrit pas ; il faudrait le leur interdire. Ce mets vanté leur fait dédaigner une autre nourriture qui serait meilleure pour eux, aveuglés et flattés qu'ils sont de leur faux embonpoint.

XLV.

Il y a des sciences bonnes, dont l'existence est nécessaire à la société et la culture inutile aux esprits ; telles sont les mathématiques.

XLVI.

Votre géométrie est bonne peut-être à redresser l'esprit de l'homme ; mais elle raidit celui de l'enfant; elle est opposée à la docilité.

XLVII.

Il faut que les idées spirituelles et morales entrent les premières dans la tête, car si elles y trouvaient la place prise par les dogmes de la physique, elles ne pourraient plus s'y faire jour. L'esprit alors habitué à se contenter de notions grossières en refuserait de meilleures.

XLVIII.

En apprenant le latin à un enfant, on lui apprend à être juge, avocat, homme d'état. L'histoire de Rome, même celle de ses conquêtes, enseigne à la jeunesse la fermeté, la justice, la modération, l'amour de la patrie. Les vertus de ses généraux étaient encore des vertus magistrales, et, sur leur tribunal militaire, ils n'avaient point une autre contenance que sur la chaise curule. Les actions et les mots, les discours et les exemples, tout concourt, dans les livres latins, à former des hommes publics. Ces livres suffiraient pour apprendre au magistrat, qui connaîtrait l'histoire et la position de son pays, quels sont ses devoirs et quels doivent être ses mœurs, ses talents et ses travaux. C'est ce que savait fort bien un magistrat illustre, qui, dans ce siècle où des livres excellents ont décrié l'éducation ancienne, et où beaucoup de gens n'approuvent que l'étude des langues modernes, disait, avec autant de courage que de raison : « Je veux « que mon fils sache beaucoup de latin. »

XLIX.

Il suffit, pour une éducation noble et lettrée, de savoir de la musique et de la peinture ce qu'en disent les livres.

L.

La manie de classifier peut être bonne à l'endoctrinement, mais elle est inutile à la science. Elle aide l'élève à répondre, et le docteur à enseigner ; mais elle n'apprend ni à l'un ni à l'autre à connaître. Elle est toute pédagogique, et rien au delà.

LI.

Souvent on apprend, par la réunion, plus facilement que par la division et la simplicité. C'est ainsi qu'une médaille, en imprimant dans la mémoire le nom d'une ville, donne à l'enfant plus de facilité pour retenir celui d'une province, et que, partant de là comme d'un point connu, il se met plus aisément, de proche en proche, l'univers entier dans la tête. L'histoire et la numismatique rendent l'étude de la géographie moins laborieuse, quoiqu'elles paraissent la compliquer. C'est que cette complication apparente n'est, en effet, qu'une juxta-position de simplicités réelles, dont chacune offre à l'esprit un degré, un échelon, une branche, à l'aide desquels il arrive au sommet, en sautant et en se jouant. Une analyse exacte et rigoureuse est donc quelquefois, et en un certain sens, un moyen d'ignorer plus qu'un moyen d'apprendre.

LII.

Une douce lumière, imperceptiblement insinuée dans les esprits, y porte une joie qui s'y augmente par la réflexion.

LIII.

Qui n'a qu'un ton est monotone; qui est monotone devient ennuyeux. Apprenez donc à la jeunesse toutes les formes du discours, et dressez-la à les mettre en œuvre avec facilité. Le même ton ennuie, mais non la même voix; la même manière, mais non la même main; la même couleur, mais non le même pinceau. Il y a une uniformité qui plaît. Virgile est Virgile partout; ainsi de Raphaël, de Greuze, de Fénelon, de Bossuet, de La Fontaine, de Racine; *vox hominem sonat;* on les retrouve et on les reconnaît avec délices, toujours les mêmes dans des ouvrages différents. L'ouvrage déplaît, si l'on n'y reconnaît pas l'auteur. Celui-ci a opéré pendant que son âme était absente; c'est une œuvre de son pinceau, de sa plume, et non de lui; c'est l'art ou le métier tout seul; ce sont des lignes et des couleurs, de l'encre et du papier; mais il n'y a là qu'une apparence de livre, un mets insipide et froid : le maître y manque. L'âme sommeille quelquefois, il est vrai, *bonus dormitat Homerus;* mais pourvu qu'on la sente, qu'on l'entrevoie, qu'on la devine, on est content. Elle plaît assoupie, oisive ou distraite. Les fautes mêmes font plaisir, si elle y a contribué; mais rien n'est beau sans elle.

LIV.

Il est plus aisé de rendre la régularité belle que le désordre beau, parce que celui-ci repousse la beauté, et qu'il faut, pour l'introduire en lui, une puissance singulière, et que la nature seule peut donner. C'est donc la régularité qu'on doit donner pour modèle aux commençants. Les maîtres seuls ont le droit de s'en proposer un autre.

LV.

Le plaisir que les hommes goûtent à se sentir instruire, suffirait à leur bonheur; en être cause devrait aussi suffire à notre ambition; mais nous ne nous contentons pas d'être utiles : nous voulons éblouir.

LVI.

On ne remarque pas assez à quel point les mœurs et les humeurs du maître, manifestés par sa physionomie, ont d'influence sur les enfants, et les forment ou les déforment.

LVII.

Craindre de passer pour un pédant, dans la profession de l'enseignement, c'est être un fat.

LVIII.

Enseigner, c'est apprendre deux fois.

LIX.

Il faut que les livres d'un professeur soient

le fruit d'une longue expérience, et l'occupation de son éméritat.

LX.

« Inspirez, mais n'écrivez pas », dit Lebrun; c'est ce qu'il faudrait dire aux professeurs; mais ils veulent écrire, et ne pas ressembler aux muses.

FIN DU TOME PREMIER.

TABLE

DU TOME PREMIER.

—◆—

	Pages.
AVANT-PROPOS.	1
NOTICE SUR LA VIE, LE CARACTÈRE ET LES TRAVAUX DE M. J. JOUBERT.	5

PENSÉES, ESSAIS ET MAXIMES.

TITRE PRÉLIMINAIRE. — L'auteur peint par lui-même.	83
TITRE PREMIER. — De Dieu, de la Création, de l'Éternité, de la Piété, de la Religion, des Livres saints et des Prêtres.	97
TITRE II. — Les Chapitres.	137
TITRE III. — De l'Homme, des Organes, de l'Ame et des Facultés Intellectuelles.	144
TITRE IV. — De la Nature des Esprits. . . .	160
TITRE V. — Des Passions et des Affections de l'Ame.	178
TITRE VI. — Qu'est-ce que la Pudeur? . . .	203
TITRE VII. — Des différents Ages, de la Vie, de la Maladie et de la Mort.	212

	Pages.
Titre VIII. — De la Famille et de la Maison, de la Société, de la Conversation, de la Politesse et des Manières	233
Titre IX. — De la Sagesse, de la Vertu, de la Morale, de la Règle et du Devoir.	260
Titre X. — De l'Ordre et du Hasard, du Bien et du Mal.	280
Titre XI. — De la Vérité, de l'Illusion et de l'Erreur.	290
Titre XII. — De la Philosophie, de la Métaphysique, des Abstractions, de la Logique, des Systèmes.	312
Titre XIII. — De l'Espace, du Temps, de la Lumière, de l'Air, de l'Atmosphère, des Champs, des Animaux, des Fleurs, etc.	329
Titre XIV. — Des Gouvernements et des Constitutions.	340
Titre XV. — De la Liberté, de la Justice et des Lois.	355
Titre XVI. — Des Mœurs publiques et privées; du Caractère des Nations.	366
Titre XVII. — De l'Antiquité.	395
Titre XVIII. — Du Siècle.	414
Titre XIX. — De l'Éducation.	442

FIN DE LA TABLE DU TOME PREMIER.

www.ingramcontent.com/pod-product-compliance
Lightning Source LLC
Chambersburg PA
CBHW072105220426
43664CB00013B/2001